大变局中的新闻传播改革

国家治理体系现代化研究

教育部人文社会科学重点研究基地“中国人民大学新闻与社会发展研究中心”“十四五”重大项目中期成果汇编

蔡雯◎主编

人民日报出版社
北 京

图书在版编目（CIP）数据

大变局中的新闻传播改革与国家治理体系现代化研究 / 蔡雯主编. -- 北京:人民日报出版社，2025.6.
ISBN 978-7-5115-8781-7
Ⅰ. G219.2；D630.1
中国国家版本馆CIP数据核字第2025CW8951号

书　　名： 大变局中的新闻传播改革与国家治理体系现代化研究
DABIANJU ZHONG DE XINWEN CHUANBO GAIGE YU GUOJIA ZHILI TIXI XIANDAIHUA YANJIU
主　　编： 蔡　雯

责任编辑： 梁雪云
封面设计： 中尚图

出版发行： 人民日报出版社
社　　址： 北京金台西路2号
邮政编码： 100733
发行热线：（010）65369527　65369846　65369509　65369512
邮购热线：（010）65369530
编辑热线：（010）65369526
网　　址： www.peopledailypress.com
经　　销： 新华书店
印　　刷： 三河市中晟雅豪印务有限公司
法律顾问： 北京科宇律师事务所（010）83632312

开　　本： 710mm × 1000mm　1/16
字　　数： 281千字
印　　张： 20.5
版次印次： 2025年6月第1版　2025年6月第1次印刷

书　　号： ISBN 978-7-5115-8781-7
定　　价： 79.00元

本书出版受教育部人文社会科学重点研究基地
中国人民大学新闻与社会发展研究中心资助

目 录

中国人民大学新闻与社会发展研究中心“十四五”重大项目的总体规划[1]

一、主攻方向及其研究意义和研究现状

中国人民大学新闻与社会发展研究中心重大项目以服务国家治理现代化体系建设的战略需要为目标，将“大变局中的新闻传播改革与国家治理体系现代化研究”作为主攻方向，打造具备跨学科的研究视野、跨学界业界的结果导向、跨院校的学科建设理念、史论与应用价值兼顾的战略性研究体系。习近平总书记指出，当前中国处于近代以来最好的发展时期，世界处于百年未有之大变局。党的十八届三中全会指出，全面深化改革的总目标是完善和发展中国特色社会主义制度，推进国家治理体系和治理能力现代化。党的十九届四中全会指出，要建立以内容建设为根本、先进技术为支撑、创新管理为保障的全媒体传播体系。中心重大项目基于学术和实践的双重维度，着力探究新闻传播事业的改革发展的理念与路径，以期进一步助力国家治理体系和治理能力现代化。

（一）学术价值

在当代中国新闻学的主导范式转变的背景下，瞄准“自主知识体系”建

[1] 本文内容摘自《高校人文社会科学重点研究基地“十四五”重大项目总体规划论证书》（2022 年 6 月）和《研究阐释党的二十届三中全会精神工作计划》（2024 年 9 月），中国人民大学新闻与社会发展研究中心编写。

设目标，从新闻史论基础、新闻媒体实践、舆论引导机制效果三大层面阐述探讨范式转换与学术体系建设的关系，有助于为加快构建整体中国特色哲学社会科学“三大体系”（学科体系、学术体系、话语体系）作出独特的学术贡献。在“新闻实践史”的路径下以“大历史观”为指引，中心重大项目有助于在学理层面进一步探索中国新闻传播变革与国家治理、社会进步、思想解放间紧密而深刻的勾连。

以史论作为基础铺垫，中心重大项目通过进一步探索在中国共产党的领导下基于中国社会制度规范和多元主体协同的互联网空间治理中国家以及主流新闻媒体的角色与功能定位，从而更有效地阐明中国当代新闻事业在国家历史性变革中所蕴藏的动能，并将新闻传播学研究的理论价值推向社会治理实践范式创新层面。

（二）实践意义

在大变局背景下统筹国内国际两个大局，前述史论研究成果为新闻教育提供知识体系基础，为新闻传播改革实践提供理论指导，为深度媒介化社会中新闻传播参与社会治理能力的增强及社会治理中新闻舆论方式的有效运用提供知识支持与智力保障。基于对全球传媒治理社会实践的考察，在理解国内外舆论场中舆论传播与动力机制的基础之上，为新闻传播变革中的新型主流媒体业务转型及其服务国家社会治理的角色转型提供策略指导。

与此同时，中心重大项目有助于探索媒体参与社会治理与保障国家意识形态安全的媒体方案，提出媒体参与现代化治理的评价指标与体系，通过建立具有国际视野与影响力的舆论引导机制与媒体参与社会治理的行动指南，助力中国新闻传播实践形成围绕自身转型和高质量参与社会治理两方面相互融促的长期效果。

（三）研究现状

“大变局中的新闻传播改革与国家治理体系现代化研究”，既涉及新闻传播业务领域的评价体系改革和“四力”等能力建设核心问题，也牵引新闻史论深层次基础研究的创新。

在新闻传播变革方面，既往研究者认识到在以互联网技术为基础的数字社会中，主流媒体作为“价值媒体”的属性是不变的，而呈现方式要从一线内容生产者转变为新型社会整合者，通过内容服务实现关系资源的整合，并在与社会化媒体的互动与共生中寻求自身价值。相关研究对媒体个案进行了调研与分析，尤其关注北京、上海、湖南、广州等社会整体发展水平与新闻媒体建设能力较强地区的社会实践。研究者还建立了关于新型主流媒体表现的评价指标、提炼了其商业模式，提出了重视用户互动、提供智库型专业新闻服务等媒体参与社会治理的实践策略。然而，既往研究多关注具体媒体单位的实践，较为缺失在“大变局”这一宏观视野下的综合研究。另外，深入一线社会实践中展开田野观察的研究较少，在学理深度上亦有欠缺，不少研究将中国四级行政体系的各级社会视为同质化主体，忽视了四级新型主流媒体之间的内容差异以及跨组织协同合作的可能性。这些问题的解决需要以扎实的经验材料为依据，中心重大项目也将加强对实地的调研。

在媒体与社会治理的关系研究方面，新闻史论研究者以构建自主知识体系为目标，在当代中国新闻史料整理与研究方面以多元的学术视角、创新的新闻书写方式推出了系统性著作，但大部分研究成果还停留在新闻事业的“生物”性视角，即作为行业的媒体层面的描述，缺乏对新闻事业与国家治理和社会进步深层次的系统性研究。理论方面，当前社会形态正围绕着信息技术的渗透而重新构型，既有研究分析了媒介逻辑对政治逻辑的影响，认识到政府和公众需要进行一系列调整以适应被媒介全方位改造的社会，结论还有待深化与提炼。在实证研究中，学者已关注到县级融媒体中心参与国家治理体系的平台化转型实践，并主要是从舆论引导与治理的角度出发对媒体参与社会治理进行理论研究，初步探寻了多元主体协同治理、大数据创新治理手段，兼顾讨论了国际舆论场的治理理念、治理机制以及网络空间治理等独立议题。

未来亟待推进的研究方向是在大变局背景下，将新闻传播改革与国家治理体系现代化有机统一，将新闻学自主知识体系和当代中国新闻传播事业研究相结合，并关注其与国家社会及哲学社科知识体系的内在逻辑关系。中心重大项目还需要在扎实的一线实践中寻找真问题，探讨国家利益、传媒发展与公众权益协调的基本模式和有效路径，以便全面认识媒体与治理的内在关系并提出具有实践指导意义的行动方略。

二、主攻方向的总体框架和基本内容

中国人民大学新闻与社会发展研究中心重大项目主攻方向紧密围绕“大变局中的新闻传播改革与国家治理体系现代化”这一核心，具体围绕“厚基础+重前沿”进行整体布局。中心重大项目以马克思主义新闻观为指导，将基础史论研究作为厚重根基，旨在构建中国特色新闻学学科体系、学术体系、话语体系，力争在新闻理论研究领域有新的突破，在新闻史研究领域展开具有现实针对性和指导价值的研究。与此同时，中心重大项目聚焦学术前沿领域，以契合基地作为新闻传播学科重点研究基地和应用型基地的学科特点和优势，针对新闻媒体与新闻传播改革的现实问题，探究新型主流媒体建设与国家治理现代化、舆论生态建设、国家治理体系创新与媒体治理等核心问题，力求服务于党和国家在大变局时代的战略需要，服务于新闻舆论事业的转型发展。中心重大项目主攻方向的总体框架和内容如下。

项目1：在以“厚基础”为特色的研究布局中，在新闻理论创新研究方面，将重点聚焦“当代中国新闻学自主知识体系构建”这一议题，探讨中国新闻学自主知识体系的观念体系、问题体系以及呈现表征方式。

在中国社会整体快速发展的大背景下，特别是在新兴媒介环境已成事实的基础上，当代中国新闻学的主导范式转换正在开启，这是学科对象意义上的“职业主导范式”向“社会主导范式”的转换。大变革背景下以国家治理现代化为方向的新闻传播学理论创新，正是这一范式转换的重要切入点，中国现代化的独特性将映射到新闻传播知识创新的自主性，为构建具有当代中国新闻学自主知识体系，并为加快构建整体中国特色哲学社会科学“三大体系”作出新闻学的独特贡献，是本项目研究的重要目标之一。

项目2：在“厚基础”的另一个重要领域新闻传播史研究中，将结合“问题与变革”的逻辑线索，深入“当代新闻事业发展与国家治理现代化”的历史现场，以“新闻实践史”路径重构中国当代新闻事业发展历史。

在社会变革与转型的背景下，深入探究中国当代新闻传播的发展历程，通过新闻传播史史实的系统梳理，为传媒治理现代化和国家治理现代化提供细致生动的历史阐释和经验借鉴。不同于以往编年史、断代史、革命史等新闻传播史的研究范式，本项目在既往新闻传播事业史等的基础上进一步扩展叙事角度，着重探讨新闻传播事业与政治建设、经济建设、国际关系建设、文化关系建设以及普通百姓社会生活变迁间的深刻关联，重新构建中国当代新闻传播史的问题、框架和体系。

项目3：在以“重前沿”为目标的研究布局中，密切关注因“去中心化”导致的碎片式传播、病毒式传播、舆论的非理性宣泄等威胁社会稳定和国家意识形态安全的问题，着重探究“国家治理视域下的新型主流媒体建设”，聚焦传统主流媒体通过改革创新实现向新型主流媒体转变的具体路径。

5G时代，网络社交传播更加活跃，传播技术发展带动媒介生态进一步发生巨变。本项目研究将关注专业新闻媒体所面临的困境，分析制约其发展的主要因素，并侧重为传统主流媒体在新的历史条件下如何突破其发展瓶颈，重塑社会影响力，建设成为新型主流媒体，在国家治理中发挥更好的作用，提供思路、策略和方法建议。主流媒体是国家治理现代化体系的一个有机组成部分，如何不断提升新型主流媒体在复杂形势下的舆论引导力和社会影响力是本研究的重点之一。

项目4：结合新型主流媒体建设的路径方向，进一步围绕“国家治理体系现代化中的传媒治理”开展研究，重点探索如何建立和完善传媒治理，以及如何以传媒治理的现代化服务于国家治理的现代化。

国家治理体系的现代化离不开新闻媒体的参与，在改革开放日渐深入和新媒体浪潮席卷的社会背景下，本项目将深入探究我国传媒治理的现状，探索如何构建科学、高效的传媒治理体系。传媒治理是我国传媒体制改革的重要且关键一环，对于传媒治理的研究有利于进一步巩固马克思主义理论的指导地位，有助于坚持传媒业发展的正确政治方向和舆论导向，在改革创新中巩固壮大主流思想舆论、优化传播效果，推动核心价值观的有效传播。

项目5：针对网络舆论生态，重点研究国内外舆论场中的舆论传播与动力机制、民众心理与情绪引导以及提升舆论引导机制有效性和针对性的具体措施，从国际舆论生态角度探究国际话语权的构建与提升机制，为舆论生态建设与国家治理体系创新提供策略支持。

立足于国内外两个舆论场，解决传统研究只重视或者只立足于中国作为传播主体而忽略舆论引导客体的多元性、差异性和个性化等问题，本项目研究将重点抓取中国和国际舆论场中重点国家的社会民众文化心理深层次的兴趣图谱，将互联网时代的“用户思维”整合进重大突发事件的舆论引导之中，并构建重大突发事件的舆论引导预案库。研究还将重点关注国际舆论生态中的话语权问题，从而为构建人类命运共同体提供基本的舆论保障和心理支撑。

中心重大项目结构图如下所示：

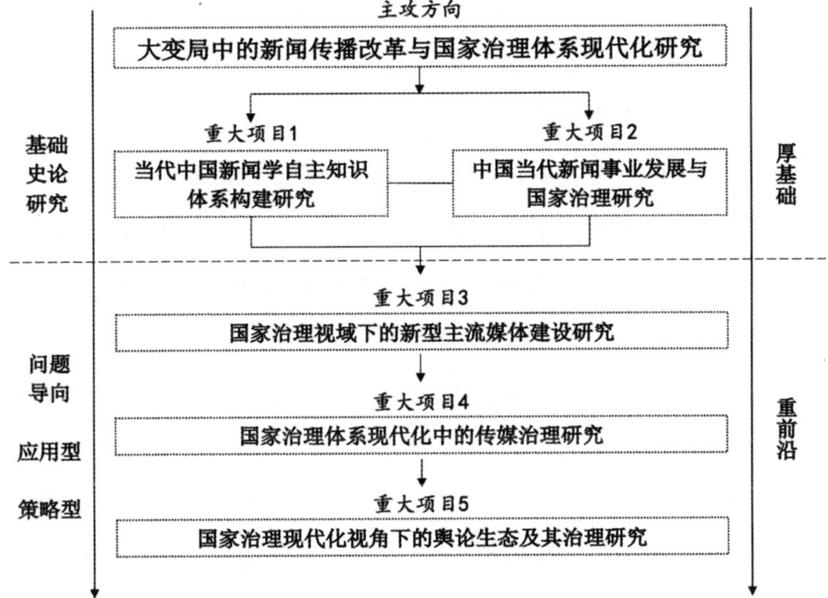

三、拟突破的重点、难点及主要创新之处

（一）拟突破的重点问题

（1）在国家新闻传播改革与治理体系现代化建设的背景下，系统梳理当代中国新闻学自主知识体系构建的历史脉络，分析当代中国新闻学自主知识体系建构中多元主体、多种力量之间的复杂关系，进一步解决自主知识体系的整体呈现方式问题，为在大变局环境中面向未来构建有效的自主知识体系提供理论根据及基础。

（2）遵循转型与变革的叙事主题，重点关注中国当代新闻事业发展与国家治理现代化之间的互动关系，在着力于新闻业对国家治理现代化功能和作用路径的同时，强调中国政治、经济、文化、国际关系及社会生活等因素建设对新闻业发展的作用，深入考察新闻业现代化与国家治理现代化的动因及其规律，以及两者相互作用的内在逻辑与机制。

（3）结合新闻传播学、政治学、管理学等多学科领域理论，对新型主流媒体在大变局环境中国家新闻传播改革及国家治理中的角色、功能、价值、行为规范、实践规律等进行系统性分析探索，为我国政府机构和新闻传媒的转型与变革提供可借鉴的意见及建议。

（4）在一定程度上跳出我国新闻政策变迁的既有成熟研究路径，进一步综合新闻学、政治学双重视域，从历史性视角出发，重新厘清我国新闻政策的变化与发展，探索构建大变革背景中作为国家治理体系重要且关键一环的传媒治理体系基本模式和有效路径。

（5）明确大变革环境下舆论传播与一般信息传播的差异性，从关系维度探索舆论传播背后的情绪心理与社群弥散、集群行为两大核心因素，结合线上线下两个事实、宏观与微观两个视角提出国家治理现代化体系下舆论引导的综合决策和社会治理针对性建议，同时基于国际国内两个舆论场状况，构建国家层面国际传播效果评估体系。

（二）拟解决的难点问题

（1）研究如何与国家新闻传播改革及治理体系现代化建设所需相结合，系统性、概念化地抽象、总结、概括自主知识体系构建的历史经验教训、可能趋势、内在规律及重要概念的选择标准；如何以新闻理论为主呈现自主知识体系的核心内容；如何将学术研究成果转换为实践观念，使理论研究真正为国家新闻传播改革实践服务。

（2）如何以转型与变革为底层逻辑，把握及划分中国当代新闻事业发展与不同社会因素建设与变迁互动的历史分期；如何以此历史分期为基础获取相应史实资料并进行准确解读。

（3）如何在考察新型主流媒体参与国家治理过程中，获得各传播平台及主流媒体广泛、细致、严谨的调研及数据资料。

（4）针对当前传媒治理边监管边发展的特点，如何做到兼顾历史与现实、政府与市场、内容与技术等多个维度；如何在国家治理现代化的大框架下分析互联网治理的各影响要素，明确互联网治理的显著特征，提出共同体协同组织的治理方案。

（5）面对大变革环境中互联网用户个体行为的不确定性，如何有效建模分析前台发出的文本信息，并与用户后台的社会关系模型分析有机融合；如何动态实现用户个人特征的动态抽取并建立用户影响力的多尺度分析模型；如何有效快速识别影响社会安全话题，并建构话题重要度评估模型。

（三）主要创新之处

（1）以关系思维为构建方式，以当代中国新闻学自主知识体系构建历史研究为构建基础，结合国家新闻传播改革及治理体系现代化建设实际，构建当代中国新闻学自主知识体系的重要观念、概念体系和问题体系，以问题体系更好体现自主知识体系的实质内容，寻求自主知识体系为实践有效服务的途径与方式。

（2）从新闻实践史的研究路径出发，立足国家治理现代化背景，着重突出新闻的“大历史观”，在既往新闻传播事业史的基础上进一步细致搜集整理新闻业改革与其他各事业互动演变典型案例，拓展叙事角度，丰富史学研究体系，“以史为鉴”，搭建中国当代新闻事业发展与国家治理现代化进步的有效桥接点。

（3）将媒体融合放置在国家治理视域下考察，研究覆盖各级各类媒体，围绕媒体在国家治理体系中的实践活动，通过历史维度的考察及代表性案例研究，构建全面、系统化的新型主流媒体实践知识体系，并力争建立媒体参与国家治理的案例库，体现本研究中心作为智库型研究机构的价值。

（4）以“国家在场”为我国传媒治理的关键视角，以共同体的主体关系构建为着眼点，通过厘清“国家”在传媒治理中扮演不同角色与发挥作用的历史脉络，探讨传媒治理的基本逻辑、框架、主要模式和实现路径，动态考察共同体主导互联网空间治理模式构建，为实现现代化治理体系下国家、传媒平台和用户之间的善治提供研究基础。

（5）以国内外舆论场融通的舆论引导“全球大舆论观”为研究范式，以关系维度及情绪维度为重要视角，将舆情上升到新媒体与社会运动层面考量，结合大数据分析线上线下多元多维渠道，重点考察特殊信息传播带来的社会心理和社会运动层面的影响，从国家治理体系构建与国际话语权提升的角度提出相关政策支持。

四、研究规划在执行阶段的进一步补充和完善

中国人民大学新闻与社会发展研究中心重大项目“大变局中的新闻传播改革与国家治理体系现代化”近四年来进展顺利，在规划执行期间的2022年10月，党的二十大召开，进一步强调要高举中国特色社会主义伟大旗帜，全面贯彻新时代中国特色社会主义思想，弘扬伟大建党精神，自信自强、守正创新，全面推进中华民族伟大复兴。2024年7月18日中国共产党二十届三中全会通过的《中共中央关于进一步全面深化改革、推进中国式现代化的决定》，在文化体制改革方面进行了重要部署，提出“深化文化体制机制改革”的各项具体要求。中国人民大学新闻与社会发展研究中心作为教育部设立的新闻学研究基地，根据自己的专业领域和研究方向定位，主要在新闻传播学科组织相关研究。为提高工作效率并保证研究成果的质量，本中心决定对目前正在组织进行的“十四五”规划项目进一步补充与完善，组织相关项目的研究人员，结合原规划内容，重点对以下三方面研究进一步加强和深化。

（一）新闻学自主知识体系研究

建构哲学社会科学自主知识体系是党的二十届三中全会提出的明确要求，新闻学是中国哲学社会科学自主知识体系的一个重要组成部分，教育部人文社会科学重点研究基地重大课题“当代中国新闻学自主知识体系构建”将根据中央的最新精神，就中国新闻学自主知识体系建设展开更加深入、全面、

系统的研究。

（二）主流媒体系统性变革研究

教育部人文社会科学重点研究基地重大课题“国家治理视域下的新型主流媒体建设研究”近年来对各级各类主流媒体进行了调研，后续将围绕如何看待我国主流媒体改革的历史经验，并在此基础上进一步推进系统性变革展开更加深入的研究。

（三）健全网络综合治理体系研究

大数据和生成式人工智能等新技术的应用，给传媒发展、舆论引导与舆情处置带来了机遇与挑战，教育部人文社会科学重点研究基地重大课题“国家治理体系现代化中的传媒治理”将进一步补充探讨如何建立政府、企业、社会组织和公众之间的协同治理机制，以及在生成式人工智能浪潮下如何提高公众的媒介素养，进而构建多元共治模式的综合治理体系。

当代新闻事业参与“国家治理”的起源、发展历程及主要领域

倪延年

[摘　要]中国当代新闻事业参与“国家治理”是重要的研究课题，其起源、发展历程及主要活动领域亟待探讨。当代新闻事业可以参与“国家治理”的所有方面，在实践中主要表现为政治生态建设、社会氛围建设、国家形象建设和公民素养建设等。探讨当代新闻业界及新闻人依托新闻媒介参与上述诸领域“国家治理”活动的内容、方式和目标等方面的问题，对于深化这一课题的研究具有一定的参考借鉴价值。

[关键词]当代新闻史研究；国家治理研究；新闻业与国家治理

当代新闻事业即中国当代新闻事业。中国当代新闻事业是指1949年10月1日中华人民共和国中央人民政府在北京宣告正式成立后的中国新闻事业。“国家治理”可从两方面进行理解。一是指对国家进行治理。国家是治理的对象，可以在一定程度上实行多元共治。二是由国家实行治理。国家成为治理的主体，由国家对社会组成要素进行统治和管理。本文的“国家治理”取“对国家进行治理”的意义，研究新闻事业通过新闻活动参与“国家治理”的有关问题。

[作者信息]倪延年，中国人民大学新闻与社会发展研究中心研究员。

[基金项目]教育部人文社会科学重点研究基地重大项目“中国当代新闻事业发展与国家治理研究”(22JJD860017)。

一、当代新闻事业参与国家治理的“起源”考辨

当代新闻事业参与国家治理当然是在中华人民共和国中央人民政府正式成立之后，因为只有新中国中央政府的成立才标志着“中国当代”的正式开始。但任何事物的产生发展都有其起点和基础，中国当代新闻事业和中华人民共和国中央人民政府的产生发展也有其历史基础。而它们产生发展基础的出现则要早于中华人民共和国中央人民政府宣告成立的1949年10月1日。中国当代新闻事业和中华人民共和国中央人民政府产生发展的基础诞生后，也就意味着中国当代新闻事业参与国际治理的实践活动开始“起源”了。

当代中国新闻事业是在中国共产党在新民主主义革命时期的战争环境中创建的红色新闻事业基础上发展起来的。有学者依据《新青年》在1917年12月第7卷第1期所载《本志宣言》中的“抛弃军国主义（意即帝国主义）和金力主义（意即资本主义）”“创造政治上、道德上、经济上的新观念，树立新时代的精神，适应新社会的环境”“对于侵略主义、占有主义的军阀财阀，不得不以敌意相待”，认为反对帝国主义和资本主义剥削是中国共产党领导的新民主主义革命的主要任务。《新青年》所载《本志宣言》明确表示“抛弃军国主义和金力主义”，对于军阀财阀“不得不以敌意相待”的思想明确标志着《新青年》从1917年12月第7卷第1号起完成了从自由主义知识分子同人刊物向反对帝国主义侵略和资本主义剥削的社会主义刊物的转变，由此成为中国共产党报刊起源的标志，同时也就意味着中国共产党新闻事业的起源。[1]不久第一种以“共产党”为刊名的《共产党》月刊创刊。共产党成立后的1923年9月13日，中国共产党第一种中共中央机关报《向导》创刊，同年先后创刊的《新青年》季刊、《前锋》月刊以及党内机关刊物《中国共产党党报》，标志着中国共产党中央机关报体系的基本形成，也标志着中国共产党新闻事业体系

[1] 倪延年．新青年杂志三次转变与共产党新闻事业起源标志［J］．现代传播（中国传媒大学学报），2021（8）．

初成。而后一路走来，中共中央机关报刊先后经历了《布尔什维克》《红色中华》《新中华》《解放日报》等发展阶段，直到1949年8月1日中共中央决定把华北《人民日报》改为中共中央机关报，报纸期号续前。新中国成立后仍是中共中央机关报。其中《红色中华》报于1931年12月11日创刊时为中华苏维埃共和国临时中央政府机关报，后改为中共中央、中央工农民主政府、中华总工会和中国共青团联合机关报。主要刊登中共中央和各级领导机关的文件、法令、政策，积极进行建设和巩固工农民主政权的宣传，帮助党和政府进行战争动员，保卫和扩大红色根据地。显然，这些新闻活动已经直接且明确地参与了中华苏维埃共和国的“国家治理”。历史已经证明，《红色中华》报在当时的国家治理（红色根据地经济文化工作、扩大红军工作及工农民主政权建设）等方面发挥了重要的作用。华北《人民日报》改为中共中央机关报后，中央人民政府政务院于1950年发布《中央人民政府政务院关于中央人民政府所属各机关在〈人民日报〉上发表公告及公告性文件的办法》规定：凡属中央人民政府及其所属各机关的一切公告及公告性新闻，均应交新华通讯社发布，并由《人民日报》负责刊载；如各种报刊所发表的文字有出入，应以新华通讯社发布、《人民日报》刊载的文字为准。[1]可见中共中央机关报《人民日报》也是直接参与了当时的国家治理工作，并且在国家治理工作体系中具有重要的地位。

作为“工人阶级领导的、以工农联盟为基础的人民民主专政的社会主义国家”[2]的中华人民共和国也不是在1949年10月1日突然产生的。在“大革命”失败后，共产党独立领导反对帝国主义和国民党反动派的革命斗争，坚

[1] 中央人民政府政务院关于中央人民政府所属各机关在《人民日报》上发表公告及公告性文件的办法[C]// 中国共产党新闻工作文件汇编（中卷）. 北京：新华出版社，1982：9–10.

[2] 中华人民共和国宪法（1982 年 12 月 4 日第五届全国人民代表大会第五次会议通过，同日由全国人民代表大会公告公布施行）[C]// 王培英. 中国宪法文献通编：修订版. 北京：中国民主法制出版社，2007：4.

持“工农武装割据”即建立红色根据地和工农民主政府。1931年11月7日召开中华苏维埃第一次全国代表大会，选举产生第一届中华苏维埃中央执行委员会，并于12月22日选举成立了中华苏维埃共和国临时中央政府领导机构及其负责人，毛泽东当选为中华苏维埃共和国临时中央政府执行委员会主席。共产党领导的旨在领导工农大众推翻蒋介石国民党南京政府的由工农当家作主的“中华苏维埃共和国”及其中央政府由此诞生。中华苏维埃共和国临时中央政府的设想和实践，可以说是中华人民共和国正式成立的最早尝试和实践预演。当时《红色中华》参与“国家治理”的对象——中华苏维埃共和国临时中央政府及根据地各级政府、抗战时期在国共合作抗日环境中成立的陕甘宁边区政府，以及随着解放战争的胜利推进成立的解放区政府，都是当代新闻事业参与“国家治理”对象的前身。

当代新闻事业参与国家治理的实践，起源于中国共产党领导的共产党新闻事业及工农政权新闻事业诞生之时。新民主主义革命时期的中共中央（中央工农民主政府）机关报的新闻活动显然是当时“国家治理”不可缺少的组成部分，且发挥着特殊的作用。中华人民共和国前身可溯源至1931年11月成立的中华苏维埃共和国临时中央政府（两个中央政府都是共产党领导，第一任主席都是共产党领袖毛泽东），中华苏维埃共和国临时中央政府机关报《红色中华》参与中华苏维埃共和国“国家治理”的实践完全可认定为中国当代新闻事业参与“国家治理”的起源和基础。当代新闻事业参与“国家治理”正是在革命先辈创建红色新闻事业和红色工农政权基础上的发展、延伸和弘扬。1949年10月1日中华人民共和国成立，中国历史正式进入“中国当代”时期，共产党领导的人民新闻事业成为“中国当代新闻事业”。新闻事业参与“治理”的“国家”也就由20世纪30年代成立的“中华苏维埃共和国”发展到1949年10月宣告成立的“中华人民共和国”了。

二、当代新闻事业参与“国家治理”的发展历程

中华人民共和国中央人民政府于1949年10月1日在北京宣告成立，标志着中国历史车轮轰然驶进了“中国当代”这个崭新的历史阶段。中华民族开始书写自己的“当代史”。中国新闻事业参与“国家治理”的实践也随之进入“中国当代”这个历史阶段。回顾中国当代新闻事业参与“国家治理”的实践发展历程，大致可以划分为如下几个历史阶段。

（一）新民主主义革命向社会主义建设过渡的历史阶段

这一阶段大致包括从1949年10月1日中华人民共和国中央人民政府在北京宣告成立，到第一届全国人民代表大会第一次会议于1954年9月20日通过并公告实施第一部《中华人民共和国宪法》之前的近五年时间。从中华人民共和国正式宣告成立到我国第一部社会主义宪法制定公布并实施，是一个过渡时期。这几年间，共产党带领全国人民胜利进行了土地制度改革、抗美援朝、镇压反革命、恢复国民经济等具有深远影响的大规模斗争，为有计划地进行经济建设、逐步过渡到社会主义社会准备了必要的条件。[1]

在这一阶段中，“国家治理”的重要内容就是组织、动员团结全国各民族、各阶层人民群众，完成土地制度改革、抗美援朝、镇压反革命和恢复国民经济等关系到国计民生的重大任务。新闻事业战线的广大新闻工作者在党的领导和召唤下，以极大政治热情参与“国家治理”的中国实践，较好履行了新闻事业作为党的事业“重要方面军”的功能。以参加经济建设方面的“国家治理”为例，全国新闻事业工作者围绕中心任务，统筹新闻报纸、时事刊物、广播电台和新闻通讯社等各方力量，及时向社会各界传达党和政府在土地改革、镇压反革命及恢复国民经济等方面的路线方针政策；宣传报道发展经济

[1]《中华人民共和国宪法》(1954年9月20日第一届全国人民代表大会第一次会议通过，同日由全国人民代表大会公告公布施行)[C]// 王培英. 中国宪法文献通编：修订版. 北京：中国民主法制出版社，2007：197.

工作中所取得的成绩和经验；突出报道国家重点建设成就，展示国家经济建设日新月异的面貌，充分报道经济建设中的先进人物，激发人民群众建设国家的积极性。[1]例如，《人民日报》首先是在1950年6月全文刊登毛泽东向中共七届三中全会提交的书面报告《为争取国家财政经济状况的基本好转而斗争》，同时配发了中央财经委员会负责人撰写的社论，后来又连续发表一批结合实际解决重大问题的评论和新闻。为了更好地配合中央执行恢复发展国民经济政策，《人民日报》还先后发表了《财经工作的新时期——追记二月全国财经会议》和《度过困难就是光明》等多篇通讯。《人民日报》的这些新闻活动，毫无疑问是通过新闻事业的独特方式对“国家治理”的直接参与，也毫无疑问对国家在“恢复国民经济”这一“治理”领域有关工作的顺利推进并收到预期效果发挥了重要作用。

与此同时，这一阶段的新闻事业的各要素（报纸、杂志、电台、通讯社）也都以各自专业的方式，积极参与了土地制度改革、抗美援朝、国民经济恢复及对生产资料私有制进行社会主义改造等方面的“国家治理”，同样发挥了新闻事业的独特作用，收到了很好的效果。

（二）探索社会主义革命和建设道路的曲折发展阶段

这一阶段大致包括从1954年9月20日中华人民共和国第一届全国人民代表大会第一次会议通过并公告实施第一部《中华人民共和国宪法》，到1978年12月18日中国共产党十一届三中全会在北京召开前的近25年时间。从第一部《中华人民共和国宪法》公布施行到中共十一届三中全会胜利召开的这一阶段，是中国共产党人带领全国人民探索中国社会主义革命和建设道路，并因各种原因出现各种挫折和失误，最后又在党的领导下回归正常发展轨道上来的历史阶段。

[1]《中国新闻传播史》编写组．中国新闻传播史：马克思主义理论研究和建设工程重点教材[M].北京：高等教育出版社，2021：185–186.

这一阶段中国社会生活的明显特征是错综复杂且多变，政治运动不断。一方面，在完成土地制度改革后，农村进入互助组向合作社的发展阶段，农村生产力得到明显提高；大中城市的生产资料私有制改造由于党和政府的政策正确，进展非常顺利；志愿军战士在抗美援朝战争中挫败敌人的狂妄野心，把战线巩固在“三八线”，迫使美韩和中朝签订“停战协议”，为有计划地开展经济建设奠定了基础。农村合作化运动持续推进，苏联大规模援助的工业化建设项目效果渐现。第一个五年计划提前完成，国家实力有了增强，社会主义制度的优越性得到初步彰显。

另一方面，赫鲁晓夫在苏共二十大上彻底否定斯大林，不久又发生“波匈事件”。蒋介石集团在美国支持下图谋反攻大陆，国内也出现群众闹事等未曾预料的情况。阶级斗争气氛越来越紧张。为避免“波匈事件”在中国上演，中共中央决定于1957年开展全党整风。1957年5月8日至6月3日，由中共中央统战部出面邀请各民主党派负责人和无党派人士座谈，征求对党的工作与整风的意见。由于极少数右派分子把共产党在国家政治生活中的领导地位攻击为“党天下”，公然提出共产党退出机关、学校，公方代表退出合营企业，要求“轮流坐庄”等右派言论和主张[1]，全国规模的群众性的疾风暴雨式的反右派斗争猛烈展开了。反右斗争扩大化使一大批知识分子遭受了长期冤屈和磨难，给党和国家造成了难以估计的损失。[2]在“阶级斗争，一抓就灵”环境下，政治运动或带有政治色彩的社会运动，如“大跃进”运动、人民公社、“一打三反”，以及文艺界批判武训、胡风及对新编历史剧《海瑞罢官》的批判运动等接踵而来，然后是社会主义教育运动（农村称为“‘四清’运动”），这一趋势在“无产阶级文化大革命”中达到了高潮。又因林、陈和王、张、江、

[1] 中共中央党史研究室.中国共产党的九十年：社会主义革命和建设时期[M].北京：中共党史出版社，党建读物出版社，2016：490.

[2]《中国新闻传播史》编写组.中国新闻传播史：马克思主义理论研究和建设工程重点教材[M].北京：高等教育出版社，2021：210–213.

姚反革命集团企图趁乱夺权加剧了形势的复杂性和斗争的艰巨性。这场史无前例的混乱直到1976年10月“四人帮”被粉碎后才宣布结束。

“反修防修”即反对和防止修正主义，是探索社会主义革命和建设道路时期的一项重要任务。时任中共中央主席和中华人民共和国主席毛泽东同志在1957年4月召开的全国宣传工作会议上明确指出，“在现在的情况下，修正主义是比教条主义更有害的东西。我们现在思想战线上的一个重要任务，就是要开展对于修正主义的批判”[1]。由于是党和国家领导人明确的“重要任务”，因而“反对修正主义”迅速成为当时“国家治理”的一项“重要任务”。新闻事业迅速“参与”到这一具有“国家治理”性质的重要工作中来。根据统一部署，《人民日报》、《红旗》杂志发表重磅文章《沿着为了列宁的道路前进》和《列宁主义万岁》，批判以苏联共产党为代表的在暴力、战争、和平共处等方面的一系列“现代修正主义”观点。在中苏两党矛盾激化并逐渐公开后，《人民日报》从1962年底到1963年3月先后发表了7篇批驳苏联共产党攻击中国共产党言论的文章。在欧洲一些共产党跟着苏共攻击中共的国际形势面前，《人民日报》、《红旗》杂志自1963年9月至1964年7月先后以《人民日报》、《红旗》杂志编辑部的名义，发表称为“九评”的反对修正主义的文章，顶住了来自苏联的巨大压力，维护了国家主权、民族和党的尊严。[2]在国际上反对以苏联为首的修正主义的同时，1962年9月举行的中共八届十中全会做出了“国外帝国主义的压力和国内资产阶级影响的存在，是党内产生修正主义思想的社会根源”的基本判断，决定：“在对国内外阶级敌人进行斗争的同时，我们必须及时警惕和坚决反对党内各种机会主义的思想倾向。”[3]国内反对修正主

[1] 毛泽东文集（第7卷）[M]. 北京：人民出版社，1999：281–282.

[2]《中国新闻传播史》编写组. 中国新闻传播史：马克思主义理论研究和建设工程重点教材[M]. 北京：高等教育出版社，2021：220.

[3]《中国共产党第八届委员会第十次全体会议公报》[C]// 中共中央文献研究室. 建国以来重要文献选编：第15册. 北京：中央文献出版社，2011：553–554.

义主要是通过农村社会主义教育运动和在城市意识形态领域社会主义教育运动的形式进行的。全国新闻媒体和新闻工作者迅速参与到这一具有“国家治理”性质的重要工作中来。除中共中央主办的《人民日报》、《红旗》杂志外，其他中央一级乃至省级报刊都积极参与。自1963年下半年以来，各地的报刊上几乎每天都可以看到很多篇关于社会主义阶级教育的材料。而在意识形态领域的“反修”中，新闻媒体不仅成为阵地，而且成为先锋。上海的《文汇报》率先发表批评新编昆剧《李慧娘》和廖沫沙《有鬼无害论》的文章，开了在报刊上公开点名批判的恶例。江青在上海秘密组织策划并由《文汇报》于1965年11月10日发表的《评新编历史剧〈海瑞罢官〉》则成为引发“文化大革命”的导火线。[1]

（三）改革开放新时代的开拓创新和探索发展阶段

这一阶段大致包括从“作出把全党工作的着重点转移到社会主义现代化建设上来的战略决策”[2]的中国共产党十一届三中全会1978年12月22日在北京闭幕，到中国共产党第十八次全国代表大会2012年11月14日在北京闭幕前的近35年时间。

邓小平在1978年12月为中共中央召开十一届三中全会“作了充分准备”的中共中央工作会议闭幕会讲话中，分析造成当时“我们的干部特别是领导干部中间，解放思想这个问题并没有解决”的原因之一是：十多年来，林彪、“四人帮”“大搞禁区、禁令制造迷信，把人们的思想封闭在他们假马克思主义的禁锢圈内，不准越雷池一步”，指出“中央提出把全党工作的重心转到实现四个现代化上来的根本指导方针”后的一个重大政治问题就是“解放思

[1] 中共中央党史研究室．中国共产党的九十年：社会主义革命和建设时期[M]．北京：中共党史出版社，党建读物出版社，2016：561.

[2] 中共中央党史研究室．中华人民共和国大事记：1949—2009[M]．北京：人民出版社，2009：285.

想”[1]。在“四人帮”被粉碎后，新闻界迅速进行“拨乱反正”，开始公开揭发批判“四人帮”利用新闻媒体进行篡党夺权的阴谋活动和罪行。由于指导思想未能摆脱“左”倾错误的影响，在粉碎“四人帮”后的一段时间里，新闻媒体对“四人帮”的揭发批判，以对“文化大革命”和毛泽东晚年的理论与实践的肯定为前提，报刊登载的批判文章还在继续使用“文化大革命”时期的话语。[2]如《人民日报》1977年2月7日社论中还曾提出“凡是毛主席作出的决策，我们都坚决维护；凡是毛主席的指示，我们都始终不渝地遵循”（后称为“两个凡是”），在当时思想界造成了很大的混乱。邓小平同志代表党的第二代领导集体作出的“解放思想是当前的一个重大问题”判断，是对当时国内外形势和国家发展方向的重要判断和决策，是关系到国家兴衰的重要任务，也是当时“国家治理”的重要内容。

“解放思想”的一个重要内容就是邓小平提出的“准确完整地理解毛泽东思想”[3]和“毛泽东思想的基本点就是实事求是，就是把马列主义的普遍原理同中国革命的具体实践相结合”及“理论要通过实践检验”[4]。有着切身感受的新闻界迅速参加到推动“解放思想”的行列，并以鲜明的政治态度和立场参与这一特定的“国家治理”工作。《人民日报》在1977年3月26日刊载了一组讨论真理标准问题的理论文章，其中《标准只有一个》一文中提出“真理的标准，只有一个，就是社会实践”。因为是一组文章中的一篇短文，所以没有引起社会各界尤其是学术界的足够关注。1978年5月10日，中共中央党校的理论研究刊物第60期刊载长篇理论文章《实践是检验真理的唯一标准》，这是一篇经《光明日报》与中共中央党校理论研究室的负责人反复修改，历时7个

[1] 邓小平文选（第二卷）[M]. 北京：人民出版社，1994：140-153.

[2]《中国新闻传播史》编写组. 中国新闻传播史：马克思主义理论研究和建设工程重点教材[M]. 北京：高等教育出版社，2021：245.

[3] 邓小平文选（第二卷）[M]. 北京：人民出版社，1994：42.

[4] 邓小平文选（第二卷）[M]. 北京：人民出版社，1994：126-128.

月，十易其稿，最后经胡耀邦审阅定稿[1]的重要文章。次日（5月11日），该篇文章又以《光明日报》“特约评论员文章”的方式在《光明日报》发表，由于《光明日报》的社会影响，很快引起社会的关注。《光明日报》发表该文的第二天（5月12日），《人民日报》《解放军报》全文转载。全国各地报纸也纷纷转载。紧接着，《人民日报》于6月16日发表邢贲思的文章《关于真理的标准问题》，《解放军报》于6月24日发表题为《马克思主义的一个最基本原则》的“特约评论员”文章，《人民日报》又于9月25日发表《一切主观世界的东西都要受实践的检验》的“特约评论员文章”，全国范围内很快兴起一场关于真理标准的大讨论，促进了马克思主义基本理论的普及，为后来不断扩大深化的改革开放奠定了有利的舆论氛围。这是新闻事业参与“国家治理”的成功实践，成为当代中国新闻事业发展史上的一座丰碑。

（四）中国特色社会主义新时代的深化发展阶段

这一阶段主要是指“实现了中央领导集体的新老交替”“围绕实现社会主义现代化和中华民族伟大复兴的总任务，一系列理论创新和实践创新相继展开，中国特色社会主义新时代的大幕徐徐拉开”[2]的中国共产党第十八次全国代表大会胜利召开后的发展时期。党的十八大产生的中共中央领导班子全部由中华人民共和国成立后出生的党员组成，是一批“共和国培养”的共和国领导人。

国家和民族的强盛必然也必须以文化兴盛为支撑。没有传统文明的继承和发展，没有民族文化的弘扬和繁荣，就不可能有当代文明和文化的繁荣与兴盛。中国共产党十六届六中全会提出并积极推进社会主义核心价值体系建设的重大战略任务，并提出了以马克思主义为指导思想，树立中国特色社会主义共同理想，倡导以爱国主义为核心的民族精神，践行以社会主义荣辱观

[1] 方汉奇 . 中国新闻事业编年史（中卷）[M]. 福州：福建人民出版社，2000：1932.

[2] 本书编写组 . 中国共产党简史[M]. 北京：人民出版社，中共党史出版社，2021：381.

为具体载体的社会主义核心价值体系。党的十八大提出在国家层面倡导富强、民主、文明、和谐，在社会层面倡导自由、平等、公正、法治，在公民层面倡导爱国、敬业、诚信、友善，积极培育和践行社会主义核心价值观。2014年5月4日，习近平总书记在和北京大学师生座谈时指出："人类社会发展的历史表明，对一个民族、一个国家来说，最持久、最深层的力量是全社会共同认可的核心价值观。核心价值观，承载着一个民族、一个国家的精神追求，体现着一个社会评判是非曲直的价值标准。"[1]我国是一个有着14亿多人口、56个民族的大国，确立反映全国各族人民共同认同的价值观"最大公约数"，使全体人民同心同德、团结奋进，关乎国家前途命运，关乎人民幸福安康。由此可见，新闻业及新闻工作者倡导和宣传社会主义核心价值观，营造践行社会主义核心价值观的社会氛围，是当代新闻业参与当代"国家治理"的重要责任和途径。

2012年12月23日，中共中央办公厅印发《关于培育和践行社会主义核心价值观的意见》。全国新闻业界不同类型新闻媒体和全体新闻工作者响应党和政府的号召，"发挥传播社会主流价值的主渠道作用。坚持团结稳定鼓劲、正面宣传为主，牢牢把握正确舆论导向，把社会主义核心价值观贯穿到日常形势宣传、成就宣传、主题宣传、典型宣传、热点引导和舆论监督中"[2]，迅速持续参与以"培育和践行社会主义核心价值观"为目标的"国家治理"活动。《人民日报》《光明日报》《中国教育报》等中央级新闻报纸迅速安排在重要版面刊载阐述和传播社会主义核心价值观的文章、新闻消息和专题评论，全国省（自治区、直辖市）级的新闻报刊，也密切结合本地区的实际，采取多种形式积极宣传和传播社会主义核心价值观。中央人民广播电视总台下属的中

[1] 中共中央宣传部 . 习近平总书记系列重要讲话读本[M]. 北京：学习出版社，人民出版社，2014：92–93.

[2] 新华社 . 中共中央办公厅印发《关于培育和践行社会主义核心价值观的意见》[EB/OL].http：//www.moe.gov.cn/jyb_xwfb/s5147/201312/t20131224_161114.html.

央电视台和中央人民广播电台及各省的广播电台和电视台，按照统一部署安排重点时段进行社会主义核心价值观的宣传和传播，采用新闻报道、新闻评论、访谈节目、专题节目等传播方式多方位、多层次、多时段、全空间地宣传和传播社会主义核心价值观。独立建设运行的商业网站如新浪、网易、搜狐等新闻网站及传统媒体建设的新闻网站如人民网、新华网、中国网络电视台、凤凰网等也都采用多种节目形式宣传和传播社会主义核心价值观。即使是都市类晚报及行业性媒体，也都积极履行传播社会主义核心价值观的责任，积极发挥自身贴近生活、贴近受众的传播优势，出版适应分众化传播的专版、增刊，联系群众身边的先进人物和先进事迹，运用大众喜闻乐见的语言和形式，在生动活泼的日常新闻传播活动中引导受众培育和践行社会主义核心价值观。经过各方的共同努力尤其是新闻业界和新闻工作者的积极参与，“培育和践行社会主义核心价值观”这一“关乎国家前途命运，关乎人民幸福安康”的重要“国家治理”工作收到了明显的成效，全国上下更加团结一致，中华民族共同体意识不断增强，社会风气持续向好，公民素质不断提升，为实现中华民族伟大复兴的中国梦提供了更加有力的意识形态和社会氛围保障。

三、当代新闻业参与“国家治理”的主要领域

当代新闻业经过了数十年的发展，已经成为由传统纸质媒体（新闻报刊）、传统非纸质媒体（广播电台、电视台及新闻电影）和依托互联网建设运行的商业新闻网站、传统媒体新闻网站以及微博、抖音及手机媒体等网络化多媒体组成的综合性媒介体系。新闻人依托当代新闻业体系可把获得的新闻消息及新闻言论及时传播给特定的受众群体，传播至社会生活的多个领域，营造或形成特定的社会舆论热点，产生即时性新闻传播效果。

（一）政治生态建设领域

政治生态特指政治主体在一定的政治环境下的生存方式，以及在此政治环境下养成的政治习性，同时也指政治主体在一定政治环境下生存和发展的状态。它是政治制度、政治文化、政治生活等要素相互作用的结果，是党风、正风、社会风气的综合反映，直接影响社会成员群体的价值取向和社会管理者的从政行为。当代新闻事业中的新闻工作者依托新闻媒体，多途径、多形式、多手段地向社会受众传播党和国家的方针政策信息，宣传传播党和政府及社会团体贯彻落实这些方针政策后取得的社会积极效果，发表符合人民利益的具有建设引导性的新闻评论，对于维护合法的政治制度、弘扬积极的政治文化、建设正常的政治生活氛围具有直接而明显的舆论营造和引导功能，成为完成“国家治理”中“政治生态建设”这一重要工作任务不可或缺的有生力量。

（二）社会氛围建设领域

社会氛围是围绕社会生活领域各类活动主体且客观存在和不断发展变化的综合气氛和环境。政治生态更多的是指政治主体在政治环境下的生存方式、发展状态。社会氛围则主要是指社会生活领域除政治主体以外的民间层次社会生活主体在政治环境之外的日常社会生活环境中的生存方式和发展状态，更多地反映了民俗、民气、民意、民愿和民风等基本社会要素，是政通人和、社会稳定、经济发展、人民富庶、文化繁荣、科技进步的基础。当代新闻业界的新闻工作者通过传播党和政府的方针政策信息，宣传社会生活中的先进典型，介绍社会治理的成功经验，批评错误，鞭挞丑恶，传正道新闻，扬社会正气，营造人人向善向好，个个奋发努力，相互友善互助，建设美好未来的社会氛围，成为“国家治理”中“社会氛围建设”领域的一个重要促进因素和力量。

（三）国家形象建设领域

国家形象是一个综合性的概念。一般情况下是指反映在新闻媒介和人们心中的对于一个国家及其民众的历史、现实、政治、经济、文化、生活方式以及价值观的综合印象，是国家的外部公众和内部公众对国家本身、国家行为、国家的各项活动及其成果所给予的总的评价和认定。当代新闻事业参与新中国“国家治理”中的“国家形象建设”，包括面对国内受众的“国家形象建设”和面对国外受众的“国家形象建设”两方面。

在面对国内受众的“国家形象建设”方面，新闻业界的新闻媒体及新闻工作者通过多种新闻手段和载体，向受众传播并从积极建设视角阐释与解读党和国家的方针政策，以提高他们对党和政府的认可、拥护和支持配合度；传播国家经济建设、科学研究、文化事业、医疗卫生、民生改善、海外撤侨等方面的成绩和进步，并与党和国家的领导、支持、推动和保护建立联系，使受众从中感受到国家的发展和强大，以增强其爱国情怀；宣传党和国家在全球性灾难或特定国家地区因战乱对人民群众生命安全造成威胁时，坚持“以人为本”“人民至上”“生命至上”，动用一切资源保护人民群众生命健康的新闻事实，使受众从具体事例中感受到国家的可靠性和可依赖性，增强国人的自信心和自豪感。通过上述有效的新闻传播活动，为受众展示“可信、可爱、可敬”的国家形象，增强全国上下的凝聚力。在面对国外受众的“中国国家形象建设”方面，新闻业界的新闻媒体及新闻工作者，通过多种新闻手段和载体，向国外受众传播中国国家政府和人民对世界各国人民的友好感情；传播具有民族特点、特色、特征、特长的中华优秀文化，以增进国外受众对中国悠久历史和灿烂文化的了解；传播中国政府和人民对其他国家经济文化建设和人民日常生活设施的热情帮助和真诚支持，用实实在在的事例让国外受众感受到中国政府和人民的真诚友谊；传播中国政府和人民在其他国家和人民尤其是发展中国家和人民遇到台风、地震及传染病流行等自然灾害时予以的兄弟般的鼓励支持和帮助。

当代新闻事业即新闻工作者依托新闻媒介通过各种新闻传播活动，帮助塑造和形成良好“国家形象”，在增强国外受众对“社会主义中国”的认可度和友善度、增强国内受众对“人民共和国”形象的接受度和配合度等方面都发挥了重要的作用，成为这一领域“国家治理”的重要力量。

（四）公民素养建设领域

公民素养是一个内涵丰富的概念，是作为健康合法当代公民应该具备的各种基本素养的总和。一般包括知识文化素养、遵纪守法素养、社会公德素养以及生活技能素养等方面。“家是最小国，国是千万家”，公民是现代国家的基本组成单元。中国梦的最大特点就是把国家、民族和个人作为一个命运共同体，把国家利益、民族利益和每个人的具体利益紧紧联系在一起，体现了中华民族固有的“家国天下”的情怀。[1]公民素养决定国家的整体文化水平、道德水平、经济建设水平、科技创新水平及维护国家安全和发展利益的成效，因而是“国家治理”中的一个重要方面。

当代新闻业即新闻工作者依托各种新闻媒介，通过各种技术手段和传播方式，全方位地参与“公民素养建设”这项“国家治理”的重要工作：通过新闻活动向公众传播普及科学文化知识，提高受众群体的整体科学素养，打破文盲愚昧对受众思想、思维的羁绊和束缚，使受众成为知书明理的公民；通过传播经济建设、文化教育、科学研究、国防安全、国际交流等方面最新成就和先进模范人物的先进事迹，激发受众群体立足本职，刻苦钻研、奋发有为、竭诚奉献的时代精神，在社会主义物质文明建设中争当先锋；通过新闻活动向受众传播普及法律法规知识，提高受众群体的整体遵纪守法素养，积极推进法治社会建设，在建成“以法治国”社会中作出贡献；通过新闻活动向受众宣传介绍社会公德的先进模范和典型人物，用遵纪守法、恪守社会

[1] 中共中央宣传部 . 习近平总书记系列重要讲话读本［M］. 北京：学习出版社，人民出版社，2014：28.

公德的榜样引领受众的思维和言行，营造从好崇善的社会风气；通过新闻活动向受众传播科学技术知识，提高受众从事社会经济文化科学活动的能力和水平，提高受众的生产效率和效益。

当代新闻业界及新闻工作者依托新闻媒介开展的新闻传播活动，可以从多方面、不同层次对“公民素养建设”发挥积极的促进、引导功能。随着公民群体整体素养不断提高和升华，我国的社会主义现代化事业必将取得更大成就，中华民族伟大复兴的中国梦一定能更快地实现。

总之，当代新闻事业参与“国家治理”是社会主义中国进入中国特色社会主义新时代后才引起关注和重视的课题。习近平总书记指出，“治理和管理一字之差，体现的是系统治理、依法治理、源头治理、综合施策”[1]。当代新闻事业参与“国家治理”，必须始终着眼于维护最广大人民根本利益，最大限度增加和谐因素，增强社会发展活力，维护国家安全，确保人民安居乐业、社会安定有序。

[1] 中共中央宣传部.习近平总书记系列重要讲话读本[M].北京：学习出版社，人民出版社，2014：116.

战略导向与国家治理：党的二十大方针指引下新闻传播学研究的十大重点

王润泽　王汉威

[**摘　要**] 本文聚焦党的二十大报告中涉及且为新闻传播学界所关注的十个重要政策导向话题，对其中主流、鲜明、深刻的学术观点进行梳理。具体包括：以中国式现代化全面推进中华民族伟大复兴、加快实施创新驱动发展战略、推进国家安全体系和能力现代化、推动构建人类命运共同体、全面推进乡村振兴、增强中华文明传播力影响力、加强全媒体传播体系建设、健全网络综合治理体系、发展全过程人民民主、推进健康中国建设。过去学界较好地服务于中国自主新闻传播学知识体系建设和中国式现代化发展大局，也期待未来学界以元问题为抓手，进一步明确知识创新的基本面向和焦点领域，将视野扎向中国式现代化的发展实践，主动承担对国家发展战略的重要责任。

[**关键词**] 党的二十大；中国式现代化；国际传播；社会治理

2023年8月，习近平总书记在《求是》杂志发表的重要文章指出，党的二十大报告明确概括了中国式现代化五方面的中国特色，深刻揭示了中国式现代化的科学内涵。这既是理论概括，也是实践要求，为全面建成社会主义

[**作者信息**] 王润泽，中国人民大学新闻与社会发展研究中心执行主任；王汉威，中国人民大学新闻学院博士生。

[**基金项目**] 教育部人文社科基地重大项目“中国当代新闻事业发展与国家治理研究”（20231JY0061）。

现代化强国、实现中华民族伟大复兴指明了方向。[1]党的二十大报告提出了中国共产党以中国式现代化全面推进中华民族伟大复兴的新时代使命，其中诸多论述，为开创新时代党的新闻舆论工作新局面指明了前进方向，提供了根本遵循；为今后相当长时间内中国新闻业提供了行动目标与指导思想，是对马克思主义新闻观理论的中国化和时代化的推进。而新闻传播领域围绕党的二十大报告以及习近平总书记重要讲话精神所形成的重要政策导向，形成了一批讲政治、讲道理、讲实效的学术成果，切实服务国家治理的重大需求，本文围绕其中相对显著的十个重点话题，对其中主流、鲜明、深刻的学术观点进行必要的梳理。

一、政治、实践与历史：中国式现代化的新闻传播学诠释

自2021年7月6日中国共产党与世界政党领导人峰会到2022年10月16日党的二十大报告，再到2023年6月第11期《求是》杂志上的重要文章《中国式现代化是中国共产党领导的社会主义现代化》，习近平总书记关于“中国式现代化”发表了一系列重要讲话和文章，这首先是政治向度的表述。从意涵上讲，新闻传播学界进行研究时尤为关注的两点是，中国式现代化是中国共产党领导的社会主义现代化，也是物质文明和精神文明相协调的现代化。随着中国现代化路径越发明晰，近年来，学界已然开始自觉讨论新闻传播事业在国家治理体系现代化中的地位和作用。宏观层面，“中国共产党会通过中国特色政治传播，推动国家治理体系和治理能力现代化，最终实现对中国人民的政治承诺”[2]。微观层面，地方媒体通过“城市建设的正向宣传、民生问题的公共化、媒介化的个体表达”参与到了城市的基层治理中。[3]党的二十大召开之

[1] 习近平．中国式现代化是强国建设、民族复兴的康庄大道[J]．求是，2023(16)．

[2] 荆学民，宁志垚．论中国政治传播在国家治理体系现代化中的战略地位和作用[J]．现代传播(中国传媒大学学报)，2020(4)．

[3] 雷伟，高红明．沟通、包容与城市正义：当地媒体与中国城市治理的现代化[J]．新闻爱好者，2021(8)．

后，新闻舆论工作参与中国式现代化的基本架构随即形成，即以推进媒体融合向纵深发展壮大主流舆论引导能力，通过全媒体传播体系的构建形成健康有序的舆论生态，达成对内（国家治理）、对外（国际话语权）两大任务。

其次，中国式现代化是实践向度的表达。在学术体系之外，中国特色传播实践体系也得到了学界的关注、参与和建设。从国家层面看，中国特色战略传播体系所主张的中国式现代化的共建与共享导向了人类文明新形态，以“媒介善治”的理念服从于中国式现代化的治理目标；在行业和媒体层面，业界与中国式现代化间的关系也得以论述，主流媒体以自身变革和跨越自身的资源整合，引领了新闻传播业中国式现代化的进程，同时，国家媒体治理现代化也是主流媒体克服当下挑战的必要途径。[1]县级融媒体提质增效也赋能中国式现代化推进，传播基层主流声音，提升基层治理效能，助力区域产业高质量发展。[2]另外，对广播电视行业而言，中国式现代化构成了其本质要求，存在适屏融合、视频创新、视听中国三大中国式现代化电视事业建设的创新动力源。[3]这都要求当下媒体准确把握中国式现代化在新发展阶段的故事内核与传播话语，为中国式现代化创造有利的国内国际舆论环境。[4]

最后，中国式现代化亦是历史向度的表达。新闻传播事业中国式现代化的探索历程、历史逻辑亦被学界关注并得以整理。新闻传播业中国式现代化是中国式现代化的重要组成与推动力量，其本质特点是“中国共产党领导下的新闻事业接续百年奋斗完成探索、转折、蜕变，实现理论和实践的双重跨越”[5]。相应地，自新中国成立以来的新闻事业传统也提出新闻事业面向未来

[1] 蔡雯．主流媒体引领中国式新闻传播现代化的实践探索［J］．编辑之友，2023（1）．

[2] 黄楚新，李一凡．县级融媒体提质增效赋能中国式现代化推进［J］．新闻春秋，2023（4）．

[3] 曾祥敏．中国式现代化电视事业的演进路径和三大创新动力［J］．编辑之友，2023（6）．

[4] 栾轶玫．中国式现代化的故事内核与传播话语［J］．编辑之友，2023（1）．

[5] 吴锋．新闻事业中国式现代化：概念内涵、历史逻辑与实践方略［J］．编辑之友，2023（7）．

的职责使命。[1]进入新时代，中国式传媒融入了人类文明新形态的治理体系，服膺中国式现代化的总体需要，新闻传播的功能也随即成为社会治理大潮中的一部分。[2]

二、结构、产品与观念：传媒领域的创新驱动

党的十八大明确提出，“科技创新是提高社会生产力和综合国力的战略支撑，必须摆在国家发展全局的核心位置”，强调要坚持走中国特色自主创新道路、实施创新驱动发展战略。党的二十大报告中亦提及“加快实施创新驱动发展战略”，在学术领域表现为“加强基础研究，突出原创，鼓励自由探索”。新闻传播学界在这一导向下，一方面参与到了创新话语的生产中，另一方面持续关注新媒介环境下的元问题，对新闻传播行业技术器物、组织结构、产品形态、思想观念等方面的变迁与革新加以呈现和说明。[3]

媒介革新带来了新闻传播业态的革新，但这种革新不局限于技术，如近年来以即时通信等技术为基底的数字新闻学，其关注点实际上涉及新闻业态革新的方方面面。在理论层面，数字时代的马克思主义新闻理论高度关注对新闻定义和新闻本体论的重新讨论及其背后的政治意涵，注重把新闻理论创新纳入马克思主义的整体视野，厘清新闻理论与技术革命的复杂关联，以党的二十大精神为指引，从当代中国的现实实践出发，将发掘传统新闻理论的经典内核和探索数字时代新闻传播规律结合起来，以更好地解释新问题新现象。这种创新在中观层面，表现出了超越客观性、记者作为资源协调者、新闻作为生活方式三方面的革新。[4]相应地，这些理论创新在实践中指向了三种创新形态——新价值取向、新新闻文本和新运行常规，表现为关注人的存在、

[1] 陈国权．新闻事业中国式现代化的探索历程与未来使命[J]．编辑之友，2023(2)．

[2] 陈龙．中国式传媒角色的百年演化与当代价值重塑[J]．东南学术，2023(1)．

[3] 王润泽．工业文明到信息文明转型中的新闻学创新[J]．青年记者，2021(11)．

[4] 常江，罗雅琴．数字新闻与开放生产：从实践创新到理念革新[J]．传媒观察，2023(10)．

提升报道质量、开辟收入来源、运用先进技术和协作生产新闻五个特征。[1]同时，学界还从数字技术赋权、事实核查、专业共同体、美学化趋势、数据新闻生产以及创新失败等概念深入探索新闻创新范畴，这些范畴可以归结为三方面，即结构方面的协作性、产品层面的功能性和观念层面的人文性。

在泛传媒领域，这种协作性、功能性与人文性亦有彰显。2018年是短视频元年，大量内容创作者以流量的吸纳与灵活转换为核心技术，以视听语言为载体，带来了丰富的优质作品；视听传播产业以“衍生+”理念指导衍生节目开发的发展思路已成为备受内容生产领域关注的创新焦点[2]；经营层面也可通过既有业务创新提质增效、推进互联网创新以连接用户、深入跨界融合以拓展业务边界三个维度推进创新[3]。另外，一系列政务宣传账号以高质量内容、接地气的表达、真诚的互动获得了广大网民的认可，对于新时代加强全媒体传播体系建设，塑造主流舆论新格局具有重要启示。同时，许多基层县级融媒体嵌入基层社会治理的主要环节，开辟了一条独特的参与乡村治理的发展路径，为县级融媒体更好地服务乡村振兴、参与基层社会治理提供了值得借鉴的经验。整体而言，政府媒介治理能力的提升也构成了其治理模式的关键创新，这种创新是由多媒介主体的积极协作、产品形态的功能革新和为人民服务的价值理念所共同造就的。

三、网络、舆论与意识形态：国家安全体系和能力建设中的新闻传播

早在20世纪，学界就已意识到信息时代国家安全需要面临的新挑战，但彼时给出的应对策略并未意识到新闻传播事业在其中的关键作用。随着新闻

[1] 韩德勋．数字时代新闻的有机创新：对“X 新闻”的研究[J]．新闻记者，2023（3）．

[2] 何天平，李昊凯．品牌化、融合化、生态化：衍生节目开发的创新实践与发展进路[J]．电视研究，2023（1）．

[3] 郭全中，朱燕．高质量发展视角下的广电媒体经营创新[J]．电视研究，2023（4）．

传播学界将国家安全纳入视野，拟态环境、数字霸权、舆论安全等议题逐渐得到了自觉且相对深刻的阐释。党的二十大报告要求“把维护国家安全贯穿党和国家工作各方面全过程，确保国家安全和社会稳定”。其中需要构建网络保障体系，严厉打击敌对势力渗透、破坏、颠覆、分裂活动。目前来看，在挑战—对策的行政主义框架下，新闻传播学之于国家安全政策导向的相关研究已然在实践层面有了丰硕成果，但从理论层面进行规范理论构建及从概念系统萃取的自觉意识还有待加强，这也是新闻传播学未来切中时代脉搏、回答中国之问的突破方向。

整体而言，基于国家安全诉求，新闻传播学界就其内涵、挑战和对策进行了讨论。从内涵角度看，总体国家安全观包含一系列有关国家安全的新思想、新理念、新战略。在总体国家安全观的指导下，中国特色国家安全理论体系不断丰富，国家安全工作开创新局面。为更好地贯彻和践行总体国家安全观，我国安全部门与主流媒体积极开展对内宣传阐释和对外传播活动，产生了广泛的国内国际影响。新媒介语境下，国家安全问题经历了原生与诱发两种安全化触发过程，在此过程中交织的各类安全问题将不同的主体、多元的行动者整合到新媒介的技术逻辑之下，形成了从主体间话语性到场域间风险性的影响机制。[1]具体而言，社交媒体已成为感知安全风险的重要来源，对提升国家安全能力具有重大意义，许多平台上的社交机器人倾向于在行为上通过潜伏和模仿，利用多元路径发布更具煽动性的争议话题，涉华议题操纵活动明显；再如，2023年非常火爆的元宇宙既是西方数字资本主义的意识形态整合器，又是西方国家对外进行数字殖民的新工具，给我国意识形态和国家安全带来许多新问题和新挑战。[2]

---

[1] 熊澄宇，张虹．类型特征与过程机制：新媒介语境中的总体国家安全问题［J］．国际新闻界，2023（4）．

[2] 胡乐乐．元宇宙与意识形态、国家安全：技术、挑战、治理［J］．云南民族大学学报（哲学社会科学版），2022（5）．

实践层面，看待网络意识形态安全问题，必须站在国家战略和国家利益的高度，战略上完善顶层规划设计，技术上实现攻防兼备，理论上增强传播鲜活度，实践中构建多维教育平台。面对美欧俄“心智战”的博弈升级，有学者主张抢占认知战略传播前沿阵地，加强该领域的理论研究，完善相关模块设置和机制架构，大力推进认知战略传播的基础设施建设。[1]简言之，新闻传播学已然从舆论清朗、国际传播和意识形态方面给出了非常有效的操作性策略，但就国家安全本身的理论潜能挖掘还不够深，对这一范畴本身的贡献相对处于学界下游，有待进一步理论化。

四、对话、秩序与共识：人类命运共同体建设与国际传播新格局

党的十八大明确提出人类命运共同体概念，在此之后，习近平总书记在诸多重要外交场合阐明这一概念，在党的二十大报告中，推动构建人类命运共同体构成了中国式现代化的本质要求之一。新闻传播学界以中国特色大国外交为切口，在国际传播领域持续耕耘，近年来成果显著。

党的二十大闭幕后，学界随即跟进报告精神，分析和阐发了习近平总书记有关国际传播的重要论述及其所体现的理念、价值和实践层面的全方位引领，提出要秉持人类命运共同体理念建构“全球中国”，“以媒为酶”催生文明交流互鉴新模式[2]，包括中国传统文化、科学社会主义思想、跨文化共同体、生态共同体和想象共同体等层面的内涵，是化解国家和民族间障碍与隔阂、管理或解决国家和民族间冲突矛盾的珍贵精神资源。人类命运共同体观念以对话世界为抓手，有助于中国突破国际传播困局，推动中华文化与中国观点更好地走向世界，增进世界对中国的理解与认同。在价值取向上，人类

[1] 林克勤，曾静平．认知战略传播：关涉题域、核心诉求与实践范式[J]．西安交通大学学报（社会科学版），2023（5）.

[2] 史安斌，刘长宇．思想、价值与实践的全方位引领：习近平有关国际传播的重要论述探析[J]．当代传播，2022（6）.

命运共同体的传播实践是对以往霸权性的老路的否定。[1]在国家外交实践突破对既定国际格局依附结构的同时，人类命运共同体以其所蕴藏的包容的文明观，解构了国际传播旧秩序中长久霸占文化领导权地位的西式自由主义价值理念和文明等级观的强力话语，为重构国际传播秩序提供了新的可能性，给全球社会以确定性，将中国的发展理念惠及全球。整体而言，人类命运共同体的全球传播已进入多元主体参与范式的媒介环境，在价值理念上从“以事为本”转向“以人为本”，在传播渠道上从单向型转向多维型，在叙事方式上从事实型转向故事型，在话语策略上从独白式转向对话式，在世界范围内产生了重大影响，许多国家表现出较高的接受和认可度。不过，人类发展、合作共赢和责任担当等共同价值仍具有深入对话的潜力。[2]

在人类命运共同体的建设进程中，学界提出了一系列操作性较强的措施：传播主体应当主动设置议题、巧用大数据技术、叙事“以小见大”、立足“软—软实力”视角，以构建作为国际传播新规范理论的人类命运共同体。从主流媒体既有的传播实践出发，未来人类命运共同体的相关新闻报道可按照将理论阐释转化为叙事性和情感性呼吁、加强对其他支持者的主体形象塑造、对政策进行多维度呈现三条路径加以优化。[3]注意发掘基于人类共同价值、应对当前世界发展共同问题的中国话语，同时，应注重传播精准化、理念日常生活化、叙事话语国际化、传播手段柔化和多元主体共奏复调，以回应国际舆论的关切和质疑，推动全球公众了解并认同基于人类命运共同体的中国方

[1] 宋奇，李智 . 人类命运共同体视域下社会组织的国际公共传播研究[J]. 现代传播（中国传媒大学学报），2022（12）.

[2] 赵永华，赵家琦，Kalinina Natalia.“人类命运共同体”俄文翻译与传播的话语实践研究[J]. 中国翻译，2023（4）.

[3] 朱鸿军，李喆 . 主流媒体对人类命运共同体的政治传播分析[J]. 上海交通大学学报（哲学社会科学版），2023（1）.

案。[1]另外，面对其他国家和文明，也需注意克服文明优越感，弱化意识形态，避免单向传播，最终落实人类命运共同体的理念。[2]从理论和实践两方面，新闻传播学界旨在挖掘人类命运共同体作为一种新国际传播秩序的价值意蕴和可行路径，随着我国国际影响力的不断提升，人类命运共同体将成为新闻传播学规范理论创新的重要抓手，以此指向新世界格局的中国方案。

五、文化、服务与关怀：乡村振兴与基层传播事业

党的十九大报告指出，农业、农村、农民问题是关系国计民生的根本性问题，必须始终把解决好“三农”问题作为全党工作的重中之重，实施乡村振兴战略。党的二十大报告进一步强调了乡村振兴战略，指出要全面推进乡村振兴，扎实推动文化振兴。近年来，一批新闻传播学学者扎根农村，围绕乡村基层媒介治理和乡村文化产业振兴，为提升乡村文化传播力与影响力作出了扎实的贡献。

乡村治理是新闻传播学尤为关注的领域，其中，县级融媒体的作用尤为突出，其逻辑主要表现在公共空间生产、制度性力量供给以及基础设施化三个层面。[3]参与乡村治理的路径包括与信息服务、政务服务、商务服务、生活服务的结合，以积极推动乡土特色文化向乡村公共文化转型，加强农村公共文化服务体系建设。[4]拓展乡村振兴的行动空间，增进乡村居民的地方认同，聚焦数字协同治理，坚守主流舆论阵地，着力构建新的交流模式与社会现实，推进治理路径从垂直到横向的转变，在主体间性不断重构的过程中连接乡村

---

[1] 高金萍．人类命运共同体的全球传播图景——基于18国媒体相关报道分析[J].国际新闻界，2023(3).

[2] 骆正林，张雨龙．“一带一路”倡议与新时代国际传播能力建设[J].未来传播，2023(4).

[3] 葛明驷．媒介化治理：县级融媒体创新乡村治理的逻辑与路径[J].中州学刊，2022(10).

[4] 李梦磊，徐建国．融媒体视域下乡村文化传播策略研究[J].编辑之友，2023(6).

生活的多元主体，最终实现乡村共同体的重构。[1]同时，在文化建设层面，县级融媒体将自身发展与乡村文化生产统筹推进，形成互动、互补、互促、共生的内容生产体系，从而带动、引领在城镇化、工业化、空心化进程中被弱化、虚化的乡村文化中兴，引领文明乡风建设，助力乡村全面振兴。[2]事实上，社会治理过程中，主流媒体、数字平台、基层组织彼此间交融共栖，共同编织成一张具有动态性、关系性的传播网络，在脱贫攻坚、生态建设、共识凝聚等方面发挥着关键作用，这一网络也会形成“地方政府+在地组织+民间社会”的团结模式，从而形塑了地方社会的直播文化秩序[3]，并在新媒体领域助力乡村人才振兴。

除此之外，作为后发区域，乡村及其居民的弱势地位也被新闻传播学研究所揭示。如以返乡青年为重要主体的乡村视频博主，通过内容生产对乡土社会进行再诠释，推动乡村生活方式与数字媒介紧密联系起来，将乡村视频塑造为互联网文化工业的特定内容类型。再如讨论较多的乡村女性，短视频平台为表达女性话语、再现女性形象提供了新的媒介途径和传播渠道[4]，但聚焦当代乡村女性的网络空间生产与角色困境，性别不平等的现实及新媒体对女性赋权的有限性仍然存在[5]。另外，短视频沉迷、身份误同、免费数字劳动、乡村老年群体等问题也值得关注[6]，这些研究也彰显了乡村振兴历程中新

---

[1] 高晓瑜，李开渝．媒介化时空：县级融媒体重构乡村共同体研究[J]．编辑之友，2022(12)．

[2] 陈洪友，李虹．嵌入到共生：县级融媒体参与乡村文化生产的进路[J]．中州学刊，2022(11)．

[3] 徐婷婷．从“在地团结”到“在地组织”：乡村直播模式中的组织力量[J]．新闻大学，2023(5)．

[4] 刘静．田园生活类短视频的乡村女性媒介形象建构机制探赜[J]．当代电视，2023(9)．

[5] 张淑华，徐婷婷．当代乡村女性的网络空间生产与角色困境——以豫中乡村为例[J]．新闻与传播研究，2022(11)．

[6] 路阳．短视频渗透下乡村初老女性的社会规训与自我建构——鲁中S村案例[J]．中国地质大学学报（社会科学版），2023(4)．

闻传播学者的人文关怀，契合了人民群众获得感、幸福感、安全感的研究导向，从宏观与微观层面就当下乡村传播事业建设给出了诸多颇具人文关怀的治理建议，与党的二十大精神形成了有效协同。

六、价值、话语与叙事：增强中华文明传播力影响力

2011年，党的十七届六中全会发出了向社会主义文化强国进军的伟大号令，全面部署了深化文化体制改革，促进社会主义文化大发展大繁荣的宏大工程。党的二十大报告要求必须坚持中国特色社会主义文化发展道路，坚守中华文化立场，提炼展示中华文明的精神标识和文化精髓，加快构建中国话语和中国叙事体系，讲好中国故事、传播好中国声音，展现可信、可爱、可敬的中国形象。

中华文明蕴含着全人类共同价值的功能效用与文化意涵，具有与全人类共同价值相统一的价值基础、哲学内涵、时代意蕴，这要求构建人类文明新形态对外传播话语体系，以文明互鉴自觉引领国际传播实践。由于其深厚的历史渊源和与时俱进的时代品格，文明互鉴正在成为全球文化交往时代国际传播的新兴理念，为中国引领全球治理体系变革提供重要方案。在这一视野下，既要把中国的文化自信传播出去，又要把外国文化自信地请进来，充分吸取外国的积极文明成果，做到真正的文化自信。同时，在学术层面，应拓宽时空维度，实现文化或者文明的转向，即在文化历史唯物主义的启发下，探索、挖掘文明交流互鉴中的传播研究。这种突破转向有着坚实的文化基础和话语来源，从认识论的角度看，融合了中庸、和合与天下观的“平台世界主义”，为国际传播的理论升维和实践创新奠定了基础。从传播技术维度构建中华文明国际传播的数字基建，从传播内容维度借文化杂糅赋予中华文明新的活力，促成中华传统文化在新时代以崭新风貌“出海”，进而通过打造第三空间创造人类文明新形态，可推动新全球化时代国际传播能力建设认识论、

实践论、方法论与目的论的四维一体。[1]

讲好中国故事是增强中华文明传播力、影响力的重要切口，具体而言，即以人类故事母题的题材串联人类共通性，用互文拼贴的符号嵌合接口消解文化障碍，以视觉影像为主要载体跨越文化鸿沟，并坚持以个人优先的个体叙事打破国际舆论壁垒。[2]从成果上看，当下大批传承中国古典文化、传播中华文明历史价值与现实意义、传递中华民族精神内涵的优秀纪录片引发世界关注[3]；文博业国际传播叙事体系通过整合传播要素、进行语境化传播、有机地构建传播生态、创新传播内涵与方式，提升传播效能和精准度[4]；电视行业打造的一系列舞台节目无论是细节呈现还是整体设计，都彰显着对中华文明的深入挖掘和对传统文化元素的巧思妙用[5]。未来，增强中华文明的传播力、影响力需要不断丰富世界对中华文明的立体化、多层次想象，具体而言包括以下四点：一是与传统对话，坚定中华民族的历史自信；二是与全球共在，拓展中华文明的场景想象；三是与世界共情，丰富“他者”的中华情感；四是与人民共享，激发多元主体的全球传播实践。[6]主流媒体应坚持守正创新，弘扬中华优秀传统文化和红色文化，展示中国式现代化文明成果；坚持实践导向，牢牢抓住文化发展的关键问题和主要矛盾，更好地推动马克思主义基本原理同中华优秀传统文化相结合，增进文明认同，深化文明交流互鉴；坚

[1] 史安斌，朱泓宇．人类文明新形态背景下中华文明的国际传播：理论升维与实践创新[J]．新闻与写作，2023(7)．

[2] 袁靖华，韩嘉一．互嵌混融：中国故事全球传播的文化破壁[J]．中国出版，2023(15)．

[3] 张丹，刘振华．对话与共情：中华优秀传统文化纪录片的大众化传播[J]．电视研究，2023(1)．

[4] 黄蕙．战略传播视域下的文博业国际传播叙事体系构建及路径研究——以故宫博物院为例[J]．云南社会科学，2023(1)．

[5] 于蕾．用中华文明之花装扮生生不息的中国年——2023年总台春晚打造“花开中华”的文化盛宴[J]．电视研究，2023(2)．

[6] 邵培仁，陈江柳．丰富“中华”想象：数字时代如何增强中华文明传播力影响力[J]．编辑之友，2023(9)．

持系统观念，在拓展题材、内容、形式、方法上下功夫，推动观念和手段相结合、内容与形式相结合，让文化作品更加精彩纷呈、引人入胜。而学界也应当将传与道相结合，在充分学习、理解中华优秀传统文化意涵的基础上发展基于中国本土文化的自主知识体系，这也是弘扬中华文化、树立文化自信的必经之路。

七、数字、平台与主流：全媒体传播体系建设的学术先导

“加强全媒体传播体系建设，塑造主流舆论新格局”是党的二十大深刻把握信息时代发展大势，对纵深推进媒体融合发展提出的新要求，也是党中央立足当下技术变革浪潮和媒体实践提出的重要战略目标。党的十八大以来，习近平总书记围绕推进媒体深度融合发展，发表一系列重要讲话，作出一系列重大部署，先后提出构建全媒体传播格局、形成全媒体传播体系的明确要求，这也是对延安时期中国共产党“全党办报”宣传理念的继承与创新，是马克思主义宣传思想理论在网络时代的又一次时代创新成果。[1]学界积极响应这一号召，围绕全媒体传播体系建设，展开了贴近实际而兼具理论深度的论述。

全媒体传播体系的提出是对媒体融合战略定位的进一步确认与强调，其具有主体多元化、平台媒介化、内容一体化三大特点，以及全程、全息、全员、全效四大核心要素，具有解决社会矛盾和冲突的调适器、成为社会整合和个体凝聚的连接器的社会功能[2]，最终指向当代人的精神交往。全媒体传播体系导向是团结大多数人形成社会共同体的价值规则，因为全媒体传播体系为双向度的、可协商式的媒体治理制度设计提供了逻辑支撑，是传播渠道混

---

[1] 胡雪莲，秦利国．从“全党办报”到“全媒体传播体系”：中国共产党办报理念的新时代创新［J］．新闻与传播研究，2023（4）．

[2] 陈接峰，王成东．全媒体传播体系建设的社会功能、价值规则与实践逻辑［J］．安徽师范大学学报（人文社会科学版），2023（1）．

融环境下彰显高质量新闻和公共信息价值的必由之路，是实现公共利益的最大化与社会秩序稳定的现实要求。

结合数字时代新闻舆论工作格局的发展现状，有学者主张应从群体区隔、话语区隔、舆论区隔三个维度来把握全媒体建设问题，通过完善全媒体传播体系的社会整合能力，从传播主体、传播渠道和传播内容三个环节强化社会主义意识形态传播的全过程。[1]在媒体融合取得一定成果的当下，全媒体传播体系建设也将沿着内容、技术、机制的主线深入发展，持续发挥媒体的链接属性，以权威性与公信力传递主流价值与优质内容，以先进技术与前沿理念提升媒体的服务功能与治理效能，进而实现媒体深度融合发展。[2]同时，针对具体的媒体实践，全媒体传播体系建设也提出了新的时代要求，媒体转型应具备强烈的问题意识，审慎处理好变量、存量与增量的关系，用系统思维把握三大转型创新，贯彻历史、现实、人民三重逻辑，在错综复杂的舆论场中找到不同群体间的协同合力，凝聚共识，巩固壮大主流舆论。整体来看，学界在建设全媒体传播体系的过程中，坚定秉持了马克思主义新闻观的基本要义，充分吸纳了数字新闻学的知识创新，以平台媒体建设为抓手，导向主流舆论场域的澄清与引导，在这种具有行政主义色彩的学术研究基础之上，未来更应指向新时代新闻业界在社会发展中的元问题，更新新闻理论相关体系，建设符合新时代特质的新闻学体系，达成对新闻界改革突破的学术先导。

八、法治、生态与公众：推动网络综合治理体系的健全

党的十八大以来，习近平总书记多次就加强网络综合治理体系建设作出重要论述、提出明确要求，深刻阐释了为什么要建设网络综合治理体系、怎

[1] 张志安，龚沈希，田浩．区隔与整合：全媒体传播视域下的社会主义意识形态传播［J］．全球传媒学刊，2023（2）．

[2] 黄楚新．全方位融合与系统化布局：中国媒体融合发展进路［J］．现代传播（中国传媒大学学报），2023（7）．

样建设网络综合治理体系的重大理论和实践问题，这些成为习近平总书记关于网络强国的重要思想的主要内容。党的二十大报告指出，“健全网络综合治理体系，推动形成良好网络生态”是建设具有强大凝聚力和引领力的社会主义意识形态的重要方式和关键手段，成为我国当前互联网立法围绕的关键问题，在互联网成为人民生活和社会生产重要媒介背景的当下，网络治理也相应得到了学界的持续关注。

党的二十大闭幕后，新闻传播学界就旗帜鲜明地提出主张，要以党的二十大精神为引领，加快建立网络综合治理体系，推进依法治网，加快建设良好网络生态，使网络空间真正成为亿万民众共同的精神家园。新媒体技术也由于其引发的社会结构、治理模式与群体心态的改变，为互联网治理带来了虚拟舆论主体、舆论操纵、价值观失衡、智能区隔等风险。当前互联网平台治理也呈现出原子化特征以及单向监管、各自为政、难以协同等问题，这要求将媒介化理论纳入风险治理视野，将媒介视为治理体系内的核心构成。在中国语境下，国家治理体系的完善要求媒体的多元参与，当前政治层面的“国家—社会”沟通、风险社会中重大突发事件的应对、城乡发展与基层治理都成为媒介化治理与中国社会现实相结合的应用场景。[1]

从主体来看，政府是互联网治理的核心主体，面对媒介技术的持续创新，政府治理的关键在于时机的把握，探索“先发展，再治理”和“边发展，边管理”两种节奏的灵活组合[2]，在实施路径上构建系统化体系、创新群众路线、协同多元主体、聚焦均衡服务等。同时，平台在网络空间治理中的重要角色愈加凸显，应当推进网络信息内容的多元主体协同治理，实现中国特色

---

[1] 张辉锋，李淼 . 短视频平台产业市场结构特征及治理理念创新[J]. 当代传播，2023(3).

[2] 钟祥铭，方兴东，顾烨烨 .ChatGPT 的治理挑战与对策研究——智能传播的“科林格里奇困境”与突破路径[J]. 传媒观察，2023(3).

网络治理模式下的“个人—平台—政府”三元规制结构的均衡协调。[1]另外，算法也构成了网络治理的重要变量，是AI拟合人类思想与行为必不可少的中介。只有为赋权公众而塑造算法认知框架，提升集约化、信息化、人性化、多元化服务水平，尊重用户的本真需求而不是资本的短期利益，达成治理者—公众—媒体间的平衡关系，才能形成目标明确、渠道多样、焦点分散化的多元算法治理格局。[2]在治理理念上，需从运动型治理转为生态型治理；在治理范畴上，需统筹传统政策及媒体规制与算法生态治理间的衔接融通；在治理条件上，对于算法知识产权和平台公司的商业利益等问题，需建立从企业创新到社会创新的评估标准。[3]简言之，学界当下的主张可以概括为，提升政府治理能力，明确算法行为的责任主体，提升公众媒介素养，构建多元主体共同参与的综合治理体系。相应地，相关研究也提供了中国网络社会的丰富叙事与学术架构，为理解网络社会提供了扎实的经验材料，从而指向了具有本土导向和现实取向的网络生态诠释，服务于国家网络综合治理体系建设的大政方针。

九、党性与人民性及其实践：全过程人民民主与新闻传播事业

2021年7月1日，在庆祝中国共产党成立100周年大会上的重要讲话中，习近平总书记提出要“践行以人民为中心的发展思想，发展全过程人民民主”。在党的二十大报告中，全过程人民民主被确定为中国式现代化本质要求的一项重要内容，并相应地作出全面部署，提出明确要求。

新闻传播学界有意识地将新闻传播学的知识体系同发展全过程人民民主

[1] 张文祥，杨林，陈力双．网络信息内容规制的平台权责边界[J]．新闻记者，2023(6)．

[2] 叶妮．虚实共生：数据驱动时代的算法主体性、中介关系与治理逻辑[J]．编辑之友，2023(5)．

[3] 王斌，吴倩．新闻算法生态治理：价值导向、核心机制与体系建设[J]．南京社会科学，2023(9)．

结合起来。从媒介变迁的大环境看，媒体融合促进了信息传播内容、范围、速度、效率及途径的巨大变革。媒体融合以其全息视角、全程追踪、全效传播的优势，为推动全过程人民民主各环节有机衔接、提升国际话语权、增进民主认同提供了强大动力。此外，新闻业从业人员以其职业特征与社会责任也在其中扮演着重要角色，以推动发展全过程人民民主，建立一种良好政治生态的舆论环境和管理体制。在政治话语、媒介革新和从业人员的综合作用下，我国形成了媒介共享这样一种人民性实现的新形态，在媒体功能层面汇聚了人们日常所需的多种应用，使得人民群众参与社会生活各个领域的能力得到提升，体现出了全过程人民民主是“最管用的民主”的特征。[1]

全过程人民民主自身的传播历程也受到了学界的持续关注。在主流媒体的呈现中，全过程人民民主的人民性、中国性和实践性得以突出，建构了实用主义者、全民参与者和文明交流者的形象，报道信息来源和话语来源广泛。[2]在自媒体传播中，全过程人民民主也起到了培养公众政治心理、形塑价值秩序、协调平衡秩序的话语功能。[3]但在网络传播过程中，这一范畴也面临扭曲变形的风险，具体表现为西方话语的借位传播、网络技术干扰等带来的传播风险，有待学界和业界在学术和实践中持续进行意识形态澄清。未来，新闻传播学应进一步围绕党性与人民性在新闻传播事业中得以实现的具体场景、路径和规范进行讨论，将学术概念扎根、落实，使得理论与实践产生有机关联。

[1] 宋建武，张喆喆．媒介共享：人民性实现的新形态［J］．新闻与传播研究，2023（1）．

[2] 李旺传，陈先红．作为政治话语的“全过程人民民主”国际传播考察——基于中国日报网的话语分析［J］．华中科技大学学报（社会科学版），2023（5）．

[3] 张爱军，吉璇．全过程人民民主话语传播与自媒体角色、过程及功能定位［J］．河海大学学报（哲学社会科学版），2023（2）．

十、说服、科普与场域：健康中国建设与中国健康传播研究

健康中国是2017年10月18日党的十九大报告中提出的发展战略，这一战略在党的二十大报告中被再次强调。新闻传播学界近年来方兴未艾的健康传播研究切中了保障人民健康这一优先发展的战略诉求，近年来取得了不少研究成果。

建设健康中国是习近平新时代中国特色社会主义思想的重要组成部分。推动实施健康中国战略，要求将健康理念融入新闻舆论工作的方方面面，为新闻传播学的介入提供了抓手。相关研究以实证研究为主，有学者通过对权威数据库收录的相关文献进行梳理与分析，阐明了健康叙事对受众产生说服效果的主要作用机制、影响说服效果的调节因素、构成说服效果的结果，在此基础上提出了叙事说服效果的影响机制模型。[1]还有学者集中于传染病的相关讨论，或揭示社区老龄人口疫苗接种的动因、障碍，以及社区传播扮演的角色[2]，或分析组织传播、人际传播、大众传播和网络传播渠道接触对公众传染病防护行为的作用机制[3]。在社交媒体上，热度较高的叙事议题以养生、运动、美容等生活健康为主，主流媒体联合权威医疗专家的叙事主体具有较强的议程设置能力。[4]而在政务微博上，单一建设性沟通方式和健康决策环境因素，均无法独立作为高水平政务健康信息采纳结果的必要条件，这就要求建设性沟通要素以组合形式发挥出较普适、关键的促进作用，有助于地方政务新媒体在客观资源有限的情况下，由内而外提升健康沟通能力，缩小区域间

[1] 李鑫，徐开彬．健康叙事的说服效果：作用机制、调节因素及其结果［J］．新闻大学，2023（1）．

[2] 邱鸿峰，黄柄瑞．社区动员与老龄人口新冠疫苗接种决策：传播基础设施理论视角［J］．未来传播，2023（2）．

[3] 王冬，石曾萍．传播渠道如何影响公众传染病防护行为？——以健康信念为中介的实证研究［J］．新闻与传播研究，2023（8）．

[4] 刘芸，沈芳芳．叙事视角下微博热搜医疗健康内容分析［J］．新闻爱好者，2023（6）．

民众健康认知发展差距。[1]整体而言，当下健康传播研究虽然具有较为明确的中国问题意识和中国数据意识，但中国理论意识薄弱，西方理论模型仍占绝对的主导地位[2]，整个研究体系正在经历从整体健康观到生成健康观的概念转向、从信息传递到关系建构的范式转向、从物理社区到数字社群的场域转向。当下中国的健康传播学者需关注更多类似此研究中的中国现实场域并对其进行深描，从而推动本土健康传播理论和实践的发展，服务健康中国战略的扎实推进。

十一、结语

党的二十大科学谋划了今后五年乃至更长一段时期党和国家事业发展的目标任务和大政方针，并对实现目标任务作出了战略部署。对新闻传播学界而言，这些任务、方针、部署形成了指导具体研究的政策导向，这些导向事关国家发展和人民幸福，要求学界回答好新闻传播实践中生发出来的中国之问、时代之问、人民之问，并服务于新闻传播学自主知识体系建设和中国式现代化发展大局。过去新闻传播学界较好地履行了这一职责，未来，学界应以元问题为抓手，明确知识创新的基本面向和焦点领域，主动承担对国家发展战略的重要责任，有效服务社会治理的基本方针，将视野扎向中国式现代化的广阔实践。

---

[1] 刘嘉琪，康天姝．建设性沟通与政务健康信息采纳——基于31个省级卫健类政务微博的数据[J]．新闻与传播研究，2023(9)．

[2] 周裕琼，尹卓恒．健康传播研究的中国意识：中外发展比较与评析[J]．全球传媒学刊，2022(1)．

当代中国新闻学自主知识体系的实践呈现方式

杨保军

［摘　要］当代中国新闻学自主知识体系构建的实践指向，决定了自主知识体系必然要呈现在实践领域。文章认为，实践呈现方式是新闻学自主知识体系呈现的重要方式之一，且具有终极呈现的意义。当代中国新闻学自主知识体系的实践呈现方式主要包括四方面：呈现或体现于国家层面的新闻路线、方针、政策中，呈现或实现于国家层面的新闻制度规范中，呈现或体现于所有新闻实践主体的新闻实践观念中，呈现在或实现于所有新闻活动主体直接感性的新闻实践活动中。

［关键词］当代中国新闻学；自主知识体系；实践呈现方式

知识源于实践，又回到实践。知识在形式表现上是一种话语，但不限于学术话语，或者说，知识话语、学术话语会以其他方式表现出来、呈现出来。“人类不仅在他们的言语和文本、他们的话语和著作中，而且在制度、实践、技术和他们生产的对象中曾‘想说’什么。”[1] 知识的目的不限于知识范围，不限于解释世界，更在于追求知识的实践目标，实现改造世界的目的。当代中国新闻学自主知识体系构建的实践指向，是为中国式现代化新闻业建设服务，为中国式现代化事业服务，因而，自主知识体系必然要体现在或实现于

［作者信息］杨保军，中国人民大学新闻与社会发展研究中心研究员。

［基金项目］教育部高等学校人文社会科学重点研究基地“中国人民大学新闻与社会发展研究中心”重大项目“当代中国新闻学自主知识体系构建研究”（22JJD860018）。

［1］［法］米歇尔·福柯．知识考古学［M］．董树宝，译．北京：生活·读书·新知三联书店，2021：140.

国家层面的新闻制度、政策规范（也即制度实践）中，体现于新闻实践观念中，更会直接呈现在或实现于感性的新闻实践活动中。本文就当代中国新闻学自主知识体系的实践呈现方式展开比较系统的论述，至于自主知识体系的其他呈现方式，笔者将另文专论。

一、当代中国新闻学自主知识体系的新闻路线、方针、政策呈现方式

当代中国新闻学的自主知识体系，是党和政府作为领导主体构建的自主知识体系[1]，是为中国式现代化新闻业乃至于整体现代化事业服务的知识体系。也就是说，知识体系构建的目标并不是构建纯粹的理论知识体系、学术体系，它会通过一定的中介方式转换为指导、规制、约束新闻活动的路线方针和制度规范。这就意味着，自主的知识体系必然会体现在党和政府关于新闻领域、新闻事业的相关路线、方针、政策中，体现在各种相关法律、行政管理、伦理道德、新闻舆论工作的纪律规范中。这实际上也是体现新闻学自主知识体系产生实际社会作用的重要途径。下面，我们先来讨论当代中国新闻学自主知识体系的新闻路线、新闻方针呈现方式。

党和国家用来指导新闻舆论工作的路线、方针、政策等，可以看作当代中国社会关于新闻舆论工作的“软制度”或“软规范”，它们实际上构成了新闻舆论工作领域意识形态的核心内容、精神灵魂，支配着新闻舆论工作的基本立场，决定着新闻舆论工作的价值定位，驾驭和指导着新闻舆论工作的总体方向与目标。依据我们讨论的议题，这里的主要问题是：在知识论视野中，新闻舆论工作的路线、方针、政策等是从哪里来的？制定或确立它们的根据是什么？问题的实质是：新闻舆论工作的路线、方针、政策等与新闻学知识生产、知识体系有着怎样的内在关系？

[1] 杨保军．建构当代中国新闻学自主知识体系的主体构成及其关系［J］．当代传播，2023（1）．

新闻舆论工作路线、方针、政策等的制定与确立，需要诸多的依据和条件，一定的组织机构保障和诸多的程序与环节[1]，但这不是我们此处要讨论的重点问题。我们想指出的是，在所有制定和确立新闻舆论工作路线、方针、政策的依据和条件中，最基本的依据就是中国式现代化的整体实际情况，特别是中国式现代化新闻业的实际情况，即最重要的根据是新闻舆论工作的实际情况，以及党、国家和人民群众对新闻舆论工作的期望和需要。客观实际与主观愿望的统一是制定路线、方针、政策的总体依据。也就是说，只有符合实际情况，同时符合党、国家和人民群众对新闻舆论工作期望和需要的路线、方针、政策，才有可能科学合理地指导和引导新闻舆论实践的优良运行和发展。但进一步的也是更为重要的问题是，怎样才能知道和把握实际情况，如何才能知道党、政府与人民的合理愿望与需要，这也正是我们这里探讨新闻知识生产、知识体系呈现的关键问题。

中国式现代化新闻业的实际情况是什么，党和国家对新闻舆论工作的期望和需要是什么，都是需要进行科学研究、实际考察的基础问题。也就是说，对实际情况、实际需要的把握，有赖于新闻认识活动、学术研究活动。对新闻舆论活动实际表现、基本特征、内在规律的探索和揭示正是新闻研究的任务，也是新闻学知识生产、知识体系构建的重要内容。说新闻舆论工作路线、方针、政策的制定有赖于实际情况，直接意义上其实就是有赖于新闻学研究所形成的科学认识成果，有赖于新闻学所形成的正确知识体系。当然，新闻学知识体系不会直接也不会整体转化为新闻舆论工作的路线、方针、政策，但知识体系却会以整体方式为新闻舆论工作路线、方针、政策的设计与制定

---

[1] 对一个国家来说，一定活动领域路线、方针、政策等的制定与确立，首先依赖于国家发展的整体大政方针，是对整体发展路线、方针、政策的具体贯彻和落实；其次依赖于一定领域自身的实际情况，这是制定相关路线、方针、政策的根本；再次是通过一定的组织机构展开工作；还要经过科学合理的程序和方法；最后需要积极借鉴世界各地的相关知识和智慧。

提供知识支持。也就是说，知识体系经过一定的中介化方式[1]，会呈现在、蕴藏在党和国家关于新闻事业、新闻舆论工作的路线、方针、政策之中。可见新闻知识生产、知识体系构建对于一定社会新闻活动、新闻事业发展的重要作用。

需要特别指出的是，在当前形势下，党和国家要制定出能够适应当前数字环境、智能环境中新闻舆论工作的路线、方针、政策，须高度重视学术共同体的建设，积极支持引导科研队伍展开探索和研究，且要特别重视国内外学术界对新现象、新事物、新实践的研究成果，采取有效措施和方法将相关优秀成果吸纳、转化、体现在新闻舆论工作的路线、方针、政策中。党和政府必须充分认识到，在当今知识时代，信息化、媒介化社会中，新闻传播学研究（当然不限于新闻传播学研究）对于科学合理的新闻舆论工作路线、方针、政策的制定具有重要的引领作用。

进一步说，党和国家对新闻舆论工作的功能作用、意义价值总是拥有自身的特别期望与需要，但需要注意的是，不能仅仅凭借自身的愿望和理想去制定路线、方针、政策，而是要尊重新闻工作、新闻舆论工作的特征和规律[2]，即路线、方针、政策只有建立在中国式现代化新闻业实际发展情况的基础上，建立在新的媒介环境、新闻生态变革发展的基础上，其需要才可能是合理的，期望也才有可能实现。从知识论角度说，就是要求党和国家要尊重新闻认识形成的认识成果，将认识成果反映和体现在新闻舆论工作路线、方针、政策之中，这样才能真正体现新闻学研究的实践意义和价值。如果新闻学研究成果、形成的知识体系仅仅是解释新闻现象的思想体系、理论体系，

[1] 所谓中介化方式，是指从知识到路线、方针、政策的制定与确立，有一个转化的过程或环节。作为对实际情况真理性揭示的理论成果，可以指导人们根据实际需要、理想愿望，并结合各种可行性条件，制定出有效的路线、方针和政策。

[2] 关于当代中国新闻舆论工作的基本规律问题，可重点参阅杨保军．新闻规律论［M］．北京：中国人民大学出版社，2019：280–332.

不被党和国家所重视和运用，那新闻学研究就真的成了学者们的自娱自乐。认识的价值不只在于说明世界、解释世界，更在于改善世界、改变世界。对此，马克思早就有过精彩的论断："哲学家们只是用不同的方式解释世界，问题在于改变世界。"[1]

从理论上说，新闻舆论工作的路线、方针、政策，只有达到合规律性与合目的性的统一，也就是既符合中国式现代化新闻业发展的实际情况，又能满足党和政府的需要与愿望，才能说路线、方针和政策是科学的、合理的、可行的。优良的路线、方针、政策得以有效实现，需要一定的中介手段，对中介手段的探寻同样需要新闻学的探索和研究。由此可见，合理、可行的新闻舆论工作路线、方针、政策的设计与制定，必须以新闻学的知识体系为基础。反过来说，新闻学的知识体系在宏观层面上就呈现或实现于指导新闻舆论工作的路线、方针、政策之中。事实上，知识生产、理论研究往往并不是直接指导具体的新闻生产活动、新闻舆论工作，而是以理论方式、知识方式影响相关路线、方针、政策的制定，这可以说是更大、更重要的作用和影响。

二、当代中国新闻学自主知识体系的制度规范呈现方式

一个领域、一种事业稳定而持久的发展，总是需要相关制度、规范的保障。依据既有经验，优良制度、优良规范的形成与制定，需要许多条件和程序来保证，但最为基础的必然是对制度、规范指向领域实际情况的准确把握。对现代社会来说，要比较好地完成这一任务，最有效的方式，就是对制度、规范指向的领域展开全面、系统、深入的现代科学研究。针对一定领域、一定实践活动方式的科学系统认识，也就是针对一定领域、一定实践活动方式的知识生产与知识体系构建，这是相关制度建设、规范制定的基本前提或事实根基。需要特别指出的是，一定领域范围内的制度建设、规范制定必然需

[1] 马克思恩格斯文集（第一卷）[M]. 北京：人民出版社，2009：191.

要一定领域范围内的相关知识支持，而体系化的制度建设、规范制定，必然需要体系化的知识生产、体系化的知识支持。知识体系经过一定的中介化方式，会自然呈现、蕴含在不同类型、不同层次的制度、规范之中。因而，我们可以说，制度规范是一定知识体系的重要呈现方式。

按照上述逻辑，新闻领域的制度建设或规范制定，诸如新闻法律制度、行政管理制度、组织领导制度等的建设，新闻伦理道德规范、新闻宣传工作或新闻舆论工作的纪律规范等的制定，首先需要的是对新闻领域实际情况准确、系统、深入、全面的认知和把握，这也是一项需要实事求是展开科学调查研究的工作。只有通过科学研究得到相对比较准确的知识，构建起比较完整的知识体系，才能保障制度建设、规范制定的有效展开。即如果我们要制定出针对我国新闻舆论工作领域的各种具体优良制度规范，最基本的条件是必须对我国新闻舆论领域的实际情况有一个全面、系统、准确的认识和把握。

随着“后新闻业时代”的快速发展，新闻活动领域产生出大量的新现象、新事物、新问题、新矛盾，亟须以新的法律规范、伦理道德规范、宣传纪律规范等进行调节和约束，而所有这些规范的形成与制定，特别是这些规范本身科学性、合理性、有效性、可行性的基础保证，都需要新闻学与其他学科的科学研究提供基础支持，这样的支持就是知识的支持、知识体系的支持。也就是说，如果新闻学与其他相关学科的知识生产、知识体系构建能够准确反映实际，适应时代要求并且具有一定的前瞻性，那么其认知成果就可以按照一定的需要、经过一定的程序，转换为相关的法律、行政、伦理、道德、纪律等规范。显然，这些规范形式是知识体系的呈现方式、实现方式。总而言之，如果我们把知识生产、知识体系构建当作前提，那就完全可以说，优良的制度和规范实际上就是知识体系在某种程度上的呈现或实现方式。

在现实社会中，就知识生产、知识体系与制度规范之间的关系而言，我们甚至可以说各种类型的制度规范是知识体系更为稳定的、持久的、权威的呈现方式。由此可以进一步指出，制度规范方式，也是知识体系更为重要的呈现方式。制度规范是路线、方针、政策的规范化存在方式、表现方式，它们具有内在的统一性，但制度规范具有更为直接、明确的约束性、指导性和可操作性。知识或知识体系一旦经过一定的中介方式转化成了相关的法律规范、行政规范、纪律规范、技术规范、伦理道德规范等，就不可能随意变动，而会保持一定阶段甚至一定历史时期的稳定性、持续性，以保证人们对一定领域活动的稳定预期，从而形成制度规范的权威性。在知识论视野中，作为正确知识的真理，其权威性就可以通过制度规范的方式呈现出来，以形成知识对人们活动行为的约束和指导。这里再次反映出，知识生产、知识体系构建对于一个国家、社会规范运行的重要性，这也是我们要加快构建中国特色哲学社会科学自主知识体系的重要原因。

需要特别说明的是，不管是路线、方针、政策，还是各种类型、层次的制度和规范，它们不仅是一定知识体系的呈现方式，也是促进知识生产、知识体系构建的动力。如前所述，当代中国式现代化新闻业在其历史发展进程中，总是要面临不断变化的新现象、新问题、新情况，需要制定新的或完善已有的路线、方针、政策与制度、规范，这些需要会转换成动力，促使研究者积极探索实际、解决问题，从而促进新闻学的知识生产和知识体系构建。也就是说，在知识体系与路线、方针、政策及制度、规范之间，实际上是一种互相影响、互相促进的关系。知识、理论一经产生，往往并不能指导直接的、具体的实践感性活动，而要转换为具有指导意义的路线、方针和政策，转换为更具约束性的制度与规范。需要指出的是，关于知识、理论与实际相结合的讨论，视野不能过于狭窄，也不能落于过度的直接实用主义层次。事实上，知识、理论与实际相结合的过程实现于不同的层次和范围，不同的知识、理论有着不同的重点指向。

三、当代中国新闻学自主知识体系的实践观念、呈现方式

作为知识体系，本体性的呈现方式是学术方式。但是，任何知识生产、

知识体系的构建，从原则上说都不会停留在理论知识范围内自娱自乐，而是要进入相关的实践领域，根据一定的需要，依据一定的中介手段，转化为指导相关实践活动的观念，使理论知识真正形成对实践活动的支持或指导。对应用性极强的新闻学科来说，就更是这样了。在新闻实践中，理论化的新闻学知识体系会以规范化的方式、实践观念化的形式呈现出来，转换为指导新闻活动的实践观念。这意味着，当代中国新闻学自主的知识体系，只有转换为直接指导新闻实践活动的实践观念、应用观念，才能真正产生知识体系的功能作用。

在知识论视野中，尽管知识本身包含各种具体的类型，但就现代社会而言，知识最主要的形态是由科学认识方式形成的理论知识。理论知识（理论观念）要想指导直接的实践活动，必须依据主体的需要和一定的可行性条件转换为实践观念。我国著名哲学家夏甄陶指出："科学合理的实践观念，就是被人们掌握和理解了的理论观念的客观内容和自己的愿望、意志、情感等主观精神的创造性综合，应该是指向未来的理想，是反映着人们对真理和价值相统一或真、善、美相统一的对象的追求。"[1]主体在社会实践活动中坚持什么样的实践观念，用什么样的实践观念指导自己的行动，这绝不是小事，而是至关重要的大事。用不同的观念指导实践活动，就有可能造成完全不同的社会结果。

我们这里所说的实践观念就是用来直接指导感性实践活动的观念，它对实践活动的展开方式及其实现结果有着直接的作用。新闻理论知识、理论观念，只有转换为作为实践观念的新闻观念，才能直接指导新闻实践活动。在这一意义上，完全可以说，尽管新闻理论观念、理论知识是新闻实践观念得以生成的前提条件，但新闻实践观念对于新闻实践活动具有更为重要的意义和价值。人们要想真正理解主体的新闻观念系统，上自一个国家、政党，中

[1] 王永昌．实践观念论[M]．北京：中国社会科学出版社，2014：2.

到一个媒体组织或社会机构平台，下至独立的个体，尽管需要弄清楚其持有的新闻理论观念，但最核心的其实要看其坚守的新闻实践观念是什么。[1]

新闻学领域实际上存在着不同类型的新闻学，存在着不同类型的新闻理论，存在着不同类型的新闻学知识体系。就当前世界范围内的实际情况来看，最典型的、最具代表性的是两种性质不同的新闻学：中国式马克思主义新闻学（中国特色新闻学）和西方式自由主义新闻学（西方专业主义新闻学），它们拥有各自的核心观念和理论体系，也就是说，它们拥有各自不同的知识体系。[2]一个国家、社会到底选择什么样的新闻学知识体系作为知识基础，去构建自身的新闻实践观念，对于造就什么样的新闻实践图景、形成什么样的新闻世界、发挥什么样的新闻价值有着前提性的作用。需要特别注意的是，不同的新闻观念之间尽管可以相互学习借鉴，但它们之间的冲突是不可否认的，甚至是不可调和的。我们不可能用相互冲突的新闻观念去指导我们的新闻实践活动，这样会造成精神分裂症式的新闻现象。

我们所讲的自主知识体系，就是由中国人以自己的立场、智慧、方式构建的知识体系，它自然具有典型的“中国性”或“中国特色”。对新闻学自主知识体系而言，我们一再强调，当代中国新闻学自主知识体系是中国人自己创造的马克思主义性质的新闻学知识体系，是社会主义性质的新闻学知识体系，是以中国共产党百年多来党媒实践经验为根基的知识体系，是在吸纳国内外现代新闻学优秀成果基础之上的知识体系，是基于现实、面向未来的知识体系。而其中的灵魂所在，是当代中国新闻学在理论性质上属于马克思主义新闻学，构建的是马克思主义性质的新闻学知识体系。也就是说，当代中国新闻实践以马克思主义性质的新闻学知识体系为基础，因而，在总体意义上，马克思主义新闻观就成为指导当代中国新闻实践的主导观念。这样，如何把马克思主义新闻理论观念与中国新闻实际相结合，就成为中国新闻领域、

[1] 杨保军．论作为“实践观念”的当代中国新闻观[J]．新闻大学，2023(1).

[2] 当然，作为新闻学知识体系，它们拥有诸多共同的概念、问题和内容。

新闻舆论工作始终关注和探索的重大问题。理解了这一点，也才能真正理解当代中国新闻的精神内核。

无论是在历史维度上还是在现实构成上，马克思主义新闻理论观念都是一个庞大、丰富的并且不断更新发展的观念体系[1]，这一体系构成了马克思主义新闻学的主导知识体系。这样的知识体系，为当代中国新闻事业、新闻舆论工作提供了理论基础、知识基础，提供了一系列不同于其他性质新闻学的“标识性观念”[2]。比如，中国共产党的党性观念、人民观念，党性与人民性相统一的观念，坚持以正确的舆论引导人的观念，坚持正面报道为主与舆论监督相统一的观念，坚持尊重新闻规律、按照新闻规律办事的观念，都是当代中国新闻学自主知识体系的核心内容、理论观念。所有这些重要的理论观念不会封闭在知识体系之中，而是要转化成为指导新闻舆论工作的实践观念。这些源于实践的理论观念，只有以实践观念的方式“回流”到新的新闻实践中，才能真正体现出知识作为知识、知识体系作为知识体系的力量和影响。

更具体一些说，马克思主义新闻观念是由马克思主义的新闻起源观念、新闻本原观念、新闻本质观念、新闻真实观念、新闻价值观念、新闻传播观念、新闻自由观念、新闻道德观念、新闻事业观念、新闻技术（媒介）观念等一系列观念构成的，所有这些观念都是对马克思主义新闻学关于新闻起源问题、新闻本原问题、新闻本质问题、新闻真实问题、新闻价值问题、新闻传播问题、新闻自由问题、新闻道德问题、新闻事业问题、新闻技术（媒介）问题等一系列问题认识成果的体现。这一系列观念正是用来指导当代中国新闻实践的观念，中国新闻世界的实际图景、实际面貌到底如何，新闻所产生的实际功能作用到底如何，其实主要是由这一系列的新闻实践观念决定的。

---

[1] 关于马克思主义新闻观念体系的构成问题，可参阅陈力丹．马克思主义新闻观思想体系[M]．北京：中国人民大学出版社，2006.

[2] 参阅杨保军．当前我国马克思主义新闻观的核心观念及其基本关系[J]．新闻大学，2017(4).

落实在微观层面上，我们可以这样说，当代中国新闻学自主的知识体系，特别是历史新闻学、理论新闻学知识体系，会转换为指导当代中国新闻宣传工作、新闻舆论工作的重要的、基本的实践观念，也就是说，知识体系会体现、呈现在新闻实践活动之中。当代中国新闻学自主的知识体系，已经形成了富有自身特色的概念体系，形成了自身的一些标识性概念。比如，新闻概念体系中的正面新闻概念，新闻真实概念体系中的整体真实概念，舆论概念体系中的新闻舆论引导概念，媒体及新媒体概念体系中的党媒概念、媒体融合概念等。这样的概念及其所反映的观念，在与新闻实际相结合的过程中，形成了当代中国新闻舆论工作中一系列具有内在关系的实践观念，诸如当代中国新闻实践特别是以党媒体系为主的新闻实践，拥有自己一套独特的观念体系，像正面事实、正面新闻观念，整体真实观念（整体真实与个别真实相统一的观念），新闻价值观念中的关系价值观念、新闻时间观念中的时效观念，舆论引导观念，媒体融合观念等。[1]所有这些用来指导新闻实际工作的实践观念，其实都是当代中国新闻学自主知识体系的体现。我们完全可以说，有什么样的自主知识体系，就会有什么样的自主新闻实践观念，自主知识体系与自主实践的观念体系本质上是统一的。

与历史新闻学、理论新闻学知识体系相比，当代中国新闻学自主的应用新闻学知识体系，更是广泛地体现在、实现于自身的新闻舆论工作之中，成为指导新闻舆论实践工作的重要知识来源。新闻学是一门应用性很强的学科，有众多的分支，每一分支都有自身的知识体系，包括自身的历史知识体系、理论知识体系和应用知识体系。分支领域更强调实践性或应用性，其知识体

---

[1] 关于这些实践观念，可参阅杨保军及其合作研究者关于当代中国新闻实践观念的系列论文。杨保军．论作为“实践观念”的当代中国新闻观[J]．新闻大学，2023（1）；杨保军．当代中国新闻的“事实观念”[J]．编辑之友，2023（7）；杨保军，叶倩茹．作为实践观念的当代中国新闻“时间观”[J]．当代传播，2023（6）；杨保军．准确理解新闻的“整体真实”[J]．新闻界，2020（4）；杨保军．准确理解“党媒”新闻报道“全面”观念与“正面为主”观念之间的关系[J]．西安交通大学学报（社会科学版），2022（3）。

系构建的过程本就是观察、分析、研究实践的过程和结果，同时也是研究成果不断回馈实践的过程，实现于实践的过程。

四、当代中国新闻学自主知识体系的直接实践呈现方式

从一般意义上说，公共性是知识的基本属性，知识是人们可以共享、分享的认识成果。对一定领域的知识而言，参与领域活动的人们原则上都是创造知识、分享知识、运用知识的主体。因而，一定领域的知识自然会通过人们的相关活动呈现出来，或者说知识会呈现在、体现在、实现于人们的相关活动中。

新闻活动是人类的固有活动，新闻需要是人类的基本需要，这意味着所有人（历史上的人、现实中的人和未来的人）都是新闻活动主体，他们在新闻活动中都会自觉不自觉地创造新闻知识、分享新闻知识、运用新闻知识。新闻知识会以不同方式呈现在人们不同的新闻活动中。对人类来说，知识不是死的东西，而是活的存在，是可以通过各种方式对象化的存在，工具便是知识客观呈现出来的方式，诚如斯蒂格勒所言，“知识是一种效应，而效应是通过器具、劳动工具和技术来实现的”[1]。新闻知识不仅可以呈现在新闻实践活动中，也可以呈现在各种新闻活动工具中，呈现在对各种新闻工具、媒介技术工具的运用中。由于在现实的新闻活动中，不同的人、不同的主体承担着不同的角色或身份，所以新闻知识也会以不同的主体方式呈现出来。下面，我们针对当前中国新闻的实际情况，加以简要分析和阐释。

首先，新闻知识体系会呈现在职业新闻主体的新闻生产传播实践中，这是新闻知识、知识体系得以呈现的主导实践方式。尽管互联网已经成为社会运行的基础设施，数字技术、智能技术激活了所有社会主体的新闻生产传播能力与热情，但不管是在人类整体意义上还是就一定社会来看，其日常的新

---

[1] [法]贝尔纳·斯蒂格勒．技术与时间：2. 迷失方向[M]. 赵和平，印螺，译．南京：译林出版社，2010：195.

闻图景依然主要是由职业新闻机构与职业新闻工作者塑造的，因而，职业新闻主体拥有的新闻实践观念、新闻知识体系，与其他类型的新闻生产传播主体相比，具有更为重要的地位和作用。

传统新闻学的知识体系本身就是以职业新闻活动、传统新闻业为主要对象生产构建起来的。人们通过对职业新闻活动的长期考察、研究，形成了关于新闻业和职业新闻活动的系统认识成果，这样的理论认识成果或知识体系经过一系列的中介化方式，反过来成为指导职业新闻活动的实践观念，从而使新闻认识成果、知识体系体现在职业主体的新闻生产实践活动中。可以说，新闻学知识体系与职业新闻实践具有一种内在的互生关系。

在一般意义上，人们不难看到中外新闻研究形成的大量理论成果，诸如新闻事实论成果、新闻真实论成果、新闻价值论成果、新闻传播原则论成果、新闻事业论成果、新闻媒介论（技术论）成果、新闻责任论成果、新闻自由论成果、新闻道德论成果等，都在不同程度上体现在职业新闻机构、职业新闻工作者常态的新闻生产实践中。以新闻传播原则论成果为例，传统新闻学经过长期探索和研究，形成了关于职业新闻传播原则相对比较成熟的体系化认识成果或系统化基本观念，诸如新闻传播必须遵循真实原则、客观原则、全面原则、公正原则、及时原则、公开原则等。[1]这些原则，已经成为全球范围内所有专业新闻机构和职业新闻工作者观念上认可、行动上遵循的基本原则。应该说，这些原则的实现尽管不够理想，但已经体现在职业新闻活动主体（包括组织主体和职业工作者）的新闻生产传播实践中。我们至少可以说，这些理论原则所诉诸的基本要求已经得到了职业新闻领域的普遍认可和接受，

[1] 职业新闻传播之所以要遵循这些基本原则，就是因为只有遵循这些基本原则，才有可能实现新闻要为社会公众服务、为社会公共利益服务的基本目标。这种目标的形成，本身就是一个历史的选择，即人类在长期的新闻活动过程中，赋予新闻活动特别是职业新闻活动这样的社会职责和使命。事实上，每一个社会领域的基本功能、每一种职业的基本职责，都是在历史过程中逐步形成的，这是社会演进过程中的历史选择。

它们在不同的历史时代，不同的社会环境、新闻环境中以不同的程度和方式体现在新闻生产传播实践活动中。

而随着媒介环境、新闻生态的整体性变革，新闻研究也在与时俱进，在新闻生产传播原则问题上形成了一系列新的认识成果，如在互联网背景下，在数字新闻环境中，职业新闻传播要想赢得社会大众的信任、形成良好的社会影响力，就得在遵循传统新闻传播原则的基础上，进一步遵循新闻生产传播中的透明原则、对话原则。[1]透明成了保证新闻真实与信任的基础方法，不透明往往成了阴暗、虚假甚至是阴谋的代名词。“当代公共话语中没有哪个词比‘透明’更高高在上，地位超然，人们对它孜孜以求，这首先与信息自由息息相关。”[2]同样，“对话”更是成为具有时代性的时髦词语，没有对话就没有真实，没有对话就不可能揭示和呈现全面的真实，我们“可以将新闻的本质理解为建立在公共协商基础上的文化实践”[3]。可以想象，伴随智能新闻、人—机新闻的迅速勃兴，一些新的新闻生产传播机制和规律将被揭示出来，一些新的新闻生产传播原则将被确立起来，并逐步体现在智能时代的职业新闻生产传播实践中。

就当代中国新闻生产传播领域的实际情况来看，党媒体系以及党媒体系中的从业者构成了新闻舆论工作的主导性或核心性主体。这意味着，现实中国社会的新闻图景、新闻舆论景象主要是由党媒体系及其所属的工作者塑造、构建的。因而，党媒体系在新闻生产传播实践中所依托的知识体系、所奉行

---

[1] 关于透明原则、对话原则的基本内涵与要求，可参阅杨保军．新闻理论教程（第五版）[M]．北京：中国人民大学出版社，2023：128–132.

[2] [德]韩炳哲．透明社会[M]．吴琼，译．北京：中信出版集团，2019：1.

[3] [美]卡琳·沃尔–乔根森，托马斯·哈尼奇．当代新闻学核心[M]．张小娅，译．北京：清华大学出版社，2014：14.

的实践观念才是至关重要的问题。[1]就知识、观念到实际、实践这一逻辑关系而言，可以说，当代中国新闻生产传播实践之所以是人们看到的如是图景或景象，就是因为作为新闻舆论工作核心主体的党媒体系，在新闻舆论工作实践中依托的是当代中国马克思主义的新闻学知识体系、呈现的是当代中国马克思主义新闻观念的要求。其核心是，党媒体系展开的新闻舆论工作，呈现了中国共产党中国化、时代化的党媒（党报）思想、党媒（党报）理论。[2]在这一意义上，我们完全可以说，有什么样的马克思主义新闻学知识体系，有什么样的马克思主义新闻观念体系，有什么样的中国化、时代化的新闻舆论思想体系、知识体系，就会有什么样的新闻舆论实践方式，就会有什么样的新闻图景和新闻舆论景象，后者不过是前者的实践呈现方式、实现方式。当然，从实际、实践到知识、观念的逻辑关系中，知识、观念来源于实际、实践，且这是更为根本的关系，但这不是我们这里讨论的核心问题。

其次，新闻活动主体本身就是多元的，在现代新闻业产生之后，不同类型的新闻活动主体形成了系统的以职业新闻主体为核心的新闻活动主体结构方式[3]，共同塑造一定社会的新闻图景。而在当今媒介环境中，新闻活动主体类型及其不同类型之间的关系变得更加复杂，传统的以职业新闻主体为核心的结构方式受到了冲击甚至被解构。因而，新闻知识体系会以更为丰富、复杂的方式呈现在新闻活动主体特别是非职业新闻活动主体的多元化的新闻活动中。在更广泛的意义上，我们可以说，新闻学知识、知识体系会呈现在所

---

[1] 需要特别说明的是，党媒体系在新闻舆论工作中，它所依托的知识体系、观念体系不限于马克思主义新闻学知识体系和马克思主义新闻观念体系，从原则上，它所依托的是整体的中国化、时代化的马克思主义知识体系（理论体系、方法体系）和观念体系。

[2] 中国共产党的党报思想、党报理论实际上构成了马克思主义新闻学的主体内容，而且，随着历史的演进，党报思想、党报理论也在不断更新和发展，形成了时代化的表现方式。比如，进入中国特色社会主义建设新时代，就形成了新时代新闻舆论思想体系。

[3] 在基本类型上，新闻活动主体主要是由“新闻信源主体”“新闻传播主体”“新闻收受主体”“新闻控制主体”和“新闻影响主体”构成的。参阅杨保军．新闻主体论［M］．北京：人民日报出版社，2016：32–34.

有社会主体（包括各种类型的组织主体、一般群体和个体）的新闻活动中。就像新闻活动属于人们普遍的社会活动方式一样，新闻知识也是一种普遍的社会知识，它的专业性相对弱一些、门槛相对低一些，易于被社会大众理解和运用。

在传统新闻业时代，职业新闻主体之外的其他社会主体在新闻活动中主要承担的是新闻收受者、新闻消费者的角色，很少以生产者、传播者的身份参与到职业新闻生产传播中，参与到大众化、公共化的新闻生产传播活动中。与此相应，新闻学也主要是从新闻收受角度、消费角度来关注社会大众、研究社会大众的。这样的研究，除了为职业新闻主体实现更为有效的新闻生产传播服务之外，也指导社会大众如何提高基本的媒介素养和新闻素养服务。媒介素养、新闻素养研究实际上是期望社会大众能够在常识基础上更好地理解新闻的基本属性和功能作用，更好地理解新闻媒体新闻生产传播的基本原则和机制，从而能够以比较理性的方式、反思批判的方式对待职业新闻主体生产传播的新闻，也就是能够把有限的新闻知识体现运用到日常的新闻收受活动、消费运用中。

但在当今数字环境和深度媒介化社会背景下，社会大众的新闻活动角色或身份发生了巨大的变化。在技术赋能、技术赋权的大环境中，整个人类的新闻活动已经进入了“后新闻业时代”，新闻生产传播的“共时代”已经成为基本事实[1]，新的社会化生产模式已经形成[2]，“民众新闻”（民间新闻）、“日

[1] 参阅杨保军．“共”时代的开创——试论新闻传播主体“三元”类型结构形成的新闻学意义[J]．新闻记者，2013（12）。还需要注意的是，民众新闻、民间新闻或日常新闻是贯通历史的存在，并不是网络时代、数字环境中的产物，只是在这样的环境中，日常新闻的非日常化、公共化变得更加容易，从而使日常新闻与非日常新闻有了更加紧密的关系。

[2] 杨保军，李泓江．新闻学的范式转换：从职业性到社会性[J]．新闻与传播研究，2020，27（8）．

常新闻”已经成为普遍现象[1]，新闻生活已经成为社会大众日常生活的基本构成部分，并广泛渗透在其他社会活动中，一个不同于传统新闻时代的新的新闻世界正在形成。这种景象在新闻活动领域最为典型的表现是：传受主体角色一体化的态势已经形成，职业新闻主体之外的多元化新闻生产传播主体生态结构已经形成。[2]这意味着，新闻知识已经成为更加普遍的社会知识，成为社会大众日常经验常识的重要组成部分，这也是新闻专业知识常识化的典型表现。不难看出，传统新闻时代属于职业新闻主体的基本新闻观念，属于职业新闻主体运用的新闻知识、专业技能，已经成为社会大众普遍拥有的观念、普遍运用的知识和技能。相比其他哲学社会科学知识，新闻知识乃至新闻知识体系，是普通社会大众相对更为熟悉的知识，越来越多的人能够理解新闻的本质，能够理解新闻生产传播的基本原则和内在精神。我们看到，尽管非职业新闻总体质量参差不齐，但有一些非职业的新闻生产传播主体（包括群体和个体），也能够像职业新闻主体一样，生产传播出高质量的专业化新闻。不可否认，职业新闻主体与非职业新闻主体共同反映呈现、塑造构建的新闻世界，比起由职业新闻主体单一描述的新闻世界更加丰富全面，人们通过这样的新闻符号世界可以了解到一个更加真实的现实世界。从新闻知识（体系）与这些主体新闻活动之间的关系看，职业新闻主体之外的各种社会主体，是新闻知识得以呈现的广泛社会主体，且是越来越重要的主体。如果我们把大量的平台媒体、机构媒体纳入观察的视野，那就更是可以看到，它们不仅是新闻知识体系的运用者、呈现者，也是新闻知识生产者、创造者，是新闻知识体系的构建者。

---

[1] 参阅杨保军．简论网络语境下的民间新闻[J]．新闻记者，2008(3)；杨保军．简论新闻与日常生活的关系[J]．西安交通大学学报(社会科学版)，2024(1)；杨保军、张博．论日常新闻的实质特征与功能意义[J]．西北师大学报(社会科学版)，2024(4)．

[2] 就当前的现实看，在新闻生产传播端，已经形成了“职业主体”“机构主体”“平台主体”“自媒体主体”和“智能体”(拟主体或准主体)共同构成的新闻生产传播主体生态结构。

再进一步观察分析智能时代开启后的新闻生产传播活动，那就不得不说，与自然人主体相对应的人工智能体，正在成为越来越普遍、越来越重要的新闻生产传播“主体”（准主体或拟主体）[1][2]。在智能新闻生产活动中，智能体“是以主体的姿态参与其中……新闻从业者和算法技术以彼此可以理解的方式进行互动和合作，共同塑造了智能新闻生产的底层逻辑”[3]。随着智能技术日新月异的进化升级，智能体相对自主独立的新闻信息采集能力、制作编辑能力、分发传播能力、反馈信息获取能力加速提高，其工作效率远远超过人类主体。人类主体所创造的新闻知识、所构建的新闻知识体系、所追求的新闻伦理价值倾向等（当然不限于新闻知识领域、价值领域），正日益（以恰当的、不恰当的或介乎其间的方式）呈现在人工智能体的新闻生产传播活动中。一种与人类并驾齐驱的“拟主体”形式正在以基础设施的方式规模化、系统化地展现着人类的知识与智慧，其中就包含人类主体所创造的、构建的新闻知识体系。智能体本身就是人类的某种化身，它正在乐观与悲观的各种喧嚣中沿着自身的逻辑不确定地演进着，但其背后的深层动力依然是人类主体的知识创造能力、知识运用实现能力，“人工智能还没有聪明到让我们放弃思考的地步，或者更准确地说，还不具备足够的想象力或创造力”[4]。

最后，新闻知识体系会呈现在领导主体、管理（治理）主体的新闻领导、管理（治理）、控制活动中［可以把领导主体、管理（治理）主体、控制主体统一简称为控制主体］。新闻学知识不仅会体现在专业新闻工作者的新闻实践活动中，体现在非职业新闻活动主体的相关新闻活动中，也会呈现在一个国家、社会新闻领域的领导、管理（治理）和控制活动中。实事求是地说，新

［1］ 杨保军，孙新．论新世纪以来新闻生产主体的结构变迁［J］. 未来传播，2021，28（4）.

［2］ 杨保军，孙新．论人主体新闻与智能体新闻的关系［J］. 新闻界，2022（8）.

［3］ 吴璟薇．人工智能如何改变新闻：技术、媒介物质性与人机融合［M］. 北京：中国人民大学出版社，2023：74.

［4］［英］菲利普・费尔南多－阿梅斯托．观念的跃升：20 万年人类思想史［M］. 赵竞欧，译．北京：中信出版集团，2023：487.

闻控制主体对新闻知识的运用比起其他类型主体对新闻知识的运用更加重要，控制主体在很大程度上直接决定着一个国家、一定社会现实的新闻局面。

新闻活动是重要的社会活动形式和活动领域，新闻生产、传播对一个国家、社会的正常运行与发展有着特殊的作用和影响，尤其是在人类整体步入信息社会之后，新闻活动的重要性更是前所未有，有人不无夸张地说，“如今的政治家越来越是舆论的管理者”[1]。如何领导、管理（治理）、控制新闻生产传播活动，如何维护优良的信息秩序、新闻秩序，几乎成了所有国家、社会必须摆在战略地位的优先事项。我们看到，在西方社会，一直宣称没有媒介、没有新闻就没有民主，足以见出新闻对于整个社会运行的重要作用和价值。在新时代的中国，党和国家把新闻能力看作重要的执政能力，把新闻舆论工作看作“治国理政、立国安邦”的大事[2]，是“事关旗帜和道路，事关贯彻落实党的理论和路线方针政策，事关顺利推进党和国家各项事业，事关全党全国各族人民凝聚力和向心力，事关党和国家的前途命运”的大事[3]。因此，高度重视新闻知识生产、新闻知识体系构建就是必然的事情。

高度重视新闻知识生产、重视新闻学自主知识体系的构建，当然不是纯粹的知识论问题，而是知识生产与知识运用相统一的问题。党和国家要想科学合理有效地领导、管理（治理）、控制新闻活动，就得依赖对新闻舆论领域历史、现实的准确认识和把握，就得依赖对新闻活动领域未来变化发展趋势比较真实准确的认知和预判。这样才能制定出科学合理的相关路线、方针、政策，才能制定和确立科学合理的各种制度规范。也就是说，关于新闻舆论领域的认识成果、构建的知识体系，一定会体现、呈现、实现于领导、管理（治理）、控制新闻舆论的活动中。

[1] ［法］贝尔纳·斯蒂格勒．技术与时间：2. 迷失方向［M］．赵和平，印螺，译．南京：译林出版社，2010：140.

[2] 习近平谈治国理政（第二卷）［M］．北京：外文出版社，2017：345.

[3] 习近平谈治国理政（第二卷）［M］．北京：外文出版社，2017：322.

五、结语

基于以上论述，可以说，总体上新闻学的知识体系必然会呈现在整体的新闻文化体系之中，也就是说，新闻文化体系是新闻学知识体系的系统呈现方式。一般来说，新闻文化也像一般文化一样，主要是由器物文化、制度文化和精神文化三大层次构成的，因而，新闻学知识体系就会呈现在新闻媒介、新闻媒体、新闻技术系统之中，呈现在各种新闻制度规范之中，呈现在新闻思想、新闻观念和新闻精神系统之中，呈现在各种社会主体的新闻实践活动之中。相比知识体系的学术呈现方式、教育教学呈现方式，不同形式的实践呈现方式是知识体系的终极呈现方式，实践呈现方式使知识体系产生改变世界的意义和价值，而不再囿于解释世界的范围内。

新闻实践活动、新闻舆论活动是活的历史活动，同样，“知识不能超越时间，它不是永恒或不朽的”[1]，新闻知识生产、新闻知识体系构建也是活的历史过程，前者是后者的根源所在，但后者又始终呈现在前者之中，这就是它们之间最为稳定的基本互动关系。新闻知识、新闻知识体系只有“回流”到作为实践存在的新闻活动中，呈现在新闻实践活动之中，新闻知识生产、新闻学的知识体系构建才是有真实意义和价值的，这是当代中国新闻学在自主知识体系构建过程中必须自觉的基本道理。

[1] [法]贝尔纳·斯蒂格勒．技术与时间：2. 迷失方向[M]．赵和平，印螺，译．南京：译林出版社，2010：157.

论当代中国新闻学自主知识体系之“概念体系”的建构

杨保军

［摘　要］在理论视野中，当代中国新闻学要想在历史积淀的基础上，构建起适应新生数字环境、智能环境的自主知识体系，最为基础也最为重要的是“概念体系”与“问题体系”的建构。就概念与知识的关系而言，任何一套知识体系，总要通过一套系统的概念体系来表达。因而，只有通过能够反映和体现当代中国新闻实际的概念体系，我们才有可能形成自主的学术体系、话语体系，才能建构起富有中国特色的新闻学理论体系、知识体系。具体说：概念是建构理论的“基石”或“细胞”，概念体系是知识体系建构的根本保证，概念体系本身需要不断更新和完善。

［关键词］当代中国新闻学；自主知识体系；概念体系

在理论视野中，当代中国新闻学要想在历史积淀的基础上构建起适应新生数字环境、智能环境的自主知识体系，最为基础的也最为重要的是“概念体系”与“问题体系”的建构。“建构中国自主的知识体系，需要重新研究基本理论、基本问题、基本概念。”[1]“没有基础研究的扎实根基，学术研究就缺

［作者信息］杨保军，中国人民大学新闻与社会发展研究中心研究员。

［基金项目］教育部高等学校人文社会科学重点研究基地中国人民大学新闻与社会发展研究中心重大项目“当代中国新闻学自主知识体系构建研究”（22JJD860018）。

［1］ 中国社会科学杂志社马克思主义理论编辑部.2022 年马克思主义理论研究发展报告［N］. 中国社会科学报，2023-1-9（3）.

乏稳健发展的根本保证；没有基础学科的发展创新，学术研究就缺乏紧跟时代的持续动力。”[1]就概念与知识的关系而言，任何一套知识体系，总要通过一套系统的概念体系来表达。因而，只有通过能够反映和体现当代中国新闻实际的概念体系，我们才有可能形成自主的学术体系、话语体系，才能建构起富有中国特色的新闻学理论体系、知识体系。需要预先说明的是，本文主要是在知识体系建构方法论意义上讨论概念体系问题，并不是关于一个个具体新闻学概念的阐释。至于哪些概念是当代中国新闻学特别是新闻理论的基本概念、关键概念，或哪些概念在当代中国新闻学自主知识体系建构中具有标识性的意义等问题，笔者将另以系列专论方式展开论述。

一、概念是建构理论的“基石”或“细胞”

所有具体的哲学社会科学理论，在形式上都是通过大量概念按照一定的内在逻辑关系构筑起来的。“知识体系是把一些零碎的、分散的相对独立的知识概念或观点加以整合，使之形成具有一定联系的知识系统。概念是知识的基本单位。从一定意义上说，知识体系是由一个个相互关联的概念构成的，是一个‘概念家族’。”[2]因此，建构自主的当代中国新闻学知识体系，首要的工作是在学术研究中能够提出自主的新闻学概念体系。

概念之所以是知识体系建构的“基石”或“细胞”，主要原因在于：①概念是揭示和表征对象本质特征的思维形式。人们关于对象特征及其内在规律的揭示过程，在概念论视野中，表现为形成概念及其概念关系的过程。新概念的形成是标识认识进展情况的基本方式。②概念是展示、呈现认识结果、知识（体系）成果的“单元”或“细胞”。概念化是认识过程的重要展现方式，

[1] 中国社会科学杂志社文学编辑部.2022年文学研究发展报告[N].中国社会科学报，2023-1-9(6).

[2] 徐勇，李旻昊.让“概念孤儿”成家：建构以问题为联结的知识体系——兼论中国基层治理研究的概念建构[J].党政研究，2023(1).

而概念是呈现认识结果的必然形式。一种理论体系，一套知识体系，总要通过自身特有的概念体系、概念方式展开论说。可以说，没有概念，就不可能有理论的形式化呈现。没有成体系的概念，也就不可能有成体系的知识呈现。尽管知识的表征方式不限于概念方式，但概念是表征体系化理论和知识的核心工具。概念是表征理论思想、理论观念的理性方式。③进一步说，自主的知识体系，内在要求相应的自主概念体系。“企图在解释时避免运用自己的概念，这不仅是不可能的，而且显然也是一种妄想。”[1]要想使当代中国新闻学创造出独具特色的理论体系、知识体系，就得有一套能够反映中国新闻特色的原创性范畴、原创性概念体系，因而“要善于提炼标识性概念”[2]。不然，所谓的原创理论、自主知识体系建构都会成为空洞的口号。

自主的新闻学概念构成，主要包括三类。一是由当代中国新闻学自主知识体系建构主体[3]提出的、创设的关于新闻现象或新闻活动的概念，特别是根据中国新闻实际（历史现实与当前实际）提出的特有概念。二是世界新闻学普遍使用的概念形式[4]，但中国新闻学术共同体根据中国的实际情况，对这些概念赋予了特殊的含义或解释。三是在世界范围内，整个新闻学术界共同使用的、基本含义也大致相同的概念。在这三类概念中，尽管依据中国新闻实际创设的（原创性）概念最具自主性、最具中国特色，但在建构当代中国新闻学自主知识体系过程中，这三类概念都可说是已经“地方化”“本土化”或“中国化”的概念。当代中国新闻学术共同体是在自主理解阐释的意义上运用这些概念的。新闻学概念的中国性理解，是保证整个知识体系中国性特征的根基。

[1] 方维规．什么是概念史[M]．北京：生活·读书·新知三联书店，2020：70.

[2] 习近平．论党的宣传思想工作[M]．北京：中央文献出版社，2020：235.

[3] 关于当代中国新闻学自主知识体系建构主体的构成及其关系问题，可参阅杨保军．建构当代中国新闻学自主知识体系的主体构成及其关系[J]．当代传播，2023（1）.

[4] 概念形式，是指概念的词语表征形式。任何概念，直接表现为一定的词语。

当代中国新闻学的概念来源，大致有这样一些基本路径。一是对中外特别是中国传统新闻学既有概念的扬弃。就实际情况来看，传统新闻学概念仍然构成了当代中国新闻学概念体系中的主要构成部分。[1]尽管人们对传统新闻学的理论解释力深感焦虑，并已根据新闻现象的整体变革不断创造提出新的概念，但直至目前传统新闻学形成的概念体系并未受到根本动摇。二是对中外特别是中国新生新闻现象概念化形成的概念，这是一个巨大的开放性的概念来源路径或系统。尤其是在当今媒介环境、新闻生态发生革命性变化的宏大背景下，对新现象、新问题、新事物进行概念化，提出原创性的概念，已经成为学术研究中的基础任务。概念化是构建理论体系的基础工作，是科学研究过程的“转折”环节、“跃升”节点。概念化能力是知识生产能力、理论创造能力、学术想象能力的基础表现。没有新的概念提出，就不可能有新的理论产生。尤其是基础理论研究，在一定意义上可以说，就是创造概念，创造概念之间的合理关系。能否对新现象、新问题、新事物形成科学、合理的概念抽象和表达，是理论得以形成的关键所在。三是对其他学科相关概念甚至是日常生活常识概念的迁移、借用或转化。社会现象本身并不区分为清晰的学科领域，而是整体性的存在，只是人们为了认识、理解、把握的方便，才依据社会现象的特点，分设出不同的学科观察、分析、研究视野。这从根本上决定了不同学科之间是相通的，只有学科之间通力合作、相互配合，人类才有更大可能认识、理解和把握整体的社会现象，“每一门专门学科必须接受其他学科的成果”[2]。因而，学科之间的概念迁移、转化、借用是很自然的现象。就学科之间的实际研究状况看，跨学科研究、超学科探索已经成为越

[1] 所谓传统新闻学概念，主要是指新闻学研究针对传统三大媒介新闻活动形成的概念体系。互联网诞生之后，新闻学研究中已经形成了一系列新的概念。

[2] [英]怀特海. 思维方式[M]. 刘放桐，译. 北京：商务印书馆，2019：122.

来越普遍的现象[1]，这也意味着学科之间的概念迁移、转化、互相借用会越来越普遍。对相对比较年轻和学术积累比较薄弱的新闻学科来说，迁移、转化、借用其他哲学社会科学甚至是自然科学、技术科学领域的概念就更是习以为常了。[2]这同时也说明，新闻现象在整体社会现象、社会活动中具有比较强烈的弥漫性、渗透性，新闻学也是一个弥漫性、渗透性比较强的学科，它与其他学科之间有着普遍而紧密的联系。四是对国外新闻学一些概念的借用和化用。当代中国新闻学作为新闻学的一种类型，与自身之外的其他新闻学类型有着普遍化的研究对象，也面临着相似的或共同的新现象，因而，必然会有相互可以借鉴、通用的一些概念。事实上，当代中国新闻学研究像传统新闻学研究一样，借鉴、改造、转化过大量的来自其他新闻学特别是西方新闻学的概念。

知识生产过程中的概念创造，并不是随心所欲的事情，不是说谁都能够提出科学合理的概念，不是说提出的任何概念都可以成为建构学术大厦、知识体系的有用"砖石"。作为建构自主知识体系的学术概念，都有创造（提出）、运用、成熟的一个过程。在这样的过程中，有些概念经过运用、检验，得到学术共同体的认可，得以保留；有些概念可能得不到学术共同体的认可接受，会被淘汰。有些概念会得到学术共同体的普遍使用，而有些概念只有学术共同体中很少一部分人坚持使用。总体来说，学术概念的生成、选择过程，并不是一个纯粹的语言词汇选择过程，而是一个复杂的知识生产过程。

[1] 伴随社会演进的复杂化和不同领域之间的交融渗透程度越来越高的现象，我们看到，除了传统的学科化研究视野之外，问题取向的研究越来越加普遍，即围绕"问题"展开研究，需要什么学科就用什么学科，需要多少学科就多少个学科展开合作研究。以解决问题为导向的学科合作研究，已经打通了所有学科之间（包括自然科学、数学、人文学科、社会科学）的关系。

[2] 当然，随着新闻学科自身的发展，它也在向其他学科提供着越来越多的可资借鉴的范畴或概念。事实上，相关研究表明，在学科之间，新闻学对其他学科成果的引用远远高于其他学科对新闻学成果的引用，但新闻学的学术研究成果被其他学科引用的次数也在持续提高。

概念是否科学合理，是否能够得到学术共同体的普遍认可和使用，尽管可能会受到知识生产领域之外其他各种因素的影响，但学术规律的内在选择机制应该说具有根本性的作用。

在相对比较成熟的、得到学术共同体基本认同的理论体系中，绝大多数概念应该是学术共同体普遍认可接受的概念。或者说，只有运用学术共同体普遍认可接受的概念建构起来的理论体系，才有可能是普遍认同的理论体系。因此，在当代中国新闻学自主知识体系建构中，构建科学合理的自主概念体系是基础中的基础工作，需要通过大量的具体研究去实现。概念的学科性、合理性、有效性，不仅取决于概念对相关对象反映的真实性和准确性，还有赖于概念在运用过程中的认可度、接受度。针对同一对象创设的不同概念，在运用过程中存在着竞争关系，有些概念会长期并存。

需要补充说明的是，在知识生产和知识体系建构过程中，并不是说只有先有了相对比较成熟的概念体系，然后才能建构理论体系、知识体系。事实上，概念体系、问题体系与理论体系、知识体系的建构常常是同步展开的。不同体系建构之间，往往会形成互相影响、互相促进的局面。在没有相对比较成熟的概念体系之前，理论体系的建构者就会按照一定的理论逻辑和理论想象创设一些“初步的、粗糙的”的概念，这也会为概念体系的建构提供一定的启示。

二、概念体系是知识体系建构的根本保证

如果说具体概念是知识体系建构的“细胞”，那就可以说，具有内在逻辑关系的概念体系是知识生产特别是知识体系建构的基础保证、根本保证。知识体系的构建，仅仅拥有少量一些基本概念是办不到的，必须依赖成体系的、成系统的系列概念。“理论体系是由概念支撑的，诸多概念矩阵支撑了一个又

一个理论体系。”[1]理论体系需要概念体系支撑，而理论体系是一个领域知识体系的核心，需要更为庞大的概念体系来支撑。知识体系建构中对概念体系的内在要求，使得我们在讨论当代中国新闻学自主知识体系的构建时，必须关注概念体系本身的自主性或特殊性，同时也必须关注概念体系本身的建构问题以及概念体系中不同概念之间的基本关系问题。

第一，自主的知识体系，必须有自主的概念体系作保证。任何独特的思想体系、理论体系、知识体系，本质上都拥有自身独特的概念体系。

在学术研究领域，人们很容易看到，那些成体系的学说、思想、理论，都是由一定的概念体系建构起来的，而每一种拥有个性特征的学术体系、思想体系或理论体系（它们都是知识体系的体现方式），都拥有各自富有特色的概念体系。我们看到，那些伟大的哲学家、思想家、理论家、学问家，在建构他们的哲学体系、思想体系、理论体系、学问体系时，都有个性化的概念体系。[2]有学者甚至说，“大凡有创见的大思想家，喜于制造概念”[3]。实际上，哲学家、思想家、理论家、学问家们，不仅通过特色化的概念体系表达自己的思想和理论，并通过概念体系形成各自具有个性特色的表述方式和话语体系，其中还蕴含或显示着他们的学术立场或价值信念。

对一个学科来说，一定拥有与其他学科相区别的个性化的概念体系。“每一门科学都以某一片段的论证为限，并根据这一片段所提出的概念来建立自己的理论。”[4]拥有独立的概念体系，才有可能保证学科的自主性和独立性。那些缺乏自主概念体系的学科，其独立性或专业性就会受到不断的质疑。那些所谓“十字路口”的学科、交叉性的学科，其概念体系也往往是边界模糊

[1] 杨光斌．流行概念的重新叙事见证政治发展［N］．北京日报，2023-1-9（12）．

[2] 从古到今，世界各国的伟大哲学家、思想家等，都有阐释自己观念、思想、理论的概念体系或概念方式；而每一学术派别，也都拥有阐释学派思想、理论体系的独特概念体系。实际上，概念体系是显示学术个性、理论个性的基本方式。

[3] 方维规．什么是概念史［M］．北京：生活·读书·新知三联书店，2020：1.

[4] ［英］怀特海．思维方式［M］．刘放桐，译．北京：商务印书馆，2019：122.

的、交融的，缺少概念体系的学科个性。[1]在一定的学科范围内，不同的学术体系（观念体系、思想体系、理论体系、方法体系，这些是知识体系的具体表现形式）或学派类型，总是拥有自身特殊的概念体系特别是核心概念体系，以保证自身的学术立场和主要内容的系统阐释。一言以蔽之，概念体系是表征学术范式的基础，也是表征一定理论体系、知识体系的基础，概念体系的完善程度，从基础意义上决定着理论体系、知识体系的基本质量。

在概念论视野中，当代中国新闻学之所以不同于其他新闻学，比如西方自由主义新闻学或专业主义新闻学，最基本的表现就在于当代中国新闻学拥有自身独特的概念体系，不同于自由主义新闻学的概念体系。[2]当代中国新闻学是马克思主义性质的新闻学，社会主义性质的新闻学，无产阶级性质（党性是阶级性的集中体现）的新闻学，人民性质的新闻学[3]，这些基本性质是当代中国新闻学"中国性"的实质内涵，而"中国性"的实质内涵必须通过具有"中国性"的概念体系来反映和表达。因而人们看到，当代中国新闻学运用的是马克思主义新闻学的概念体系、社会主义新闻学的概念体系、无产阶级新闻学的概念体系、人民新闻学的概念体系，"马克思主义新闻观""党性""人民性""人民中心""耳目喉舌""党媒""新闻舆论""舆论引导""新闻规律""正面为主""整体真实"等概念正是反映和体现当代中国新闻学"中国性"概念体系中的核心概念。由如此概念体系建构的当代中国新闻学知识体系，就是具有当代中国自主性的新闻学知识体系，这样的知识体系就是为人民服务、为社会主义服务的新闻学知识体系，为中国式现代化新闻业服

[1] 当然，人们也可以把这种概念体系的模糊性，或源于不同学科的交融性看作此类学科概念体系的特征。比如，源于新闻学、政治学、社会学、心理学、信息论、控制论等学科的传播学，就被称为"十字路口"的学科或研究，其概念体系就具有典型的学科交融特征。

[2] 关于当代中国新闻学的概念体系构成问题，特别是具体的基本概念构成问题，我将以专著方式进行专门的探讨和阐释。这里只是从原则上指出不同的新闻学拥有不同的主导性概念体系。

[3] 杨保军．全面认识当代中国新闻学的性质［J］．国际新闻界，2022，44（7）．

务、为中国式现代化建设服务的新闻学知识体系。

当然，我们也会注意到一个明显的事实，这就是在一个学科范围内，不同性质、不同类型的学术体系，拥有一些共同的基本概念形式。就新闻学科而言，只要是真实的新闻学，不管是哪个社会范围、地域范围的新闻学，都会拥有一些共同的基本概念形式。比如，处于当今时代环境，凡是新闻学，都会拥有“事实”“新闻”“新闻活动”“新闻业”“传播者”“受众（用户）”“媒体”“媒介”“新闻真实”“客观”“公开”“新闻价值”“新闻道德”“新闻伦理”“新闻自由”“新闻控制”等共同概念形式。共同概念形式的存在与运用，不是由某个地方范围的研究者纯粹主观决定的，而是由新闻学作为一门学科的科学性从根本上决定的。新闻学是研究新闻现象、新闻活动的学科，是发现新闻活动特征、揭示新闻活动规律的学科。因而，不管是哪里的新闻学，都有普遍意义上的共同对象和共同问题，研究对象的普遍性从客观上决定了一定会存在一些共同的概念形式。[1]与此同时，这一现象也恰好说明，由于存在着研究对象在不同地方的特殊表现，因而也必然会有特殊的概念形式。研究对象的普遍性与特殊性关系，一方面说明不同新闻学之间是可交流、可对话的，是可以也应该互相学习、相互借鉴的，是拥有一些共同知识基础的；另一方面则说明，新闻学的具体存在形式一定是特殊的，每一种地方化、地域化或本土化的新闻学，实质上都是一套自主的新闻学知识体系。那些能够以本土实际为主要根基的新闻学，才能更好地为本土的新闻事业服务，为本土的社会发展服务。

第二，对成体系的一套概念而言，必然存在着概念体系的基本结构问题。在一套概念体系中，不同概念的地位作用是不同的。构成概念体系的不同概念之间，必然具有内在的逻辑关系，这样它们才能相互配合，建构起科学合

[1] 笔者之所以特别强调概念形式，而不是整体意义上的概念，主要是因为，也许不同的理论体系在形式上运用相似的或相同的概念，但不同的理论体系往往会赋予概念不同的实质内涵。

理的、内在和谐统一的理论体系、知识体系。这里，我们暂时假定一个学科已经形成了比较完备的概念体系，然后来分析解剖概念体系的基本结构。一个概念体系就是一个概念系统，我们可以用系统结构的方法分析概念体系的基本构成。对一个学科特别是一个学科的理论体系（核心知识体系）建构而言，其基本逻辑正是通过概念间的逻辑关系展示的。概念体系的建构方式也是理论体系的基本呈现方式。

对一个学科的理论体系而言，最常见的概念系统结构方式，就是树形结构方式。这是一种“纵向”的概念体系描述方式。人们通常把概念体系描述为从一个“元概念”开始，逐步演绎出一个庞大的、开放性的概念体系，就像从树根开始，逐步向上延伸，形成庞大的树冠一样，而树根、树干、树冠则构成完整的一棵大树，并且是一棵不断生长的大树。所谓元概念，就是一个概念体系中的根基性、根源性概念，或者说是一个概念体系的起点概念、基元概念或基因式概念，其他概念原则上都是从这样的元概念逻辑化地“生长”出来的。这是典型的还原主义或本体（本质）主义的概念体系结构方式、描述方式。它意味着，在一个概念体系中，所有概念之间都具有内在的有机关系，所有概念都含有元概念的基因，是元概念在不同概念化阶段的具体表现形式。比如，存在论会从“存在”概念开始、价值论会从“价值”概念开始、文学论会从“文学”概念开始、法学会从“法”概念开始、美学会从“美”概念开始，如此等等，“存在”“价值”“文学”“法”“美”等概念就被看作元概念，然后逐步演绎出存在论、价值论、文学论、法学、美学的概念体系，也随之演绎出自身的理论体系和主要知识体系。新闻学也是如此，从“新闻”概念开始，逐步演绎出新闻活动、新闻主体、新闻媒介、新闻传播、新闻价值、新闻真实等众多概念结构而成的概念体系，并建构起自身的新闻理论体系、知识体系。需要说明的是，关于一个学科领域特别是学科基本理论的概念体系的元概念是什么，不同研究者往往存在着不同的认知，因而确立的元概念并不相同，相应构建演绎的概念体系、理论体系也就有所不同。

比如，就新闻理论而言，有学者把“事实”作为本体概念，有学者把“新闻”作为第一概念，还有学者把“新闻活动”作为元概念，等等。除此之外，还有学者认为，从单一的所谓“元概念”出发，演绎出一套概念体系，本身就不符合实际，因为新闻现象是一种交流信息的活动，其客观起点是一种“关系”的展现，因而，应该从至少一对关系概念开始，比如，从“事实与新闻的关系”开始。由此可见，如何建构一个领域的概念体系，是一个开放性的问题，值得不断探索，因为建构概念体系的过程，其实就是形成理论体系、知识体系的过程。

概念体系尽管根源于相关的对象体系、活动系统，但概念体系的结构方式并不就是实际对象的结构方式，而是人对于对象认识结果或思想成果的呈现方式。有什么样的认识，才会有什么样的概念形式。一种观念体系、理论体系、知识体系的基本架构，就是由概念体系的树形结构呈现的，因而，有什么样的概念体系结构方式，也就有什么样的观念体系、理论体系、知识体系的呈现模式。

其次，对概念体系的另一种常见描述方式是网络化结构方式，这是一种相对“纵向”描述的“横向”描述方式，其基本做法是，依据一定的根据、理由或标准，确立一个或几个概念作为一套概念体系的核心概念、关键概念，然后演绎出基本概念、外围概念，从而形成一种网状的、圈层化的概念体系结构模式。这样的概念圈层结构自然显示了不同概念的地位与作用。一个学科的概念体系特别是学科基本理论的概念体系，可以依据学科基本观念体系的结构，将概念体系分为相应的圈层结构。一个学科的理论体系是其知识体系的核心所在，而学科的理论体系集中反映了学科的观念体系，观念体系则是通过概念体系来反映的。[1]因而，观念体系与概念体系的圈层结构方式，特

[1] 观念不能等同于概念，观念是人们对于一定对象的态度、意愿、认知和看法，概念则是人们对一定对象物属性的思维形式，但对理论体系、知识体系而言，要想表征自身的观念实质与内容，只能以概念方式实现。

别是在重要程度的结构表现上是基本一致的。

基于上面的逻辑，这里可以借用笔者在《新闻观念论》中划分当代中国新闻观念的方法[1]，将当代中国新闻学特别是能够集中体现当代中国新闻学自主知识体系的新闻理论概念体系大概分为三个层次：中心层、中间层和边缘层（外层）。每一层次的概念本身也是一个小的概念体系。

从一般意义上说，中心层的概念，就是反映中心层观念的概念。而所谓中心层的观念，就是一种新闻观念体系的核心观念、标识性观念，属于观念系统的灵魂或硬核，处于整体新闻观念系统结构的中心地位，是决定某一新闻观念系统之所以是它自身的判决性或决定性观念。[2]中间层的概念，就是反映中间层观念的概念。而所谓中间层观念，就是那些能够直接体现、实现和维护中心新闻观念的基本观念，也可以说是核心观念的初步具体化表现。边缘层或外层概念，就是反映边缘层或外层观念的概念。而所谓边缘层观念，就是那些为了实现中间层观念要求或观念内容的操作层面的观念，这样的观念更为具体，是直接可以指导新闻实践活动或实践行为的操作性观念。

这里需要说明的是，在当代中国新闻学概念体系中，也就是自主知识体系中，哪些概念属于中心概念，哪些概念属于中间层概念，哪些概念属于边缘层（外层）概念，恰好是需要我们展开进一步探讨的问题，不同观念、概念重要性、层次性的划分标准是什么，本身就是十分复杂的问题，需要专门

[1] 杨保军 . 新闻观念论[M]. 上海：复旦大学出版社，2014：109.

[2] 比如，就当代中国马克思主义新闻观念体系而言，党性本体观念、人民中心价值观念、舆论引导方法观念、新闻规律基础观念，构成了马克思主义新闻观念体系的中心观念，而党性、人民性、舆论引导、新闻规律相应构成了表征中心观念的中心概念体系。关于“马新观”核心观念体系的构成阐释，可参阅杨保军 . 当前我国马克思主义新闻观的核心观念及其基本关系[J]. 新闻大学，2017（4）.

研究。[1]另外，尽管当代中国新闻学实际上已经形成了自身比较稳定的马克思主义新闻观念系统，但实事求是地看，既有的观念系统以及相应的概念体系，主要是在传统新闻学时代形成的，依据的主要是传统新闻业时代的实际情况，而当今的新闻活动已经在整体上进入了数字化时代、智能时代、“后新闻业时代”，新闻学的本体对象已经发生了翻天覆地的变革，新闻学整体上迈开了“下一步”[2]。因此，在继承传统新闻学成果的基础上，尽快更新、完善、重构当代中国新闻学的观念体系、概念体系，才是自主知识体系建构中的紧迫任务。

三、概念体系需要不断更新完善

有学者在宏观的精神生产层面上讲过，“人类的文明史也就是概念的变革、更新和发展的历史”[3]。这或许有点夸张，但对一个学科的更新发展来说，理论体系、知识体系的不断更新与完善，必须通过概念及概念体系的更新和完善来实现。当代中国新闻学要想在扬弃传统新闻学知识体系的基础上，尽快建构起符合新的时代要求的知识体系，就必须对数字环境、智能环境条件下的新闻现象、新闻活动展开全面的探索和研究，就得形成一套能够基本反映数字环境、智能环境中新闻现实及其发展趋势的概念体系。

---

[1] 在一个概念体系中，不同概念的地位作用是不同的，如何认定哪些概念是“中心的”或“基本的”，哪些概念是“非中心的”或“非基本的”，需要一定的原则、标准和方法。比如，中心概念应该是决定概念系统性质的概念，应该是比较稳定的、成熟的概念，是具有足够活性的概念，而保证核心概念得以实现的概念是基本概念，那些使基本概念得以在操作层面上落实的概念就是外围概念。如果这样的话，就可以大致地说，党性、人民性、耳目喉舌等构成了当代中国新闻概念体系的核心概念，新闻、新闻真实、新闻价值、新闻舆论等概念则构成了中间层的基本概念，而正面新闻、监督新闻等则是操作层面的概念。但是对已经形成的新闻概念系统而言，如何在新兴数字环境中建构当代中国新闻学的基本概念体系，则是一项十分复杂的系统工程，需要长期探索和积淀。

[2] 杨保军．新闻学的“下一步”[J]．新闻与写作，2021(11).

[3] 孙正聿．崇高的位置[M]．长春：吉林人民出版社，2007：130.

一方面，概念更新是理论更新、知识更新的前提条件。如前所述，一门学科的理论体系、知识体系是通过概念体系建构的。稳固的理论体系、知识体系是由坚实的概念体系支持的。因而，如果既有的概念体系没有实质性的变化更新，那它所支持的理论体系、知识体系就难有真正新的内容、新的面貌。

一门学科一旦形成了比较稳定的理论体系和知识体系，往往具有顽强的自卫性和保守性。一套理论体系、知识体系会本能地为自己的"范式"（世界观和方法论）稳定展开辩护，以维护自己的地位与作用。既有理论体系、知识体系通常不会自我革命，倒是常常以修修补补的方式应对新的挑战。这样的过程，也是既有理论体系、知识体系维护自身概念体系的过程。因而，尽管概念体系是理论体系、知识体系的"建筑材料"，但反过来说，一旦理论大厦、知识大厦建成，这样的大厦又会自然而然地保护建构自身的"砖石"。由此看来，概念及概念体系的更新其实是一个非常艰难的过程。"任何新闻业的概念化，无论多么全面，都会受到现有知识的限制。那些意欲进一步思考新闻业的人，需要对此保持高度的警惕，以便敏锐地捕捉新闻业发生的变化。"[1]事实上，不管人们用什么样的理论或观念解释知识的进化过程，其基础都离不开知识体系的概念进化问题。

理论危机、知识危机，直接表现为理论的解释力下降，表现为一定知识体系某种程度的失效，而危机、失效的直接表现就是构成理论体系、知识体系的概念失去了活力，无法适应新的环境，难以揭示新现象、新问题的新特征、新内涵，难以包容新现象、新问题的新范围。如果旧的概念及概念体系无法应对新的事实，它所支撑的理论体系、知识体系的危机时代就到来了。德国哲学家海德格尔说过，"一门科学在何种程度上能够承受其基本概念的危

[1]［美］芭比·泽利泽．想象未来的新闻业［M］．赵如涵，译．北京：中国人民大学出版社，2022：177.

机，这一点规定着科学的水平”[1]。可见，要想更新理论、更新知识体系，必须从“挖墙脚”开始，即要从根基上更新建构理论体系、知识体系的概念、概念体系。“建筑材料”的更新，并不必然意味着新建筑的诞生，但没有这个前提，新建筑是不可能的。

理论更新、知识体系的重建，要依赖新的概念和新的概念体系。“每一概念框架都不能构成一个无缝的网。”[2]“真正的科学‘运动’是通过修正基本概念的方式发生的。”[3]麦金太尔说：“只有通过概念的阐明和重建，才能构造理论。”[4]这些说法深中肯綮，击中了要害。因而，对发展到数字时代、智能时代的当代中国新闻学而言，要想尽快建构起符合时代发展趋势的自主的知识体系，前提性的工作是对数字新闻活动、智能新闻活动、融合性的新闻活动展开全面、系统、深入的研究，以形成建构新的理论体系、知识体系的“建筑材料”。当然，就实际来看，任何一个领域、任何一个学科知识体系的建构，关涉的不只是单一领域、单一学科的事情，而是整个社会的事情，知识社会学对此已经做出了很好的揭示。[5]知识是依赖环境的产物，那就是说，从环境变迁的维度不仅可以说明知识的整体变迁，亦可寻求环境与具体知识的相互关系。就当代中国新闻学的知识体系建构而言，在知识逻辑之外，当代中国政治、经济、社会、文化、技术等力量，都会对新闻学的知识生产、概念形成构成各种各样的作用和影响，尤其是政治力量具有特别重要的领导作

---

[1]［德］海德格尔.存在与时间［M］.陈嘉映，王庆节，译.北京：生活·读书·新知三联书店，2014：11.

[2]［英］迈克尔·马尔凯.科学与知识社会学［M］.林聚任，等译.北京：东方出版社，2001：52.

[3]［德］海德格尔.存在与时间［M］.陈嘉映，王庆节，译.北京：生活·读书·新知三联书店，2014：11.

[4]［美］阿拉斯代尔·麦金太尔.伦理学简史［M］.龚群，译.北京：商务印书馆，2003：21.

[5]［德］卡尔·曼海姆.意识形态与乌托邦［M］.李步楼，尚伟，等译.北京：商务印书馆，2014.

用，在很大程度上决定着知识体系的价值立场。

我们必须注意到另一方面，就是概念体系的建构过程，与整体的理论创新、知识体系构建一样，有自身的内在机制或基本规律，不是任何知识生产主体可以任意而为的事情，不是仅仅通过“顶层设计”就可以解决的问题。那些以为凭借主观意志或各种权力运筹就可建构知识体系的做法是背离知识生产规律的，那些以为“拍拍脑袋、想一想”，或者从一些文件、讲话中寻章摘句、概括总结[1]，就可以提出原创性的、标识性的范畴、概念，就可以建构起自主的学术概念体系，不仅是幼稚可笑的，也是极其有害的。知识生产中的权力任意，知识体系构建过程中的“大跃进”，造成的结果一定不是知识生产跃升到“天堂”，而是“跌落”到深渊。[2]

具体新概念的提出或诞生，尽管存在着各种可能的具体方式，如直觉、灵感、顿悟、想象、迁移、借用等，但学术概念的提出，本质上或在普遍意义上是长期学术研究积淀的结果，是一个逐步提炼、抽象的过程，“寻找和提炼概念的过程，也是在提炼认识和思想”[3]。学术研究积累到一定程度，探索达到一定的深度，认知提升到一定的高度，范围达到一定的广度，就不得不提出新的概念。新现象、新问题的出现，新思想、新观念、新认知的形成，必然会突破旧概念的约束和限制，自然要求创造或提出新的概念来表达。人类新闻活动、当代中国新闻实践正在发生前所未有的变革，而所有的变革都要表现为具体的现象和问题，首先需要做出具体的认识和把握。这必然是一个促生新认识、新思想的过程，也必然是一个产生大量新概念的过程。“复杂

---

[1] 其实可能恰好相反，一些文件、讲话中运用的重要观念、概念，应该是吸纳学术研究成果的体现。那些能够进入文件、讲话中的基本观念、关键概念，如果没有坚实的学术研究做基础，没有足够的文化传统做根基，是不可能成为有意义、有影响的观念和概念的。

[2] 在知识生产、创造活动中，当代中国是有过历史经验教训的。如果我们回头看看中华人民共和国成立以来前30年一定历史阶段的所谓知识创造，就会深深感到当时的幼稚甚至荒唐。在有过这样的历史之后，我们决不能重蹈历史覆辙。

[3] 方维规．什么是概念史［M］．北京：生活·读书·新知三联书店，2020：18.

和持续的变革使新闻业需要一种适应其不断变动的自身概念的理解方式。”[1]其实，这也正是目前整个新闻传播学研究中的典型现象之一。大量新概念、新说法层出不穷，令人眼花缭乱。这在一定程度上表明，当代中国新闻学的概念更新、知识体系更新，已经拉开了大幕。

需要注意的是，一个新概念的提出，并不意味着就是学术创新，也不意味着必然就比相关的旧概念更具科学性和合理性。一个新概念的采纳与普遍认可，是一个需要学术“磨炼”的长期过程。新概念是否真正揭示了概念对象（概念所指）的本质属性，新概念的用语用词是否准确恰当、是否易于理解流行，与其他相近概念有无比较清晰的区分度等[2]，都是需要学术研究过程本身去检验选择的。针对同一对象，由于存在着不同的研究视野和方法，不同的致思方向和目标，自然会产生不同的概念形式。“在任何一个专门领域中都存在着多个可供选择的概念框架。”[3]这些概念之间，存在着互补关系，也存在着竞争关系。到底哪个或哪些概念最终会成为学术界普遍认可、接受、运用的概念，都要经过学术研究本身的选择。取向不同的学术研究范式，侧重不同的学术研究方向，皆有不同的概念形式选择，这在学术研究整体转型阶段表现得尤为突出。

对研究对象、问题的概念化，在学术上是非常严肃的事情，不可随意为之。概念要揭示对象的本质属性，概念是展开思维、表达思想的工具；概念要反映认识的历史，概念也会凝结历史的认识，“历史沉淀于特定概念并凭借概念成为历史”[4]。概念“蕴含着过去的经验、现在的体验和对未来的期

[1] [美]芭比·泽利泽.想象未来的新闻业[M].赵如涵，译.北京：中国人民大学出版社，2022：177.

[2] “一个清晰的概念，正在于它与其他概念的区别。”没有清晰的概念，很难有准确的思维和表达。方维规.什么是概念史[M].北京：生活·读书·新知三联书店，2020：3.

[3] [英]迈克尔·马尔凯.科学与知识社会学[M].林聚任，等译.北京：东方出版社，2001：63.

[4] 方维规.什么是概念史[M].北京：生活·读书·新知三联书店，2020：29.

待”[1]。概念的如此地位、功能、作用，都在说明学术研究中的概念化活动，有着特别的意义和价值。

具体概念的更新、完善是整体概念体系更新完善的基础。概念体系的整体性更新完善，根源于概念体系对象领域的整体性结构变革。本体现象的变革是新概念产生的客观基础，而本体现象的整体性变化是产生新的概念体系的客观根基。“新闻活动的本体状态变了，认识就会跟着变，认识的方法也会变。”[2]一个学科的研究对象与过去相比若是发生了结构性的变革，那就意味着更新旧的概念体系或提出整体性新的概念体系具备了客观基础。进一步说，也意味着学科的整体转型具备了客观基础。

当代中国新闻现象、新闻活动同整个人类新闻活动的宏观现象或大趋势一样，在互联网背景下，在数字技术驱动下，已经开始跨越传统新闻业时代，开启并展开“后新闻业”时代的新图景。[3]面对传统新闻业的整体性危机，新闻领域也早已开始探索走出危机境地的途径和方法。传统媒体的新媒体化、整个媒体领域自身及与其他相关领域的融合化、新闻业的智能化，如此等等，都是走出危机困境的新路径。这种客观景象的变化、实践探索的展开，都意味着整体更新既有新闻理论体系和新闻学概念体系的时代已经到来，意味着当代中国新闻学正处于整体转型的历史阶段，自主知识体系建构开启了新的历史进程。实践需要是知识生产、知识更新完善、理论创新最根本的动力，“实践没有止境，理论创新也没有止境”[4]。

当然，有了知识生产、创新的客观根据，并不意味着当代中国新闻学就能很快建构起新的、自主的概念体系。建构概念体系的过程必定是一个艰苦

---

[1] 方维规．什么是概念史[M]．北京：生活·读书·新知三联书店，2020：168.

[2] 杨保军．新闻学的“下一步”[J]．新闻与写作，2021(11).

[3] 相关内容参阅杨保军．再论“后新闻业时代”[J]．编辑之友，2022(10).

[4] 习近平．高举中国特色社会主义伟大旗帜　为全面建设社会主义现代化国家而团结奋斗——在中国共产党第二十次全国代表大会上的报告[N]．人民日报，2022-10-26(1).

的认识过程、创造过程，依赖的主要不是学术共同体对新现象的敏感性和想象力，而是长期扎实的探索和研究。新闻学术界是当代中国新闻学概念体系、自主知识体系天然的核心构建主体，但也经常因为所谓的“研究跟不上时代”“理论赶不上实际”而受到批评甚至嘲讽。其实，很多批评并不科学合理，没有充分尊重学术研究、知识生产的规律。事实上，理论研究大多时候是跟在实际变化后面的，这是正常的现象。引领性的学术观念、学术理论不可能凭空而来，只有对实际变化更新现象有了一定的研究和积累，才有可能提出一些前瞻性、引领性的观念和看法。实践与理论间的关系，是互相促进的关系，不是一者始终引领另一者的绝对关系。要求理论研究总是“奔跑”在现实变化的前面，那是不现实的，也是研究者担当不起的责任。加速、尽快建构自主的知识体系，这种美好且急迫的愿望是可以理解的，但欲速则不达，知识生产、知识体系的建构不是百米竞技，它更需要的是尊重知识生产规律，平心静气，理性清醒，一步一个脚印地前进，更需要的是持之以恒、细水长流，集腋成裘、跬步千里。

一个学科概念体系的更新不大可能从头再来，不可能是完全彻底地推倒重建，而是一些基本概念、核心概念的重新界定，或提出、创造一些新的核心概念。也就是说，一套概念体系的更新，关键在于核心概念或基本概念的更新。核心概念或基本概念是一个概念体系中不可或缺的重要概念。对一套理论体系、知识体系来说，如果其核心概念或基本概念内涵没有实质性变化，或没有被新的概念形式替换，那么，理论体系、知识体系的面貌和性质就不会有根本性的更新。但是，也应该注意到，要建构理论体系、知识体系，仅仅依赖几个基础概念、关键概念是不可能的，必须通过一系列的概念有机结合，才能建构起来。其实，就学术研究的实际展开过程来看，一旦一套概念体系的基本概念、核心概念有了实质性的更新变化，从这些基本概念就会演绎出大量新的延伸概念，从而最终造成概念体系的更新。

正因为如此，我们会看到，在互联网背景下的数字新闻环境、智能新闻环境中，学术界在概念论及其相应的观念论研究中，主要工作集中表现在以下两大维度。一是对传统新闻学中的基本概念，诸如事实、新闻、新闻真实、新闻客观、新闻价值、新闻业、新闻媒介、新闻环境、新闻道德、新闻自由、新闻世界等进行新的阐释，以适应新的实际变化。[1]二是依据传统新闻活动时代没有的新现象和新实践，进行概念化提炼和抽象，创造、提出一系列新的基本概念，比如：围绕互联网新闻活动，逐步提出了网络新闻、博客新闻、微博新闻、微信新闻、平台新闻（媒体）、自媒体（新闻）、新闻生态等一系列基本概念；围绕数字新闻活动，提出了数字（数据）事实、数字新闻、数字媒介、数字生产、数字传播、数字消费等一系列概念；围绕智能新闻活动或人机互动新闻活动创造、提出了智能体（拟主体、准主体、赛博格人、虚拟电子人等）、机器新闻、人机互动新闻、智能新闻、沉浸新闻、元宇宙新闻等系列概念。所有这些概念化过程，不仅在建构新的新闻学概念体系，也在创造构建新的新闻学知识体系。我们已经隐隐约约看到当代中国新闻学新的概念体系、知识体系孕育出了自己的雏形。

对一个学科整体来说，其概念体系的演进、发展、完善，是一个漫长的过程。但可以肯定的是，随着新闻活动、新闻业本身的历史演进，传统新闻学的概念体系会被不断扬弃，新的概念还会不断被提出。进一步说，上面两个维度的概念体系一定会逐步“化合”形成一种有机统一的概念体系，但这可能还需要很长一段时间。如果两大维度的概念体系“化合”达到了比较成熟的程度，不同于传统新闻学的整体性概念体系也就建构起来了，超越传统新闻学时代的新的知识体系也就有了模样。在概念论视野中，当前的主要研究任务，一是要把更多的精力放在对既有概念的清理上；二是要展开对新现

[1] 在这一过程中，根源于传统时代的新闻学、传播学理论，大都经过互联网背景下的新检验、新探索，诸如把关人理论、议程设置理论、沉默螺旋理论、知识沟（信息沟、技术沟）理论等，都被重新研究。其他学派的一些理论，诸如批判学派的理论、媒介环境学派的理论，也在新的背景下得到了新的广泛的研究。

象、新问题的全面深入研究，逐步提出一批适应新实际的新概念；三是积极探索新老概念之间的关系，为统一概念体系的建构奠定坚实的基础。

尚需特别指出的是，在当代中国新闻学自主的概念体系建构中，尽管学界已经意识到马克思主义新闻学的概念体系应该与所谓普遍的新闻学的概念体系统一起来，形成中国特色新闻学的统一概念体系，然而，人们目前看到的情况仍然是“两张皮”，而且学界还在有意无意地强化这种现象，似乎在中国存在着两种新闻学，一种是一般的新闻学，另一种是马克思主义新闻学。学界好像也存在着两个不同的新闻学研究“阵营”。这样的现象再次提醒中国新闻学术界，要进一步认识当代中国新闻学的“中国性”。“当代中国新闻学是一种新闻学，并不是多种新闻学，现代新闻学、马克思主义新闻学、社会主义新闻学（中国特色社会主义新闻学）、无产阶级新闻学（‘党报’新闻学、‘党媒’新闻学）等，不过是从不同属性维度对当代中国新闻学的定性和描述，它们有机统一起来才能完整反映当代中国新闻学的性质和面目。至于传统新闻学（职业新闻学、专业新闻学）与‘后传统新闻学’（网络新闻学、数字新闻学、融合新闻学、新新闻学）的分类，只是从时间维度、媒介维度或范式转换维度等对当代中国新闻学的划分。”[1]因此，建构完整、统一的当代中国新闻学概念体系，依然任重道远。

总而言之，新概念的诞生不是随意的，新的概念体系的建构更是一个学术积累的过程，不是想建构就能建构起来的。因此，尊重知识生产机制、知识体系构建规律，是更新、完善概念及概念体系的内在要求。概念的更新、完善是一个持续不断的过程。知识体系构建中对概念体系的诉求，意味着概念体系本身的构建就是一项长期的工程。一套理论、一套知识体系必须由成系列的、成体系的概念来建构。这从本质上意味着，知识体系的建构是一个长期的过程，不可能一蹴而就，更不可能一劳永逸。

[1] 杨保军.全面认识当代中国新闻学的性质[J].国际新闻界，2022，44(7).

当代中国新闻学自主知识体系建构的“问题来源”渠道及其基本关系

杨保军

[摘　要]“问题体系”是“知识体系”的内在骨架，对一个学科问题体系的解答与阐释是建构知识体系的基本逻辑。建构当代中国新闻学自主的知识体系，关键是要发现并建构起科学合理的当代中国新闻学自主的“问题体系”。客观实际（实践）和学术传承（学脉）是当代中国新闻学自主知识体系建构中的两大问题来源渠道，新闻实践问题是新闻学脉问题的最终根源，新闻学脉问题是新闻实践问题的持续呈现，新闻实践与新闻研究的互动是问题呈现的基本机制。中国式现代化新闻业发展中面临的问题，是当代中国新闻学研究问题的主要来源之处。当代中国新闻学的整体特色、知识体系的独特内容，正是通过以时代化方式回答阐释中国式现代化新闻业发展中的核心问题而显示的、建构的。

[关键词] 当代中国新闻学；问题来源；客观来源；学术来源；来源渠道关系

建构自主知识体系的目的，简单点说就是：学术上发现问题、解释问题，实践上处理问题、解决问题，也就是为解释世界与改造世界提供知识、

[作者信息] 杨保军，中国人民大学新闻与社会发展研究中心研究员。

[基金项目] 教育部高等学校人文社会科学重点研究基地中国人民大学新闻与社会发展研究中心重大项目“当代中国新闻学自主知识体系构建研究”（22JJD860018）。

智慧与方法支持。[1]“所有学问的生发点，都是人世间的疑难、为难和畏难之处。学术不仅要发现问题，还要依据学科的轨迹探究问题，进入问题的深层机理。”[2]在知识论视野中，任何知识体系，实际上都是对相关问题体系的系统回答或阐释。“问题是时代的声音，回答并指导解决问题是理论的根本任务。”[3]知识体系是针对一定对象的解释体系、真理性的认识结果体系，具有一定的稳定性和开放性。对一定对象的研究解释，首先要将对象概念化、问题化，对问题的回答则形成一定的知识表述、阐释形式。只有关于对象的众多问题能够形成有机联系的问题逻辑或问题结构，才有可能通过对问题的系统阐释构建起关于对象的知识体系。可见，问题体系其实是知识体系的主体根源所在，对问题的回答或阐释实质上构成了知识体系的主体性内容。因而，建构当代中国新闻学自主的知识体系，关键是要发现并建构起科学合理的当代中国新闻学自主的“问题体系”[4]。本文从宏观视野中分析了当代中国新闻学自主知识体系建构中的“问题来源”问题，以为下一步系统分析“问题体系”本身的构成奠定初步的基础。

在新闻学特别是新闻理论视野中，所谓当代中国新闻学自主问题体系的来源，主要是指新闻研究问题的来源范围、来源之处。从一般意义上说，学术研究的问题来源主要包括两个大的方面：一是客观来源，即问题生发于实际变化，核心是指相关研究的问题来源于研究对象的概念化、问题化；二是

---

[1] 关于建构当代中国新闻学自主知识体系的根据与必要，以及建构当代中国新闻学自主知识体系的基本立场与基本目标问题，可参阅杨保军．构建当代中国新闻学自主知识体系的根据与必要[J]．国际新闻界，2022(11)；杨保军．建构当代中国新闻学自主知识体系的基本立场与基本目标[J]．编辑之友，2023(1)．

[2] 中国社会科学杂志经济学社会学编辑部．2022年社会学研究发展报告[N]．中国社会科学报，2022-1-9(10)．

[3] 王海峰．以问题导向谱写马克思主义哲学中国化时代化新篇章[N]．光明日报，2023-1-30(15)．

[4] 当然，问题体系与知识体系建构通常是一个统一的过程，这里主要是在逻辑上说，问题体系建构限于知识体系建构，因为没有问题，就不存在关于问题的回答和阐释。

学术来源，即问题生发于学术逻辑本身，主要是指相关研究的问题来源于学术传承或延续。当然，对一个具体研究来说，其问题来源是非常广泛的[1]，既可能来源于历史、现实中各种可能的矛盾现象（矛盾就是问题），也可能来源于研究者的个人兴趣、直觉甚或纯粹的理论想象，但这不是本文关注的主要问题。本文关注的是新闻学科在建构自身整体知识体系过程中问题来源的主要渠道及其关系。

一、当代中国新闻学问题体系的客观（实践）来源

实践是认识的动力，实际是问题的根源。从普遍意义上说，任何认识、任何理论问题的终极性来源地都是一定的客观对象，即客观存在物及人们的社会生活实际。因而，“实践没有止境，理论创新也没有止境”[2]。自然科学的研究问题来源于自然世界，人文学科和社会科学的研究问题来源于社会世界，即来源于人类生存、生产、生活实际，来源于人类广泛的社会实践活动。还有诸多研究问题来源于自然世界与社会世界的交融。当然，这只是从研究对象视野中对问题来源的一般说明。在实际研究活动中，任何问题的生成，都是在一定环境或场域中、在主客体相互作用过程中生成的。没有研究者对问题的发现和认知，在学术意义上，只能说问题是潜在的，而不是现实的。没有经过学术问题化的所谓问题，只能说是一种令人疑惑不解的现象，还不是真正能够展开研究的学术问题。

从学科意义上说，任何一个学科领域的研究问题，都主要来源于学科研究对象的问题化。不同学科对象领域的交融或界限模糊化，使得越来越多的客观领域成为诸多学科共同的问题来源；或者说，学科研究越来越成为个性

[1] 诸如，学脉接续性问题、反思批判性问题、前沿热点性问题、标新立异性问题、导师引导性问题、资料启示性问题等。

[2] 习近平 . 高举中国特色社会主义伟大旗帜　为全面建设社会主义现代化国家而团结奋斗——在中国共产党第二十次全国代表大会上的报告[N]. 人民日报，2022-10-26(1).

化的“学科研究视野”，导致“问题导向”性的研究成为学术研究中影响越来越普遍的一种现象。[1]问题与研究的关系，使得我们可以在总体上说，学术研究中关于客观对象问题化的质量，会高度影响学术研究的质量。没有好的问题，很难有好的研究。人们经常说的“发现问题比解决问题更重要”也含有这样的意味。因而，对一个学科来说，持续发现、凝结和建构高质量的问题体系，在整个学科的知识生产、知识体系建构中具有重要的基础意义或前提意义。

当代中国新闻学的问题来源同样遵循上述所说的基本学术逻辑。新闻实际或新闻实践是新闻学研究的基本对象，它是生产新闻知识、构建新闻学知识体系问题来源的关键所在。或者说，当代中国新闻学的问题体系，实质上是对当代中国新闻学研究对象问题化的集中反映和体现。因而，明确当代中国新闻学的研究对象，是建构当代中国新闻学问题体系的前提。进一步说，只有明确了当代中国新闻学的研究对象，我们才能真正明白当代中国新闻学研究的问题，也才有可能建构起以主要问题体系为基础的自主知识体系。依据当代中国新闻学的历史、现实和未来发展趋势，可以从客观对象角度对问题来源做出以下几个主要方面的理解。

（一）新闻活动的本体变革是学术问题变化的根本动力

从总体原则上说，尽管新闻学的研究对象在普遍意义上始终可以描述为或概括为新闻现象、新闻活动，但在新闻学研究自身的历史演进过程中，实际关注的主要对象是有所变化的，不同历史时期、历史阶段关注的重点对象

---

[1] 研究对象的客观交融，是造成问题导向研究的重要根源。这一方面说明，在当今环境中，人类社会各个领域的融合度越来越高，联系越来越紧密，传统意义上的政治、经济、文化、社会等界限区分不再那么清晰；另一方面则说明，任何一个学科领域面对的问题都变得越来越复杂，难以用单一学科的知识、理论和方法解决面临的问题。因而，研究视野的融合，跨学科、超学科的合作研究是一种必然的趋势。但在学科研究与问题导向研究之间，我们必须自觉到，高质量的问题导向研究必须以高质量的学科研究为基础。因此，每一学科做好自己的学科化研究仍然是首要的、基础性的任务。不然，所谓的多学科、跨学科研究只能徒有形式或虚名。

也是有差别的。[1]不同时代主导性的新闻活动主体类型[2]、新闻生产传播方式、媒介形态样式、收受使用方式、管理控制方式是不一样的。这些众多的不一样，说明不同时代人类新闻活动的本体状况是不同的。从现代新闻业的成形算起（以19世纪上半叶商业化、大众化报纸的形成为基本标志），人类新闻活动的主导方式经历了工业时代的印刷新闻业时代、广播新闻业时代、电视新闻业时代以及由“三大传统媒介”共同构成的传统新闻业时代；互联网的诞生与快速发展，将人类新闻活动的主导方式从整体上带入了信息时代（必须注意到世界范围内的不平衡现象）；如今在数字技术、智能技术等系列“技术丛”的支持下，人类新闻活动的主导方式正在开启智能化时代。这些大历史尺度上的宏观变革，是新闻学知识生产变革、知识体系变革的宏大背景和根本动力。

研究对象的本体性变化，或快或慢地会引发整个学科认识论、方法论的范式“转换”，也会激发新的研究视野的形成[3]、研究重点的“转向”，以至造

---

[1] 新闻学自身的历史表明，尽管在理论逻辑上新闻学研究的对象是新闻现象、新闻活动，但新闻学起初关注的主要是报业，因而被定性为“报学”；随后，由于广播新闻、电视新闻的诞生，也就有了广播电视新闻学。报学、广播电视新闻学共同构成了传统新闻学的实质内容。也就是说，传统新闻学关注的主要对象是职业新闻生产传播活动。但在互联网诞生及迅猛发展的大背景下，新闻学研究的对象迅速超越了传统新闻学的对象范围，开始真正关注作为普遍社会现象的新闻现象、新闻活动（这也可以看作研究对象的真实回归）。公众传播、群体传播与职业传播、专业传播的融合，已经造成了大大不同于传统新闻时代的景象，这意味着我们必须从当今及未来发展的可能性出发，去揭示当代中国新闻学问题体系的构成。

[2] 在新闻活动主体视野中，人类新闻活动经历了“民众主导时代”“职业主导时代”和正在展开的“融合主体主导时代”。参阅杨保军．新闻主体论［M］．北京：人民日报出版社，2016：45–54.

[3] 关于新闻学研究视野的多维化问题，可参阅［美］芭比·泽利泽．严肃对待新闻：新闻研究的新学术视野［M］．李青藜，译．北京：中国人民大学出版社，2022；［美］芭比·泽利泽．想象未来的新闻业［M］．赵如涵，译．北京：中国人民大学出版社，2022。芭比·泽利泽明确指出：“我们如果打算严肃对待新闻，就需要开发学术框架，这些框架能够像探讨新闻世界更连贯的维度一样，轻松地适应它的变幻莫测、消极阴暗和反复无常。所有这一切都支持通过一种必要的跨学科视角思考新闻和新闻研究的方式。”［美］芭比·泽利泽．严肃对待新闻：新闻研究的新学术视野［M］．李青藜，译．北京：中国人民大学出版社，2022：230.

成整个学科的时代化“转型”[1]。这意味着，当我们在目前环境中讨论当代中国新闻学自主知识体系中的问题体系建构时，不仅要承继传统新闻学的问题脉络，更要以当下新闻学实际关注的对象为主要根源去进行问题化的抽象和概括，至少要在传统新闻学研究对象及问题体系的基础上，对当前新闻学的问题体系作出新的探索和建构。

当代中国新闻学的“当代性”特别是“当前性”和“未来性”如何，在很大程度上取决于当代中国新闻学能否发现、揭示当代人类新闻活动实际、新闻实践的客观问题，特别是中国新闻实际、新闻实践的最新变化问题。研究对象自身的客观变化，始终是学术问题得以产生的源泉和动力。能否把诸多具有内在联系的问题有机化，建构起科学合理的问题体系、自主的问题体系，这是自主知识体系建构的基础。

（二）中国新闻实际是当代中国新闻学“问题体系”的核心来源

当代中国新闻实际、新闻实践始终是当代中国新闻学研究的核心对象，也是研究问题来源的核心所在。将本国新闻实际作为主要研究对象，这是世界各国新闻研究的普遍现象，也是哲学社会科学研究中的普遍现象，诚如有学者所说：“在一定意义上讲，国际社会科学就是各主要国家现代化经验的历史叙事。”[2]当代中国新闻学是世界新闻学的一部分，自然会关注整个人类新闻现象，也会关注世界各个地区、各个国家的新闻活动，但毫无疑问的是，当代中国新闻学会把中国的新闻现象当作“天然”的核心对象。这不仅决定了当代中国新闻学研究的问题主要来自本土新闻活动、新闻实践，更是从根

---

[1] 研究方向的各种“转向”，研究范式的多元“转换”，以至整个学科的“转型”，已经成为当前新闻学、传播学研究中的普遍现象，其最根本的原因是新闻现象、新闻活动的变革引起的、激发的。本体革命是认识革命的根源。因而，我们一直强调，如何依据新的事实建构起新的符合时代要求、适应并在一定程度上能够引领时代发展的新闻学自主知识体系才是关键所在。

[2] 杨光斌 . 历史政治学与中国自主知识体系的建构［N］. 光明日报，2023-2-13（15）.

本上决定了当代中国新闻学必然在根基上就具有自身的典型特征[1]，它首先要解决的是自身的问题，满足的是自身的需要，为本国的新闻发展、社会发展服务。

就当今的客观实际而言，尽管数字时代的新闻实践格局、新闻活动图景已经发生了革命性的变化，但在中国环境中，以“党媒”体系为主体的新闻业依然是当代中国新闻活动领域的核心力量，“党媒”体系依然决定着当代中国新闻生产传播的主导局面、塑造着当代中国新闻的宏观景象。以“党媒”体系为主体的新闻业，是中国式现代化新闻业的“主心骨”，也是中国式现代化新闻业最为突出的特色，它决定着当代中国新闻业发展的整体方向。中国式现代化新闻业，也是中国式整体现代化事业的重要组成部分，这是不可否认的客观事实。这样的主体事实，决定了当代中国新闻学的主体面目。

在学术视野中，尽管当代中国新闻学研究的对象在不断扩展，但核心对象依然是“党媒”体系的新闻实践。“党媒”体系的新闻实践，理应是当代中国新闻学必须关注的主要对象。只有抓住这一核心对象，才能抓住当代中国新闻学的真正核心。进一步说，以“党媒”体系为主体的中国式现代化新闻业发展问题，始终是当代中国新闻学问题体系中的“核心问题”体系或“主导问题”体系。这就是说，中国式现代化新闻业发展中面临的问题，就是当代中国新闻学研究问题的主要来源。而能够解决中国新闻发展问题的新闻学，才称得上中国新闻学。“由实践（而非理论）出发所发现的问题，更有可能是所研究国家自身的内在要求。”[2]只有把回答、阐释如此问题当作核心任务，只有能够为解决如此问题提供理论指导，当代中国新闻学才能显示出自身特有的“中国性”“时代性”，才能显示出新闻学知识体系的“中国自主性”。也就是说，任何偏离中国式现代化新闻业的新闻学研究，即任何偏离以“党媒”

[1] 杨保军，李泓江 . 新闻理论研究的当代中国特征［J］. 新闻界，2018（2）.

[2] 黄宗智 .“实践社会科学系列”总序［M］// 李怀印 . 现代中国的形成（1600—1949）. 桂林：广西师范大学出版社，2022：总序 3.

体系新闻舆论活动为主体对象的新闻学研究，都很难成为当代中国新闻学研究的主流，也不可能建构起当代中国新闻学自主的知识体系。

（三）“后新闻业时代”的展开生发出大量的时代性问题

在更为广阔的发展视野中，我们看到，当代中国新闻实际已经超越了“传统新闻业时代”的整体格局，开启和展开了全新的“后新闻业时代”[1]。这种时代性的变革，冲破了专业新闻媒体系统的垄断地位，冲击了“党媒”体系在新闻生产传播领域中的权威地位。应该说，当今中国新闻领域已经在相当程度上形成了更加全面、广泛、整体性的社会化新闻活动局面、融合新闻活动态势。[2]或者说，这样的历史性变革，在实践意义上，对以“党媒”体系为主的中国式现代化新闻业发展带来了不小的甚至是严峻的挑战；在学术意义上，则给当代中国新闻学创造了一些前所未有的研究对象，使其必须面对更加纷繁复杂的问题境遇。

社会的整体发展，特别是互联网的诞生与演进，数字技术、智能技术的日新月异，创造了巨大的新闻生产力，改变了传统的新闻生产方式，造就了全新的传媒领域，生成了前所未有的媒介生态、新闻生态，释放出了巨大的激活性、解放性能量，使得新闻交往、新闻关系正以新的时代方式展现在人们面前，新闻活动已经成为贯穿、弥漫在人们日常生活世界中的重要生活方式，或者说，成为生活世界中具有强大发散性的一维。多元新闻生产传播主体的共在与融合，不同新闻类型的共在与融合，新闻传媒产业与其他产业的共在与融合，以及新闻业在社会结构中的地位变化等，都会生发出巨量的实际问题。新闻实践要更新发展，需要以实践方式迎接挑战、解决问题，而新闻学要想跟上时代步伐，建构具有引领性、前瞻性的知识体系，就必须将客观问题学术化，并积极探索这些问题、回答这些问题。当然，无论在实践上

---

［1］ 杨保军．再论“后新闻业时代”［J］．编辑之友，2022（10）．

［2］ 杨保军，李泓江．新闻学的范式转换：从职业性到社会性［J］．新闻与传播研究，2020（8）．

还是在学术上，人们不可能在短时间内解决所有的难题，但这并不影响实践与学术的不断探索与创造。“知识不能解释自身的困境也不影响知识的继续发展”[1]，知识总是向着未知，因而知识生产、知识创造，更不要说知识体系的建构，总是充满挑战、冒险和刺激，着急、焦虑就更是常见的事情了。事实上，快速变化的世界，飞速发展演进的新闻领域，使当代中国新闻学研究者深感焦虑和压力，总觉得学术研究跟不上实践的步伐。但焦虑归焦虑，新闻知识的生产创造活动依然在焦虑、着急中继续展开。何况，知识生产、体系建构是一件需要“慢慢来”才能做好的事情。

以新闻现象、新闻活动为对象的新闻学，必须面对“天翻地覆”式的变革；当代中国新闻学必须面对中国新闻现象、新闻活动整体的变革局面。尽管如上所说，以“党媒”体系为主体的新闻实践依然是当代中国新闻学关注的核心对象，但在“党媒”体系新闻实践之外的那些更加广泛的新闻实践活动也必须成为关注的对象。实事求是地说，“党媒”体系之外的新闻生产传播实践，新闻交往交流活动，对数字环境中的社会大众来说，有着更为广泛、普遍、巨大、常态的作用和影响。也就是说，“党媒”体系之外的新闻现象、新闻活动是当代中国新闻学研究中更为广泛的也是更新的问题来源。对这些新问题的回答阐释，在很大程度上影响甚至决定着我们能否建构起真正时代化的新闻学自主知识体系。

以“党媒”体系为主导的职业新闻、专业新闻与各种类型的社会化新闻（可以笼统地称为非职业新闻、非专业新闻）之间的关系，是当代中国新闻学在自主知识体系建构过程中必须关注的重要现象，蕴藏在这些现象中的大量问题，是当代中国新闻学必须回答阐释的急迫问题，它关系到中国式现代化新闻业的未来发展。在学术视野中，当代中国新闻学只有尽快扩展自己的研究对象，关注这些新生的对象和问题，才有可能建构起更为完备的时代化的

[1] 赵汀阳.人工智能的神话或悲歌[M].北京：商务印书馆，2022：2.

新闻学（更为完整全面的新闻学），才能建构起更为完备的时代化的新闻学自主知识体系。从可见的未来发展趋势看，这样的新闻学、这样的新闻学知识体系才是充满希望的新闻学，才是富有生命力的新闻学知识体系。实际上，所谓加快构建当代中国新闻学自主知识体系，最艰巨的任务是必须针对新的对象和问题，尽快提出新的概念，创造新的观念，生产新的知识。

（四）中国新闻与世界新闻的关系变化是越来越重要的问题来源

当代中国，已经是全面复兴中的中国，是不断走向世界舞台中心的中国。“中国不再只是中国人的中国，也不再只是周边国家的中国，中国也已经成为人类的中国，世界的中国。”[1]这意味着，在“世界结构中国，中国结构世界”的“互相嵌套”式的新的世界历史进程中，中国在政治、经济、文化、技术等各个领域的观念主张、实践行动，都会对整个人类的相关活动形成越来越大的作用和影响。与此相应地，处于信息交流、舆论交流、文化交流、文明交流前沿阵地的中国新闻，必然与世界新闻发生更加紧密的联系。因而，中国新闻与世界新闻的关系领域必然成为当代中国新闻学研究问题的重要来源之处。

以中国为视角，我们需要向世界说明中国、解释中国、传播中国，需要“加快构建中国话语和中国叙事体系，讲好中国故事、传播好中国声音，展现可信、可爱、可敬的中国形象”[2]；与此同时，我们需要认识世界、理解世界，以中国立场、中国观念、中国方式“讲好世界故事”，争取与世界形成良性的互动关系。这自然需要我们“加强国际传播能力建设，全面提升国际传播效能，形成同我国综合国力和国际地位相匹配的国际话语权”[3]。所有这些

---

［1］ 邱泽奇．中国人的习惯［M］．北京：北京大学出版社，2022：223.

［2］ 习近平．高举中国特色社会主义伟大旗帜　为全面建设社会主义现代化国家而团结奋斗——在中国共产党第二十次全国代表大会上的报告［N］．人民日报，2022-10-26（1）.

［3］ 习近平．高举中国特色社会主义伟大旗帜　为全面建设社会主义现代化国家而团结奋斗——在中国共产党第二十次全国代表大会上的报告［N］．人民日报，2022-10-26（1）.

“需要”的实践和实现，当然不是中国新闻可以单一承担的，而是关涉方方面面的共同努力。仅就中国新闻与世界新闻的关系领域而言，无疑包含着大量需要探讨和回答的问题。对这些问题的回答和阐释，也是当代中国新闻学整体自主知识体系的有机构成部分，并且可以毫不夸张地说，在中国不断深化扩大改革开放、全面走向世界的历史进程中，在人类命运共同体逐步形成的过程中，有关国际传播、全球传播的知识体系，在整个新闻传播学自主知识体系建构中必然具有越来越重要的地位和作用。

二、当代中国新闻学问题体系的学术来源

所谓研究问题的学术来源，主要是指问题不是直接来源于研究对象的当前变化或相关实践活动的最新发展，而是来源于既有的学术逻辑或学术研究传承。学术研究或知识生产活动，无论对于个体还是学术共同体，大都不是一劳永逸的事情，很多问题的研究都需要持续用力，需要代际之间的传承、学脉的延续。因而，后续的或后继者的研究问题，往往表现出“老问题”的面目，或是从老问题生发、衍生、延展出来的新问题。事实上，正是这样的学术传承、学脉延续，才构筑起一个学科的历史面目和历史存在。关于当代中国新闻学问题体系的学术来源现象，我们可以着重从以下几点进行理解。

（一）学科基础问题会不断以时代性面貌呈现

依据现代学科的发展实际，不难发现，尽管任何一个学科都是历史性的存在，在不同的历史时期面对的主要问题可能有所不同，但每个学科都有奠定学科根基的基本概念、基本问题、基本框架。这些基本概念、基本问题在学科发展的不同时期有可能获得新的含义，但至少在概念形式、问题形式上是大致稳定的。一个学科正是通过对基本概念、基本问题的时代性回答，呈现出自身时代性的面貌。

同样，当代中国新闻学是对既往世界新闻学、中国新闻学的扬弃，是对

过往所有新闻学优秀研究成果的继承和发展，这自然决定了当代中国新闻学所关注、研究的问题一定拥有自身的学术传承性、延续性。新闻学科像所有人文学科和社会科学学科一样，在历史演进过程中形成了事关自身学科基本框架、基本体系、基本内容的一些基本概念和基本问题。仅就此处我们关注的“问题”角度而言，诸如新闻现象的发生起源问题、新闻本体本原问题、新闻本质属性问题、新闻认知真实问题、新闻功能价值问题、新闻伦理道德问题、新闻规律问题等，不管新闻实践方式、活动方式如何变化，只要新闻学科存在、新闻理论研究持续，这些问题就会得到不断的探索和回答。事实上，类似这样的问题，对任何一种类型的、模式的或“主义”的新闻学来说都是比较稳定的“问题体系”[1]。正是通过对这些问题的回答和阐释，一种新闻学才建构起了自己的相对比较稳定的基本模样或知识大厦。不同时代的新闻学正是以时代的方式，通过对这些相对稳定问题作出时代性回答，呈现出新闻学时代性的主体面貌。

（二）当代中国新闻学拥有自身学术传统延伸的特色问题

当代中国新闻学作为拥有自身特色的新闻学，不仅需要以时代方式回答新闻学科得以延续存在的基本问题，还要持续以时代方式回答维持自身特色的传统问题。[2]一种有独立特色、独特个性的新闻学，自然拥有一套有特色、有个性的标识性概念体系，有特色、有个性的标识性问题体系。不管是学术性的概念体系还是问题体系，都是以实际、实践为根基在学术研究、理论探索的进程中逐步形成的。其中的一些基本概念、基本问题一旦形成，便会逐步稳定下来，成为建构整体理论大厦、知识体系比较长久甚至是恒久的基础。这样的问题在学术发展与传承中，会一代接一代地延续下去，成为近乎永不过时的问题，是学术研究中稳定的问题资源。

---

[1] 杨保军．论新闻学“基本问题”的体系构成[J]．社会科学战线，2020(1)．

[2] 杨保军．论当代中国新闻学的“特色问题”[J]．当代传播，2020(2)．

具体一些说，新闻业的党性问题、人民性问题，党性与人民性的关系问题，新闻宣传（新闻舆论）工作的性质功能问题，舆论引导问题，正面宣传为主问题，新闻、宣传、舆论之间的基本关系问题等，都是中国“革命时代”党报思想、党报理论就已形成的重要问题。在学术研究视野中，这些问题延续传承至社会主义“建设时代”“改革开放时代”[1]，依然是当代中国新闻学的重要问题。在新闻学术领域，人所共知，这些问题是事关当代中国新闻学马克思主义性质、无产阶级性质、社会主义性质、人民性质等根基性的问题。[2]这些问题，既是凸显当代中国新闻学自身特色的核心问题，也是建构当代中国新闻学自主知识体系的关键问题。当代中国新闻学的整体特色、知识体系的独特内容，正是通过以时代化方式回答阐释这些历史传承问题来生成的、显示的。如果这些问题在中国新闻学的学脉中淡化了、消亡了，或者得不到足够的重视，那当代中国新闻学也就没有了自身的特殊根基，所谓建构当代中国新闻学自主的知识体系也就徒有虚名。

（三）学脉传承中会产生大量的具体学术问题

在当代中国新闻学自主知识体系建构过程中，大量具体的研究问题都有自己的学术传承、学脉延续。尽管新的实际变化会产生出前所未见的新问题，但在学术研究、知识生产中，仍然会有大量的问题是学术传承而来的问题。

拥有初步学术研究经验的人都会知道，我们研究的绝大多数学术问题都不是我们自己原创的问题，也很难是填补空白的问题，而是从既有研究成果或正在进行的研究中延伸出来的问题、发散出来的问题。也就是说，学术研究中的很多问题其实来自学脉的传承，来自不同学术研究主体间的互动与启

[1] 在中国共产党党史视野中，或是在中国社会主义史视野中，人们通常将中国历史分为三个大的历史时代：从中国共产党成立到 1949 年中华人民共和国成立之前，称为“革命时代”；从中华人民共和国成立到 1978 年中共十一届三中全会召开前，称为社会主义“建设时代”；从中共十一届三中全会召开至今，称为“改革开放时代”。

[2] 杨保军．全面认识当代中国新闻学的性质［J］．国际新闻界，2022（7）．

发。即使是一些所谓来自实践的问题，就当下的情境而言，其直接来源却往往在于学脉的传承，即一些传统的学术问题需要在新的环境中做出新的回答和阐释。许多新的观点、见解甚至新的理论创造常常是在用新事实检验老问题的过程中形成的。在学术研究中，没有对学术积累的基本把握，没有对学术脉络的清晰了解，是不大可能将客观问题转化为学术问题的。因而，对学术研究者来说，认识和理解学术传承中的问题其实是整体问题意识的基础。

三、两种问题来源渠道的基本关系

在当代中国新闻学自主知识体系建构的问题来源上，我们可以从逻辑上将问题来源分为客观来源和学脉来源，但在实际的学术研究、知识生产活动中，两种来源往往是交融在一起的。学术问题来源更多时候是混合的，不是单一的。大多问题并不纯粹，而是各种属性问题的统一体。因而，需要对两种来源的基本关系加以进一步的简要阐释。

（一）新闻实践问题是新闻学脉问题的最终根源

实践的观点是马克思主义哲学认识论首要的和基本的观点。马克思主义哲学的突出特点之一就是“它的实践性，强调理论对于实践的依赖关系，理论的基础是实践”[1]。实践不仅是认识的根源、认识的基本动力，也是检验认识正确性、合理性的最终标准。在这一意义上，我们可以说，学术研究、学脉传承中的问题，其最终根源只能来自人类的实践活动。对实践应用性很强的新闻学科来说就更是如此，诚如有学者所说的那样，“新闻传播学作为应用型学科，其研究须始终保持对现实问题的关切”[2]。

马克思讲过一句人们耳熟能详的话：“哲学家们只是用不同的方式解释世

[1] 毛泽东选集（第1卷）[M]. 北京：人民出版社，1966：261.

[2] 宋建武，黄淼，陈璐颖. 中国媒体融合转型[M]. 北京：中国人民大学出版社，2022：前言2.

界，问题在于改变世界。”[1]这一关于“解释世界”与“改造世界”关系的思想，对于我们分析理解“实践问题”与“学脉问题”的关系具有重要的方法论意义。当代中国新闻学自主知识的生产、自主知识体系的建构，并不是为了纯粹的学术目的、理论目的，即并不是仅仅为了解释新闻现象，揭示新闻活动的规律，而是有进一步的实践追求，这就是通过自主知识体系的建构，为实践服务，其中最为重要的是为当代中国式现代化新闻事业的发展服务，为现实的新闻实践提供知识支持、理论智慧甚至是前瞻性的观念引领。[2]

当代中国新闻学自主知识体系的建构主体[3]，能否建构起真正能够解决中国新闻实践问题的新闻学知识体系，关键在于当代中国新闻学所关注、研究的问题是不是真正来源于新闻实践。中国式现代化新闻业有自己的历史实践方式，有自己当前的实践特点、未来的实践期望，所有新闻研究学脉传承中的问题，当下新闻研究关注的问题，根源都在于新闻实践、在于新闻实践中存在或产生的客观问题。

（二）新闻学脉问题是新闻实践问题的持续呈现

新闻实践中的问题，只有转换为新闻学术研究中的问题，研究者才能展开真实的学术研究，并通过学术研究这个“中介环节”最终解决实践中的客观问题。不然，实践中的问题只能是一种现象性的自然存在，人们看到的是障碍、遇到的是矛盾、感受到的是困惑，往往只能凭借历史积淀的实践经验、实践智慧、实践方法去直接解决问题。事实上，新闻活动者对新闻实践中遇到的大量具体问题的解决，采用的正是这样的基本方式。

然而，现代科学方式的诞生与持续发展，为人们解决实践活动中的问题

---

[1] 马克思恩格斯文集（第一卷）[M]. 北京：人民出版社，2009：191.

[2] 杨保军 . 建构当代中国新闻学自主知识体系的基本立场与基本目标[J]. 编辑之友，2023（1）.

[3] 关于当代中国新闻学自主知识体系建构主体比较系统的论述，可参阅杨保军 . 建构当代中国新闻学自主知识体系的主体构成及其关系[J]. 当代传播，2023（1）.

提供了全新的方式。新闻领域同样如此，在实践意义上，新闻学就是为解决新闻实践中的问题而诞生的、发展的。并且，随着人类新闻活动的丰富化、复杂化，新闻学研究的意义、价值也越来越大。新闻实践特别是作为一种事业、产业的新闻业，在遇到重大的、重要的时代性问题时，越来越需要以理性的、科学的方式来解决。只有用理性、科学的方式，实践中的客观问题才能得到更为有效、长久、根本性的解决。当代中国新闻学之所以要把建构自主的知识体系作为学科发展的战略性任务和目标，其中最为重要的原因就是要为当代中国式现代化新闻业的发展提供科学、合理、稳定、长久的解决重大问题的“知识支持”。

具体一些说，新闻实践中的客观问题，一经转化为学术研究中的问题，研究者就可以设想通过什么样的理论、运用什么样的具体科学研究方法去解决问题。实际上，学脉中的所有问题，都是实践问题经过“学术问题化”转化的结果。因而，从原则上说，所有学脉中、学术研究中的问题，也都是新闻实践中客观问题的学术化呈现。有些学术问题之所以能够在学脉延续中长期传承下来、持续呈现在研究者面前，成为学术研究中具有“永恒意味”的问题，就是因为这样的问题本身就是新闻实践活动中具有“永恒意味”的客观问题。比如，不管新闻活动进化出什么样的生产方式，传播方式，消费使用方式，管理、治理、控制方式，新闻真实问题、新闻价值问题、新闻伦理道德问题等，对新闻学研究来说，都是恒久的问题；又如，不管当代中国式现代化新闻业如何发展变革，党性原则问题、党性与人民性的关系问题、舆论引导问题、正面宣传为主与舆论监督相统一的问题等都是当代中国新闻学自主知识体系建构中持久稳定的问题。当然，所有问题的具体内容都会发生历史性、时代性的变化，但作为实践问题的学术问题化呈现形式，它们是稳定的。而更多丰富多彩甚至令人眼花缭乱的学术问题，本质上都是新闻实践中各种最新客观问题的呈现方式。

如此看来，当代中国新闻学研究者，需要持续关注当代新闻实践的发展变化，这样才有基础和可能将实践中的客观问题不断转化为学术问题，并使其以学术问题的方式呈现出来。

如果觉得新闻学研究中没有问题可研究，那一定是研究者已经脱离了新闻实际、脱离了新闻实践，因而，新闻学术研究也就不大可能解决实际问题了。实事求是地说，当前的新闻学研究，确实存在着“重史论”“轻实际”的问题，所以有不少研究者发出了新闻学研究需要“实践转向”的呼声，或者要重视“史论用”三者之间的平衡问题。[1]

（三）新闻实践与新闻研究的互动是问题呈现的基本机制

新闻实践中生成的客观问题、存在的实际矛盾是学术问题的根源，学脉中的问题是客观问题经过学术问题化的呈现。这恰好说明，新闻实践与新闻研究的互动是学术问题得以形成、呈现的内在机制，具体可以从以下两个主要方面加以理解。

一方面，实践变动可以激发相关学术问题的生成。在学术视野中，新闻实践中越是大的、剧烈的变动，越是易于激发研究者的关注，激发出探索的欲望和驰骋的学术想象。从大的历史尺度上看，每当新闻媒介、新闻技术发生了革命性的变化，就会激发出时代性的学术问题。就近几十年的新闻实践而言，正是因为互联网的诞生、社交媒体的风行、数字技术和智能技术的飞速发展，才造就和展开了一个全新的“后新闻业时代”“融合新闻时代”[2]。在这样的宏观背景下，中国式现代化新闻业也呈现出了全新的新闻生态结构。正是这些结构性的变革，生发出大量前所未有的新的客观问题，诸如数字新闻问题、融合新闻问题、人机结构互动中的新闻问题、“拟主体”或“准主体”

[1] 杨保军，樊攀．马克思主义新闻观研究的“转向”：从“史论偏重”到“史论与实践并重”[J]．新闻与传播研究，2022（4）．

[2] 杨保军．再论“后新闻业时代”[J]．编辑之友，2022（10）：5-13.

性的“智能体新闻”“元宇宙新闻”问题。[1]所有这些客观变化、实践问题，也促使当代中国新闻学整体“转型”式地迈开了“下一步”[2]，开始探索建构整体的“数字新闻学”“融合新闻学”“智能新闻学”。而从知识生产角度看，当代中国新闻学面临着尽快从“传统新闻学”向“新新闻学”的转型，必须加快构建适应新时代要求的自主知识体系。

另一方面，足够的新闻学术积累及其他人文社会科学甚至包括自然科学、技术科学知识的积淀是从新闻实践中发现问题的“资本”。个体研究者直至一定的学术共同体，如果没有足够的学术经验、知识积累、理论素养，无论客观实际如何变化、新闻实践如何日新月异，都不大可能将客观问题（表现为客观上的障碍、矛盾，主观上的疑惑、焦虑）转化为恰当的学术问题。若是实现不了实践问题的学术化转化，学术研究就难以展开，所谓的知识生产、理论创新、知识体系建构就是空话。

具有一定学术研究经验的人都知道，一旦步入学术研究的轨道，深入一个相对稳定的学术研究领域，就会发现，可能正是因为实际的变化，需要我们对传统的学术问题、过往的研究问题做出新的审视和回答；可能正是因为学术研究问题的逻辑延伸，要求我们必须观察实际的最新变化与可能的发展趋势，从而对相关问题作出最新的分析和回答。而在具体研究活动中，问题的来源渠道是多样的，既离不开理性的细致观察与分析，也需要学术的直觉、顿悟与想象。但不管属于哪种情况，只有具备足够的学养储备、学术眼光、学术敏感，才能从客观实际、实践的现象中、变化中发现值得探索研究的学

[1] 对于这些问题的初步思考和研究，可参阅杨保军．再论“人工智能新闻生产体”的主体性[J]．新闻界，2020（8）；杨保军．“融合新闻学”：符合时代特征的总名称——关于“后新闻业时代”开启后新闻学命名问题的初步思考[J]．新闻界，2022（1）；杜骏飞．数字交往论（1）：一种面向未来的传播学[J]．新闻界，2021（12）；陈昌凤．“新闻”的再定义：元宇宙技术在媒体中的应用[J]．新闻界，2022（1）；彭兰．数字新闻业中的人—机关系[J]．新闻界，2022（1）.

[2] 杨保军．新闻学的“下一步”[J]．新闻与写作，2021（11）.

术问题。人们能够看到什么，并不完全是由所看的对象决定的，更为关键的是取决于人们拥有什么样的“眼睛”。

四、余论

知识体系的内容与形式，反映着一种文化的精神面貌，体现着一种文明的特殊魅力。而就当代来看，一个社会、一个国家文化、文明水平的突出标志，在人文维度上便是看其哲学社会科学的发展状况。因而，“加快构建中国特色哲学社会科学，归根结底是建构中国自主的知识体系”[1]，它对国家、民族的发展具有长远的战略意义。但无论多么宏大的知识体系建构战略工程，最终还是要落实在各个具体学科、具体领域的知识体系建构上，落实于实实在在的问题研究上。

就知识与问题之间的关系而言，“问题体系”是“知识体系”的内在骨架，对一个学科问题体系的解答与阐释是建构知识体系的基本逻辑。基于这样的基本认知，本文分析了当代中国新闻学自主知识体系建构中的“问题来源”问题，认为客观实际（实践）和学术传承（学脉）是两大问题“源泉”或问题来源渠道。这两大来源渠道的基本关系是：新闻实践问题是新闻学脉问题的最终根源，新闻学脉问题是新闻实践问题的持续呈现，新闻实践与新闻研究的互动是问题呈现的基本机制。文中还特别提出：当代中国新闻学的整体特色、知识体系的独特内容，正是通过以时代化方式回答阐释中国式现代化新闻业发展中的核心问题而显示的、建构的。因而，以学术方式观察、分析、凝结、提炼中国式现代化新闻业发展中的实际问题，其实是建构新闻学自主知识体系的关键所在。

当然，在人类越来越成为命运共同体的世界历史进程中，我们始终不应忘记，更不应忽视，在建构当代中国新闻学自主的知识体系过程中，不管是

[1] 习近平在中国人民大学考察时强调　坚持党的领导传承红色基因扎根中国大地　走出一条建设中国特色世界一流大学新路[N]. 人民日报，2022-4-26（1）.

来自实践的问题，还是来自学脉传承的问题，其“来源地”不只是中国，还有中国以外的世界，以及中国与世界的关系领域。只有处理好中国问题来源与世界问题来源的关系，当代中国新闻学自主知识体系才会不仅具有鲜明的“中国性”，同时也会具有不可或缺的“世界性”；不仅具有充足的中国价值，同时也会具备一定的世界意义。当代中国新闻学自主知识体系建构不仅要有中国根基，同时要有世界眼光、人类胸怀，“中国新闻传播学知识体系，应既具有自主性、中国性，又融通中外，具有世界意义，能够为解决全球范围的重大问题提供中国原创性理论贡献”[1]。

问题，就是有待解决的矛盾；矛盾，就是对象内外的关系纽结；打开它，学术就见光明、思想就能起飞。问题是知与不知的统一。知不是问题，无知也不是问题。问题是从“无知”向“知”过渡或跨越的桥梁。问题，是对不明关系凝结成的命题，是对可疑现象的描述，是对不解疑问的概括、总结。学术问题有真问题有假问题，有好问题和孬问题。真问题可能产生真学术，好问题可能产生好学术。问题不一定都有答案，更不一定都能找到答案，但没有问题，一定是知识生产、知识体系建构中的最大问题。

[1] 高晓虹，涂凌波，郑石．建构中国新闻传播学知识体系的思想方法和基本路径[N]．光明日报，2022-11-4(11)．

论当代中国新闻理论“标识概念”的基本构成及其主要关系

杨保军

［摘　要］当代中国新闻学发展到今天，已经形成了由历史新闻学、应用新闻学、理论新闻学和交叉新闻学四大分支构成的比较完备的学科结构，其中，历史新闻学是根源，应用新闻学是基础，理论新闻学是灵魂，交叉新闻学是延伸。当代中国新闻学的标识概念是由四大分支领域的标识性概念构成的。本文主要从理论新闻学三大分支——新闻本体论、新闻业态论、新闻关系论——出发，初步分析了当代中国新闻学标识概念的基本构成情况。论文提出，在新闻本体（新闻本身）论视野中，标识概念主要有“正面事实”“正面新闻”“整体真实”等；在新闻业态论视野中，标识概念主要有“党媒”“耳目喉舌”“党性”“人民性”“马新观”“新闻舆论”“正面宣传（报道）”“正确舆论”“舆论引导”“全媒体”“媒体融合”等；在新闻关系论视野中，当代中国新闻关系的典型表现模式是“偏向型”模式——宣传偏向、政治偏向与社会偏向，标识概念主要有“人民中心”“新闻手段”等。尽管每一板块都拥有各自的标识概念，但由于新闻理论本身是体系化的存在，因而三大板块的标识概念本质上也是内在统一的，它们共同构成了新闻理论的标识概念体系。

［关键词］当代中国新闻理论；标识概念；基本构成；主要关系

［作者简介］杨保军，中国人民大学新闻与社会发展研究中心研究员。

［基金项目］教育部高等学校人文社会科学重点研究基地“中国人民大学新闻与社会发展研究中心”重大项目“当代中国新闻学自主知识体系构建研究”（22JJD860018）。

经过70多年的曲折演进，当代中国新闻学发展到今天，已经形成了由历史新闻学、应用新闻学、理论新闻学和交叉新闻学四大分支构成的比较完备的学科结构，这也是当代中国新闻学的宏观构成方式。[1]我们可以大致说，历史新闻学是根源，应用新闻学是基础，理论新闻学是灵魂，交叉新闻学是延伸。每一分支特别是前三个分支积淀到当今已经形成了自己的基本概念体系。从宏观上说，当代中国新闻学的标识概念是由四大分支领域的标识性概念构成的。关于当代中国新闻学标识概念的构成分析，就是关于这四大分支体系标识概念体系的分析。但就实际情况而言，任何一种新闻学的核心观念（理念）、关键思想和理想信念主要体现在其新闻理论之中。因此，这里，我们主要从当今理论新闻学分支出发，分析当代中国新闻学标识概念的构成（关于标识概念本身的一些基本问题，我有多篇论文已经做过讨论，本文不再重复）。[2]就当代中国新闻理论模式生态来看，占据主导地位的模式是板块结构模式。新闻理论界通常将新闻理论分为“三大板块”：新闻本体论、新闻业态论（新闻业理论）和新闻关系论。尽管不同板块之间具有内在的联系与统一性，但每一板块都有自身的核心内容，因而自然拥有各自的概念体系和标识概念。由于无论从历史脉络来看，还是从当下新闻理论整体结构图景来看，

---

[1] 新闻学术界通常把新闻学科分为三大分支——历史新闻学、应用新闻学和理论新闻学，但随着新闻活动与其他社会领域的关系越来越紧密，跨学科新闻学迅速勃兴，已经形成了比较广泛的影响，诸如新闻文化学、新闻社会学、新闻法学、新闻政治学等，正在成为热门的研究领域。因而，将当前的新闻学分为四大分支更加合理、更符合实际。但跨学科新闻学或交叉新闻学本身还没有形成相对比较成形的理论框架，也没有形成跨学科新闻学自身的概念系统。

[2] 关于当代中国新闻理论标识概念的一些前提问题讨论，有兴趣的读者可参阅杨保军．当代中国新闻学“自主概念”的来源[J]．当代传播，2024(1)；杨保军．确立当代中国新闻理论“标识概念”的基本标准[J]．新闻记者，2024(2)；杨保军．当代中国新闻学的“标识概念”：实质特征与地位作用[J]．编辑之友，2023(12)．

都存在着不同模式的新闻理论体系建构方式[1]，这意味着，不同的理论模式或不同的理论范式，可以从自身的体系结构方式出发，去考察、分析自身概念体系、标识概念体系的构成方式。这就是说，我这里从板块结构模式出发的标识概念构成分析，只是提供了一种初步的参照方式。[2]

一、"新闻本体论"视野中的标识概念构成

新闻本体论就是围绕"新闻是什么"这一核心问题建构的新闻学基础理论。新闻本体理论不只是关于"新闻本体"本身是什么的理论，而且是关于"新闻本身"系列基础问题的理论，主要包括新闻本原论、本源论、新闻属性论、新闻认识论（真实论）、新闻传播论、新闻价值论等。新闻本体论是整个新闻理论大厦的根基，每一种类型的新闻学或新闻理论，都会建构自己的新闻本体论，必然会提出标识性概念或对共有的概念形式作出个性化的（标识性）解释。

"新闻"是所有类型新闻学的"第一概念""元概念"，它对任何一种类

---

[1] 我曾经主要以新闻理论教材为依据，将当代中国新闻理论的结构模式分为这样几种类型：拉斯韦尔模式、离散性四元结构模式、板块结构模式、一分为二的结构模式、以新闻活动范畴为红线的结构模式等。参阅杨保军．简析当前我国新闻理论教材的主要结构模式[J]．今传媒，2009（4）．

[2] 我在相关论文中提供了两种考察新闻理论概念体系结构的基本思路：一是树形结构方式（概念树），这是一种"纵向"的概念体系描述方式；二是网络化结构方式（概念网），这是一种相对"纵向"描述的"横向"描述方式。这两种思路逻辑性较为严谨，强调学科理论概念体系的整体性。这对研究者提出了非常高的要求，必须对整个学科理论有透彻的理解，对概念体系有熟练的把握，这样才能真正描述清楚概念体系中所有概念之间的逻辑关系。实事求是地说，我们现在还难以作出这样的概念体系描述。以逻辑严谨、完整统一的概念结构方式描述当代中国新闻理论的概念体系，之所以目前还难以实现，不仅是因为结构搭建本身的困难，更大的问题其实在于当代中国新闻理论事实上还没有建构起这样的概念体系。因而，在传统新闻理论概念体系基础上，尽快建构起符合时代要求的新闻理论概念体系，才是当前新闻理论基础研究的首要任务之一。参见杨保军．论当代中国新闻学自主知识体系之"概念体系"的建构[J]．新闻界，2023（5）．

型的新闻学都是标识性概念。更准确地说，任何一种类型的新闻学，在回答“新闻本体是什么”这一问题时，都会从源头和根本上奠定自身新闻本体论的立场和性质，自然会延及影响一种新闻学、新闻理论在新闻认识论（真实论）、新闻传播论、新闻价值论上的基本态度与原则。甚至可以说，对新闻本体有什么样的回答，就会对新闻真实、新闻传播原则、新闻价值等是什么的问题作出什么样的回答。

当代中国新闻学是马克思主义性质的新闻学，它从马克思主义的历史唯物主义与辩证唯物主义立场出发，将“（客观）事实”确立为新闻的本体（本原）、本源，进而在认识论视野中，将新闻界定为对事实的反映和呈现。[1]这意味着：在新闻真实论上，当代中国新闻学必然坚持事实真实论，即新闻真实就是事实的真实、事实性是新闻真实的根本特性、事实是新闻真实唯一的确证标准；在新闻传播论上，必然坚持真实、客观、全面、公开、透明的原则，以正确反映呈现事实的面目[2]；在价值论上，必然把信息价值看作新闻的本原价值，而新闻的其他价值不管对一定的主体多么重要，也只能看作新闻的衍生、派生、延伸价值。[3]

在这些基本理论观念基础上，当代中国新闻理论进一步以当代中国新闻事实为核心根基，以当代中国新闻实践经验为主要参照，提出能够标识当代中国新闻实践特征的概念，这些概念既是当代中国新闻基础理论的标识性概念，又是将当代中国新闻认识论、新闻传播论、新闻真实论统一起来的基础性标识概念。这意味着，只有理解了这些标识概念的真实含义，才能在本体

[1] 参阅杨保军．当代中国新闻的“事实观念”[J]．编辑之友，2023（7）．纯粹的新闻就是事实信息（这也被看作信息论视野中新闻的本质所在），但以传播态存在的新闻（报道）不是纯粹的新闻，不是纯粹的事实信息，即除事实信息之外，作为报道的新闻还包含着其他可能的信息。因而，作为报道的新闻或处于传播态的新闻，就有了更多被视作、用作其他事物的潜在可能。

[2] 杨保军．新闻理论教程：第五版[M]．北京：中国人民大学出版社，2023：103-104.

[3] 杨保军．论新闻的价值根源、构成序列和实现条件[J]．新闻记者，2020（3）.

论基础上，也就是在根基上，理解中国新闻实践，理解当代中国新闻理论的实质内容。

第一，在新闻本源论上，当代中国新闻本体论以“正面事实”为标识概念。当今，几乎所有类型的新闻理论都会把事实作为新闻的来源，但把“事实世界”中什么样性质、类型的事实作为新闻事实或新闻报道关注的主要对象，却是有所不同甚至是很大不同的。[1]这种差异性是一个客观表现或事实问题，不是理论问题。但是，人们只有在这种实际的差异中，才能理解不同类型的新闻实践、不同类型的新闻理论。理论需要做的首先是将差异化的客观事实概念化，将实际情况用比较准确合理的概念方式反映呈现出来。当代中国新闻实践在行动上把“正面事实”当作新闻报道关注的主要对象[2]，因而，在新闻本源论上，“正面事实”才是当代中国新闻本源论真正的标识性概念。

第二，在新闻传播论上，当代中国新闻本体论以“正面新闻”为标识概念。与“正面事实”相对应，在新闻传播论上，“正面新闻”是当代中国新闻基础理论中的标识概念。当代中国新闻实践坚持以正面宣传（报道）为主，这是人人共知的基本事实。这实质上就是说，新闻报道要把主要目标对象投放在“正面事实”上，而不能放在其他性质、类型的事实上。因而，社会大众看到的符号化的新闻图景、新闻世界，主要是正面意义上的符号图景、新闻世界。但有必要指出的是，“正面新闻为主”的观念，并不意味着不关注其他性质、类型的事实。事实上，就理论观念而言，当代中国新闻理论始终都

---

[1] 人们把那些偏向于好事实、正面事实的新闻形容为“喜鹊新闻”，而把有些偏向于坏事实、负面事实的新闻比喻为“乌鸦新闻”。

[2] 如果以事实带给一定主体的实际效应为基本参照，可以将事实大致分为“正面事实”“中性事实”“负面事实”三大类。从理论逻辑上说，正面事实是指在与一定主体关系中给主体带来优良（正面）效应的事实，负面事实是指在与一定主体关系中给主体带来不良（负面）效应的事实，中性事实是指在与一定主体关系中没有给主体带来明显正负效应的事实；从现实情况上看，正面事实、负面事实、中性事实之间的界限不会那么清楚，常常是同一事实对一定的主体而言显现出不同的价值属性。

在努力建构以正面事实、正面新闻为主的“统一事实观念”及其相应的“统一新闻观念”[1]。

第三，在新闻真实论上，当代中国新闻本体论以“整体真实”为标识概念。整体真实是相对部分或个别真实而言的。在当代中国新闻真实论中，整体真实是指能够反映呈现社会整体变化情况的真实。如果新闻传播能够把社会变化的主导性面貌反映呈现出来，那就是达到了整体真实。一定社会一定时期的整体真实面貌，显然仅仅通过对新闻事实的反映是做不到的，这意味着当代中国新闻关注的不只是新闻事实世界，而是整体的社会事实世界，这也正是中国新闻的典型特征之一。也就是说，当代中国的新闻工作，并不是纯粹的新闻工作，而是新闻宣传工作、新闻舆论工作。

整体真实与正面事实、正面新闻是一致的，是内在统一的一组标识性概念，它们一起构成当代中国新闻理论“本体论”的标识概念家族。从客观上看，“正面事实”是当代中国事实世界中占主导地位的事实，这也是新闻报道能够以正面新闻为主的客观基础，也是“正面新闻”作为标识概念成立的客观根据。“整体真实”主要是指以“正面新闻”为主的真实，或者说正面新闻的真实，就是整体真实，就是全面的真实，更准确地说，就是以正面真实为主的整体真实或全面真实。

可以看出，新闻价值论的“价值取向”已经灌注在新闻本源论、新闻传播论、新闻真实论之中了，即新闻价值取向已经通过“正面”“整体”“全面”这样一些限定得到体现。实际上，新闻本体论中的所有标识概念，都会落实到中国式现代化新闻业的实践运行中，也就是落实在现实的新闻舆论工作中，因而，这些本体论标识概念的含义与意义自然会延伸渗透到新闻业或新闻舆论工作的标识概念中，它们是内在一致的。对此，通过下面对当代中国“新闻业态论”视野中标识概念的构成分析就会看得更加清楚。

[1] 杨保军．当代中国新闻的“事实观念”[J]．编辑之友，2023(7)．

二、“新闻业态论”视野中的标识概念构成

新闻业态论，就是关于新闻业的理论，它是围绕“新闻业是什么”这一核心问题建构的理论。当代中国新闻业态论，关注的核心对象自然是当代中国新闻业，也就是中国式现代化新闻业。具体一点说，新闻业态论，就是把新闻活动作为社会活动系统或社会分工系统的一个子系统，主要以新闻业为对象，探求新闻业产生、演变与发展的过程及规律，分析新闻业的性质特征与功能作用，考察新闻业的管理与控制，揭示新闻业的运行机制与规律等。新闻业态论的标识概念理应是根源于这些主要研究内容的概念。

尽管在数字新闻、智能新闻环境中新闻生态已经和正在发生着巨大的变化，与传统新闻业时代相比，“后新闻业时代”的新闻业在新闻生产传播领域的地位与作用受到了其他多元主体（如社会化平台媒体、机构媒体、自媒体）的冲击和影响，但就我国的实际情况来看，不可否认的基本客观事实是：构成新闻行业的新闻媒体，在一定社会整体的、常态的新闻生产传播中，依然占据核心地位；一定社会整体的、常态的动态新闻图景的主要塑造者、呈现者依然是专业化的新闻媒体。这意味着，对一个国家、一定社会来说，拥有什么性质的新闻业、用什么样的新闻观指导新闻业、坚持什么样的新闻生产传播原则、追求什么样的新闻生产传播目标等，对一个国家、社会能够拥有什么样的新闻世界、新闻图景具有根本性的决定作用。因而，在理论上如何概念化一个国家、一定社会的典型性新闻实践方式、典型性新闻实践观念，建构其标识性的概念体系，可以说在整体的新闻学理论体系、知识体系建构中具有重要的地位和作用。

当代中国新闻业是中国式现代化整体事业的一部分，是中国式现代化新闻业。就历史与现实看，中国式现代化新闻业，不同于西方式以自由主义为

标识的现代新闻业。[1] 中国式现代化新闻业是以“党媒体系”为主体的新闻业[2]，其最大的特点：是中国共产党领导的新闻业，是党、政府和人民共同拥有的新闻业，构成新闻业实体机构的新闻媒体始终被看作党、政府和人民的“耳目喉舌”。在中国，我们可以借用一个说法——“党无处不在，媒体无处不在”[3]。这样的根本事实，决定了“党媒”“耳目喉舌”是当代中国新闻媒体最具标识性的概念，与此相应，“党性”“人民性”以及党性与人民性的统一性，则是最能标识当代中国新闻事业性质或属性的标识性概念。因此，在当代中国新闻理论体系的“新闻业态论”中，最具标识性的概念是党媒（党报）、耳目喉舌、党性、人民性，它们是整个“新闻业态论”概念体系中的中心概念。若没有这些概念，人们将无法描述当代中国新闻业。

当代中国新闻业是以当代中国化马克思主义新闻观为主导观念、指导思

[1] 关于西方现代新闻业的主导体制，可参阅美国学者丹尼尔·C.哈林和意大利学者保罗·曼奇尼在他们合著的《比较媒介体制：媒介与政治的三种模式》中的论述。他们根据欧美（欧洲的主要国家与北美地区）各国新闻业的实际情况，抽象、总结概括出媒介体制的三种理想型模式：①自由主义模式（Liberal Model），盛行于英国、爱尔兰和北美，其特征是市场机制和商业性媒介的相对支配性；②民主法团主义模式（Democratic Corporatist Model），盛行于欧洲大陆北部，其特征是商业性媒介和与有组织社会和政治团体相联系的媒介共存的历史，以及相对活跃但是在法律上受限制的国家角色；③极化多元主义模式（Polarized Pluralist Model），盛行于欧洲南部地中海国家，其特征是媒介被整合进政党政治、商业媒介较弱的历史发展和国家的强大角色。参见［美］丹尼尔·C.哈林，［意］保罗·曼奇尼.比较媒介体制：媒介与政治的三种模式［M］.陈娟，展江，译.北京：中国人民大学出版社，2012.

[2] “党媒体系”主要是指由党报党刊、党台（电台、电视台）、党网（各种形式的互联网站、互联网平台）以及党领导管理的通讯社（新华社、中新社）等按照一定的制度体制方式组成的媒体体系。党媒体系在广义上是指由党领导的所有媒体组织建构而成的传媒体系，狭义上是指由新闻传媒构筑的传媒体系。在新闻学界，党媒体系通常是从狭义上来理解和使用的。

[3] ［法］雷吉斯·德布雷.法国的知识权力［M］.朱艳亮，译.北京：人民文学出版社，1986/2022：237.

想的新闻业[1]，而不是其他什么主义、什么新闻观指导的新闻业。因而，“马克思主义新闻观”（以下简称“马新观”）必然是当代中国新闻事业理论的标识概念。以“马新观”为核心建构的“马新观”概念体系自然也是当代中国新闻理论的标识性概念体系。从一定意义上说，马克思主义新闻观概念体系，就是当代中国新闻理论的概念体系（当代中国新闻学就是马克思主义新闻学）。“马新观”就是以马克思主义的立场、观点、方法针对新闻现象、新闻活动为主要对象形成的观念体系。[2]这是一个庞大而丰富的观念体系，包括马克思主义的新闻本体观、新闻事业观、新闻关系观，或者更为具体地说，包括马克思主义的新闻观（指对狭义“新闻”的观念）、新闻传播观、新闻真实观、新闻价值观、新闻规律观，马克思主义的新闻事业观、新闻职业观、新闻媒介观、新闻技术观、新闻自由观、新闻法治观、新闻伦理道德观，等等。事实上，如何从理论上建构“马新观”体系，本身就是一个巨大的课题。要将这样丰富而庞大的观念体系建构起来，当然需要相应的具有自身个性特点的概念体系。

当代中国新闻事业是以“二为”（即为社会主义服务、为人民服务）方针为宗旨的新闻事业，是以“坚持正面宣传为主、坚持正确舆论引导人”的新闻舆论工作，这些典型的观念、典型的实践方式，从根源上决定了“新闻

[1] 当代中国化马克思主义新闻观是一个历史概念，可以大致分为三个小的历史时期：在社会主义革命和建设时期，主要体现为毛泽东的新闻观（新闻思想）；在改革开放和社会主义现代化建设新时期，主要体现为邓小平、江泽民、胡锦涛的新闻思想；在中国特色社会主义新时代，则主要体现为习近平关于新闻舆论工作的系列重要论述。

[2] 关于马克思主义新闻观针对的对象问题，中国新闻界主要有两种观点：一种可以看作狭义的观点，即认为“马新观”针对的对象就是新闻现象，不应该包括其他对象，如一般的信息现象、传播现象以及宣传现象、广告现象等；另一种是广义的观点，即“马新观”针对的对象应该是广义的新闻与传播现象。如我国马克思主义新闻思想研究专家陈力丹认为：马克思主义新闻观思想体系“包括从马克思开始的这一思想体系的所有内容，即关于信息传播、宣传、新闻、文化、传播政策，以及组织内部思想交流的论述，等等”。参见陈力丹．马克思主义新闻观思想体系［M］．北京：中国人民大学出版社，2006：5.

舆论”“正面宣传（报道）”“正确舆论”“舆论引导”等概念必然是当代中国新闻事业理论的标识概念。就像没有“党媒”“耳目喉舌”“党性”“人民性”“马新观”这些概念，我们无法反映描述当代中国新闻业的性质、无法准确反映描述当代中国新闻业的指导观念一样，若是没有了“新闻舆论”“正面宣传（报道）”“正确舆论”“舆论引导”这些标识性概念，我们也无法准确反映和描述当代中国新闻业的主要工作内容及主要工作方式。

面对新的媒介环境、新闻生态，当代中国新闻业已经把“媒体融合”“全媒体传播体系”建设作为整个新闻传播领域发展的战略目标，在如此新的历史进程中，“媒体融合”“全媒体”逐步成为新闻业态论中的一些最新标识概念。

上述考察分析表明，正是“中国式现代化新闻业”“党媒”“党性”“人民性”“马新观”“新闻舆论（工作）”“正面宣传（报道）”“正确舆论”“舆论引导”“全媒体”“媒体融合”等一系列概念，构成了当代中国新闻业态论的标识概念。这些标识概念按照一定的逻辑关系，构筑起标识概念框架。而在这些标识概念衍生、派生、延伸概念的基础上，则可以建构起当代中国新闻业态论的标识概念体系。

三、“新闻关系论”视野中的标识概念构成

新闻关系论，就是围绕“新闻关系是什么”而建构的理论。新闻关系论关注的主要对象，不是新闻之间或新闻活动系统内部的关系，而是整个新闻领域（主要指新闻业、新闻媒体、新闻媒介、新闻传播、新闻）与其外部环境（社会环境）之间的关系。新闻关系论的主要任务是发现和揭示新闻系统与社会环境之间到底有着什么样的实质关系。在区分的意义上，新闻关系论可以分为互有联系的两大方面：一是新闻与社会政治、经济、文化等领域的关系；二是新闻与人们日常生活的关系。[1]当然，这主要是一种逻辑性的区

[1] 学界在传统上将这样的关系描述为“三角关系”，即新闻与政治、新闻与社会以及政治与社会通过新闻中介形成的关系。

分，要在客观上将两大方面区分开是很困难的。

在西方专业新闻主义理论中，在新闻与政治、新闻与社会、新闻与公众之间，理论上有两个典型命题——“没有新闻，就没有民主”“为公共利益服务是媒体的社会责任”，这样的命题是由“新闻自由、民主、公共性、社会公器、第四权力、社会责任、公共利益、公众利益”等标识性概念来建构的。实事求是地说，与新闻本体论、新闻业态论相比，在新闻关系论研究中，当代中国新闻理论还缺乏标识性概念，还没有形成可以直接标识我们在新闻关系问题上的概念体系。但这并不意味着在新闻关系领域，中国新闻缺少标识性的观念和标识性的做法。事实上，在实践观念与实践行动上当代中国新闻都有自身标识性的表现。

在新闻与社会的整体关系上，就客观事实来看，当代中国新闻实践具有典型的“偏向型”特点，我们可以用这样几个概念去试着描述和定性：①在与新闻联系最为紧密的几个领域，即新闻与宣传、新闻与舆论的关系中，是一种典型的“宣传偏向”（偏向宣传）性存在；②在新闻与社会基础、上层建筑的根本关系中，即新闻与政治、经济等主要关系中，是一种典型的“政治偏向”（偏向政治）性存在；③在新闻与社会、文化关系中，是一种典型的“社会偏向”（偏向社会）性存在。因而，我们在学术上可以用“宣传偏向”“政治偏向”“社会偏向”这三个概念作为标识概念，来反映、描述或定性、呈现当代中国新闻与社会整体的关系特征。这几个概念是否合理、准确，当然还需要学术界的广泛讨论。

就现有学术界常用的概念来说，“人民中心”和“新闻手段”可能是标识当代中国新闻关系比较好的概念，是学术界共识度、接受度比较高的概念。人们知道，在中国新闻领域，标识性最高的观念是：新闻（新闻业、新闻舆论工作）要“为社会主义服务，为人民服务”。将为社会主义服务与为人民服务有机结合起来、统一起来，是典型的具有中国特色的新闻观念，它的实质就是新闻要成为服务中国式现代化发展的手段，新闻要成为人民美好生活实现的手段，这是新闻与社会整体之间最基本的关系。对这样的观念，学术界已经达成了高度的共识。对此，我们只要浏览一下任何一本在当前中国新闻教育领域有影响的新闻理论教程的相关内容，就可以看得清清楚楚。[1]标识性的做法或实践就是：把新闻领域看作上层建筑中的意识形态领域，把新闻媒体看作思想中心、舆论中心，并在此基础上，在实践中把新闻当作信息工具、舆论工具，把新闻当作展开政治、经济、文化等领域工作的重要手段。新闻宣传、新闻舆论曾经是革命的手段、阶级斗争的手段，是社会主义现代化建设的手段，而今已经成了重要的、必不可少的治国理政的手段。

如果我们能够认定“为社会主义服务，为人民服务”就是新闻关系论视野中当代中国新闻标识性的实践观念和实践做法，那我们就可以提出或创制相关概念来反映和呈现它们。我认为，“人民中心”和“新闻手段”是比较恰当而准确的标识概念。

“人民中心”是当代中国新闻的总体价值原则或价值理念。[2]为社会主义服务的最终目标是为人民服务。社会主义是人民的社会主义，人民是社会主义的主人。“离开了社会主义道路，也就从根本上脱离了人民，违背了人民的最高利益。”[3]媒体“应该是人民的公共财产、公共武器、公共汽车，要全心全意为人民服务”[4]。新闻报道、新闻宣传的内容、形式好坏，应该以人民群众是否满意、是否喜闻乐见为基本标准。“让群众满意是我们党做好一切工作

[1] 在描述和表达中国特色社会主义新闻事业的宗旨时，所有新闻理论教材都会把“为社会主义服务，为人民服务”列为最高宗旨，它从总的也是根本的原则上表明了中国新闻与中国社会、中国社会大众（人民群众）之间的关系。

[2] 杨保军，王敏．论中国马克思主义新闻价值观的典型特征［J］．山西大学学报（哲学社会科学版），2018，41（6）．

[3] 江泽民．关于党的新闻工作的几个问题［M］// 新华社新闻研究所．新闻工作文献选编．北京：新华出版社，1990：190．

[4] 童兵，林涵．20 世纪中国新闻学与传播学理论（理论新闻学卷）［M］．上海：复旦大学出版社，2001：303．

的价值取向和根本标准，群众意见是一把最好的尺子。”[1]“人民中心”是最直接也是最恰切的能够反映和呈现这一原则或理念的语词形式或概念形式。

“新闻手段”是当代中国新闻在处理新闻与社会整体关系中新闻所处的地位和性质，即新闻是手段性存在，是为社会主义发展、为人民美好生活服务的工具和方式。为社会主义服务，就是指新闻业要以自身特有的手段，充分发挥自身的实体功能和传播活动的多样性功能，特别是报道新闻、引导舆论、监督社会的基本功能，积极为社会主义的物质文明、政治文明、精神文明、社会文明、生态文明建设贡献力量。为社会主义服务，“就要积极推动、巩固发展社会主义经济基础，完善和发展社会主义制度，推动社会主义的思想道德建设和教育科学文化事业的发展”[2]。为人民服务，就是指新闻传播业要以自身特有的手段，全面发挥自身的功能，坚持人民中心立场，反映人民的生活，满足人民的需求，充当人民的耳目喉舌，依靠人民的力量，永远把人民的共同利益置于崇高地位。

在当代中国新闻实践中，“新闻手段”是实现“人民中心”的手段，这两个标识概念之间具有内在的联系。人民中心概念标识的是处理新闻与社会整体发展关系的目标，新闻手段概念标识的是处理新闻与社会整体发展关系时新闻的功能地位。

如上所述，我们从新闻本体论、业态论、关系论三个板块或三大视野中，对当代中国新闻理论的标识概念构成作出了初步的分析。必须说明的是，我们这里关于当代中国新闻本体论、业态论、关系论标识概念的选择、认定与确立，仅是一家之言，属于探索性的思考，还谈不上系统性的建构。到底哪些概念可以标识当代中国新闻实践的典型特色，到底哪些概念可以比较好地反映和呈现当代中国新闻或更长历史时段中国新闻特别是中国共产党的新闻实践

[1] 习近平.在党的群众路线教育实践活动总结大会上的讲话[M].北京：人民出版社，2014：10–11.

[2] 童兵.理论新闻传播学导论[M].北京：中国人民大学出版社，2000：132.

（新闻宣传、新闻舆论）经验，到底哪些概念可以比较准确地反映和呈现当代中国新闻的代表性思想成果或典型性新闻实践观念，一言以蔽之，到底哪些概念可以成为当代中国新闻理论体系、知识体系中的标识概念，从总体上看，这还是个刚刚开始探索的重大课题，要想取得体系化或系统化的成果，还有很长的路要走。

需要进一步说明的是，我们关于当代中国新闻学、新闻理论标识概念的选择、认定和确立，主要依据的是当代中国新闻学研究已经取得的成果，也就是说，这些标识性概念实际上主要是从以往形成的概念中选择的，我们更多的是进一步论证了这些概念为什么可以成为标识性的概念，但我们并没有提出什么新的标识性概念。因而，这些标识性概念能否较好标识当今中国新闻实践的典型特征，如何在新的环境中进一步赋予这些标识性概念新的含义和意义，建构起新的标识概念体系，还是一个需要继续深入探讨的问题。在新兴媒介环境中、新的新闻生态中，需要什么样的概念形式标识当前中国新闻的特色性表现，或者，我们能够提出、创制什么样的标识性观念、标识性概念，以引领当代中国新闻实践的发展，对新闻学术界来说，还是十分艰巨的任务。进一步说，针对人类新闻现象、新闻活动的最新变革，当代中国新闻学若是希望能够为世界新闻学的发展贡献自身的思想观念、知识智慧，那就必须提出、创制新的标识性概念。[1]

四、三大板块标识概念间的基本关系

当代中国新闻理论体系主要是由新闻本体论、新闻业态论与新闻关系论三大板块有机构成的统一体。由上文的分析可以看出，每一板块都拥有自身

[1] 在近几十年的世界新闻学发展中，我们看到，西方学者依据他们所在的本土实际，提出了公共新闻、公民新闻、参与式新闻、建设性新闻等具有一定全球性广泛影响的概念，往往能够引发全球范围内新闻研究者的关注，也波及了中国，但中国新闻学研究却几乎没有提出过具有如此影响力的标识性观念或标识性概念。其中的原因到底是什么，是需要深刻反思的问题。

的标识概念体系，而整体理论体系的标识概念体系是由三大板块的标识概念体系有机构成的。如何理解并理顺三大板块标识概念体系之间的关系，描述和呈现出统一的标识概念体系图景，便成为关于当代中国新闻学、新闻理论概念体系特别是标识概念体系研究的重要任务，当然也是一个非常艰巨的任务。这里，我们试着说明不同板块标识概念之间的关系。需要预先说明的是，这里着重的是方法论，而不是具体关系内容的分析和阐释。

首先，显而易见的也即最为简单的一点是，由于我们在上面已经将整体的新闻理论体系分为新闻本体论、新闻业态论和新闻关系论三大板块，因而在概念论视野中，等于把整体的新闻概念体系包括标识概念体系分成了相应的相对独立的三大板块。

从一般意义上说，由于每一板块回答的核心问题是不一样的，自然需要有与回答核心问题相适应的概念及概念体系，这样才能建构起侧重点不同的新闻理论板块。对当代中国新闻理论研究来说，在回答各个板块的核心问题时，有自己坚守的中国化时代化马克思主义世界观和方法论，有自己关注的主要对象（中国新闻实践和中国新闻经验教训），有自己的学术传统和基本立场，有自己对其他新闻理论研究成果、其他学科成果的借鉴吸纳方式，因而，一定会形成拥有自身特点的概念和概念体系，这样的概念其实就是标识中国新闻理论特色的概念，它们都会落实在每一板块概念体系的具体建构中。也就是说，对当代中国新闻理论而言，三大板块同样“应该”拥有自身的标识概念和标识概念体系。

我们之所以强调“应该”，那是因为就现实来看，通过前文的考察分析，我们可以看到，不论是哪个板块，当代中国新闻理论都还没有形成成熟完备的标识概念、标识概念体系可供我们直接引用。能够标识当代中国新闻理论各个板块的概念到底有哪些、各个板块的标识概念体系到底应该如何建构，对当代中国新闻学自主知识体系建构研究来说还主要是问题，而不是答案。我们前文做出的考察分析，对标识概念的选择认定，还是相当初步的工作。

其次，就三大板块标识概念之间的实质关系而言，我们认为，新闻业态论的标识概念是整个当代中国新闻理论标识概念的核心部分。上一点已说，三大板块各有自身的标识概念甚至是标识概念体系，那么，这些不同板块之间的标识概念、标识概念体系之间又是什么样的关系？这是事关如何建构当代中国新闻学统一理论体系、知识体系的关键问题，我们试着作出探索性的回答。

从理论逻辑上看，好像新闻本体论标识概念应该是整个新闻理论概念体系的中心，但事实并非如此。建构理论体系的逻辑，与以什么方式表述理论体系的逻辑是不一样的，甚至可能是完全相反的，这就像认识的过程与对认识的结果表述逻辑往往恰好相反一样。在概念、观念、思想、理论形成过程中，从根本上说，是实践决定理论，而不是相反。这一根本逻辑意味着，是新闻实践决定着人们对新闻是什么的根本理解，而不是对新闻的理解决定人们的新闻实践行为。人们在新闻实践中如何对待新闻，就会在理论上如何阐释新闻。当然，我们绝不会否认，对新闻的理论认识、对新闻应该是什么的理论认识，会反过头来调整人们的新闻实践活动。理论与实践、观念与行动永远是一个互动过程，但这并不能否定实践对于理论的根源性。

在现实中，正像新闻业是整个新闻生产传播体系中的中心部分一样，新闻业态论才是整体新闻理论体系中的灵魂部分。与传统新闻业时代相比，新兴媒介环境（主要指数字新闻环境、智能新闻环境，背后的根本动力是数字技术）中的新闻业尽管发生了革命性的变化，但就当前中国新闻领域的实际来看，作为行业运行的新闻业，作为专业媒体的新闻机构，它们不仅要接受新兴媒介环境的洗礼，也要塑造建设新的时代化行业形象、媒体形象，并且仍然是整个新闻领域的主导性力量，其他各种类型的非专业的、非职业的新闻生产传播主体，并没有从根本上撼动新闻业在整个新闻活动领域的中心地位。人们看到，在中国，是以党媒体系为主体的新闻业而不是其他什么新闻主体左右着社会的整体新闻图景。因而，坚持什么样的新闻本体论、新闻关系论，在现实社会中，更根本地是要看坚持什么样的新闻业态论。以党媒体系新闻生产传播为主体的当代中国新闻实践，是以新闻宣传工作、新闻舆论工作为核心的实践，是把为社会主义服务、为人民服务（为中国式现代化事业服务）作为宗旨的实践，是把营造健康舆论环境、实现正确舆论引导当作主要工作目标的实践，是把坚持正面宣传（报道）为主、正面报道与舆论监督相统一作为主要工作方式的实践，是把“媒体融合”“全媒体传播体系”建设作为新闻领域发展的战略目标，所有这些新闻实践特点都意味着当代中国新闻必然会把“正面新闻”当作新闻应有的核心，会把“新闻手段”当作治国理政的重要手段，并由此出发去建构新闻本体论、新闻关系论概念体系，建构新闻本体论、新闻关系论的理论体系。在我看来，只有理解了新闻本体论、新闻业态论与新闻关系论的此种关系，才能真正理解中国新闻理论的实质，也才能真正理解三大板块概念体系、标识概念体系之间的内在关系。

最后，应该说，通过不同的途径、思路或方法，我们可以对新闻理论的概念体系构成作出不同的描述，每一种途径或方法都有各自的长处。树形结构方式可以让我们明确看到概念体系内部的“生长”关系，也就是可以清晰看到不同概念之间的逻辑关系、通贯关系；网状结构方式把每个概念置放在概念网络的“纽结”上[1]，既让人们对不同概念之间的中心边缘关系看得更加清楚，也能使人们看清不同概念之间复杂的多维结构关系；而从新闻理论结构模式出发的概念体系考察，则使人们能够看到不同理论模式概念体系结构的特征，同时也使人们对概念体系的结构看得更加细致。其实，不同的概念体系构成的分析方法，本质上是一致的，网状结构方式不过是树形结构方式的平面化转换，板块结构方式只是对树形结构方式、网状结构方式的微观化拆分，是把复杂问题简单化的一种方式，一旦每一板块的概念体系被建构起来，也就有了建构整体树形或网状结构的基础。

[1] 关于概念体系的树形结构方式、网状结构方式的分析，可参阅杨保军．论当代中国新闻学自主知识体系之“概念体系”的建构[J]．新闻界，2023(5).

对当代中国新闻理论概念体系建构来说，整体上还处于探索阶段。尽管我们一直都在努力建设中国特色的新闻理论，但真正高度自觉地将其作为战略任务，还是近年来的事情。我们看到，从一般意义上要求知识生产、创造要为社会主义服务、为人民服务，到提出加快建构哲学社会科学学科体系、学术体系、话语体系[1]，再到强调“加快构建中国特色哲学社会科学，归根结底是建构中国自主的知识体系”[2]，这显然是一个不断提升、强化知识生产、知识体系建构自觉性的历史过程。如此宏观战略上的自觉性，也落实在了各个学科领域自主知识生产、知识体系建构的进程中。实际上，各个学科领域，包括新闻学在内，都在全面自觉地加快自主知识体系建构步伐。从概念论的角度看，当代中国新闻理论研究，只有建构起体系化的标识概念，并在此基础上建构起整体性的概念体系，才能真正形成比较完整的理论体系。但在概念体系与理论体系之间，并不是说先把概念体系建构起来然后才能建构理论体系，实际上，在标识概念与理论建构之间，是一个共时互动的过程。标识概念创制的过程，就是新闻理论创造的过程；新闻理论体系形成的过程，就是概念体系、标识概念体系建构的过程。

五、余论

自主的知识体系，必须有自主的概念体系做保证。任何独特的思想体系、理论体系、知识体系，本质上都拥有自身独特的概念体系。对一种知识体系

---

[1] 2016年5月17日，习近平总书记主持召开哲学社会科学工作座谈会并发表重要讲话：“坚持和发展中国特色社会主义，必须高度重视哲学社会科学，结合中国特色社会主义伟大实践，加快构建中国特色哲学社会科学。”“要按照立足中国、借鉴国外，挖掘历史、把握当代，关怀人类、面向未来的思路，着力构建中国特色哲学社会科学，在指导思想、学科体系、学术体系、话语体系等方面充分体现中国特色、中国风格、中国气派。”参见习近平．在哲学社会科学工作座谈会上的讲话[N].人民日报，2015-5-19(2).

[2] 习近平在中国人民大学考察时强调　坚持党的领导传承红色基因扎根中国大地　走出一条建设中国特色世界一流大学新路[N].人民日报，2022-4-26(1).

特别是一种庞大的知识体系来说，其标识概念不可能是个别的或很少的几个概念，很可能是一个具有内在关系的特殊的概念体系或概念系统。

本文从当代中国新闻理论本身的构成角度初步考察了标识概念的基本构成及其主要关系问题，但这对探讨标识概念的系统构成问题还远远不够。要想比较全面地把握当代中国新闻理论标识概念的构成，我们至少还需要从历史的宏观变迁维度，以及单一标识概念体系的微观维度考察标识概念的具体构成，这样才能形成关于标识概念更为真实的把握。这不仅需要对概念进行历史考察，也需要针对一个个具体标识概念进行专题研究，这显然是本文难以完成的，我们只能通过后续相关文章展开探索论述了。

显然，当代中国新闻理论的标识概念构成是个非常复杂的问题，本文只是作了初步的分析，其更大的作用不是提供了答案，而是给同行们提出了问题或任务。我们看到，尽管关于当代中国新闻学自主知识体系构建的研究成果不少，营造出来的声势也很大，但实事求是地说，目前的研究仍然停留在宏大叙事上，指点江山、出主意的说辞多，真正扎实的研究成果还很稀少。真心希望那些知道应该怎么做的人不要总是高谈阔论、坐而论道，要先沉下心来，做点实实在在的研究，而概念研究、问题研究就是着手之处。

新闻理论视野中当代中国新闻学的“问题体系”

杨保军

[摘　要]知识生产的关键是从客观对象中发现问题、回答问题、阐释问题，知识体系建构的核心在于，对关于对象的成体系的问题做出成体系的科学回答和阐释。能否把新闻活动领域的客观问题特别是当今新闻活动领域整体性的客观变化转化为真实的、高质量的“学术问题”，直接决定着我们能否建构出高质量的当代中国新闻学“问题体系”，也自然决定着能否建构起高质量的自主知识体系。本文在既有研究成果基础上提出，“人与新闻的关系问题”是新闻学的总问题。总问题分为两大领域问题：新闻领域问题和新闻与社会的关系领域（新闻关系）问题。新闻领域问题可分为两大范围问题体系：新闻本体论问题体系，新闻业态论问题体系。新闻关系领域问题也可分为两大范围问题体系：新闻与社会整体发展的关系问题体系，新闻与日常生活的关系问题体系。如此，当代中国新闻学在自主知识体系建构中，就可以依据新的实际变化与发展趋势从“四大问题体系”着手去建构。

[关键词]当代中国新闻学；问题体系；知识体系；体系建构

知识生产的关键是从客观对象中发现问题、回答问题、阐释问题，知识体系建构的核心在于，对关于对象的成体系的问题作出成体系的科学回答和阐释。因而，能否把新闻活动领域的客观问题特别是当今新闻活动领域整体性的客观变化转化为真实的、高质量的“学术问题”，直接决定着我们能否建

[作者简介]杨保军，中国人民大学新闻与社会发展研究中心研究员。

[基金项目]教育部高等学校人文社会科学重点研究基地“中国人民大学新闻与社会发展研究中心”重大项目“当代中国新闻学自主知识体系构建研究”(22JJD860018)。

构出高质量的当代中国新闻学“问题体系”，也自然决定着能否建构起高质量的自主知识体系。当代中国新闻学的自主问题体系的核心问题、关键问题必然是自身的特色问题。这种问题的根源是中国事实、中国实际，特别是中国新闻活动领域、实践领域的客观问题。只有把这类客观问题“转化”为比较准确的，有意义、有价值的学术问题，即只有把客观问题“概念化”“问题化”为学术问题，我们才能建构起当代中国新闻学真实的“问题体系”。基于这样的基本认知，本文以新闻活动实际为根基，在既有学术研究成果的基础上，从新闻理论视野出发，从宏观层面上对当代中国新闻学的“问题体系”构成作出了系统化的描述，以推进当代中国新闻学自主知识体系的建构，敬请同行参照、批评、指正。顺便可以说明的是，关于当代中国新闻学问题体系比较微观的构成分析，我们将在后续研究中逐步展开。

一、“总问题”是确立问题体系的总根源

新闻活动就像普遍的传播交流活动一样，是人类的固有活动；新闻需要就像普遍的信息需要一样，是人类的基本需要。新闻交往、交流是人类古往今来一种普遍的交往、交流样态或方式。新闻活动的核心就是人与人之间交流新闻信息的活动。“新闻传播活动在人类社会中具有基础地位。站在一个比较长的时间维度来看，人之所以成为人、之所以形成人类社会，新闻传播活动至关重要”，“离开了新闻传播活动，人类的合作机制不可能建立起来，合作也不可能达成的”。[1]这从根源上或本体上决定了新闻活动就是不同人与新闻展开不同关系的活动，因而，可以说，“人与新闻的关系问题”[2]是新闻活动中的总问题，自然也是新闻学研究的总问题。这就是说，所有的新闻研究，

[1] 李婷，吴飞．一位理想主义者的新闻传播教育改良实践[M]// 中国新闻史学会中国新闻传播教育史研究委员会《中国新闻传播教育年鉴》编撰委员会．中国新闻传播教育年鉴（2022）．武汉：武汉大学出版社，2022：739–749.

[2] 杨保军．论新闻学的总问题[J]．编辑之友，2022（6）．

从根本上都是关于人与新闻关系的研究，只不过有些研究直接指向人与新闻的关系，有些研究间接指向人与新闻的关系，大概正因为如此，人们才说，新闻学本质上是“人学”[1][2]。

总问题是所有类型、所有不同性质新闻学都要研究的问题。不管是一定的学术共同体还是个别的研究者对总问题有无足够的自觉，只要是展开新闻学研究，就必然是以某种方式关于总问题的研究。作为总问题，人与新闻的关系问题，具有高度的概括性和充分的包容性，但形式上还是比较抽象空洞的。在新闻知识生产中，需要将总问题分为不同领域、不同范围、不同分支、不同层次、不同方向的问题，然后在具体研究活动中再落实为各种具体的问题，从而构成新闻学研究中不同领域、不同范围、不同分支、不同层次、不同方向的“问题体系”。这些“问题体系”显然有宏观的、中观的和微观的不同构成方式。知识生产就是发现问题、回答解释问题的过程，是实实在在的事情，拥有自身的内在机制或规律。只有具体研究成果积淀到相当的程度，才有可能构建起既具有稳定性又具有开放性的知识大厦或知识体系。

所有的人文社科研究直接表现为地方化研究，都会落实在具体的社会情境之中，落实在具体的学术共同体和研究者的研究活动中。因而，新闻学的总问题必然会转化为地方化、本土化或特殊化新闻研究中的总问题。在这种转化过程中，总问题的形式表达不会发生变化，依然是“人与新闻的关系问题”，但在不同社会中，无论是“人”还是“新闻”都有一些共同的性质和属

[1] 事实上，所有人文社会科学都属于人学，不同学科是不同领域、不同维度的人学。新闻学是新闻活动领域的人学，是研究人的新闻活动的一个学科而已。杜骏飞在《新闻是人，新闻学是人学》一文中写道：“传媒技术已开始成为新闻业的统治力量：新闻衰亡而信息崛起，事实变异而后真相崛起，人在退缩而物在崛起，哲学理性沉沦而数字逻辑崛起。新闻学应保持批判精神，努力促进新闻价值观向人本主义的转向：‘成名的想象’应让位于‘信念的回归’，让新闻业回归知识分子行业；职业新闻应使新闻权力归于人，而不是归于数据和机器。从新闻传播的观念上说，新闻即人，新闻学即人学，新闻精神即人本精神，这是‘人本主义新闻学’的根本要义。”

[2] 杜骏飞．新闻是人，新闻学是人学［J］．国际新闻界，2018，40（2）．

性特征，但毫无疑问的是，必然存在着“人”与“新闻”的差异甚至不同，因而“人与新闻的关系问题”在不同社会中就会获得不同的问题内涵，会形成不同的问题侧重现象。这就是说，总问题的地方化、本土化或特殊化，必然生成不同的至少是有差异的问题构成方式。或者说，总问题的地方化、本土化或特殊化，正是不同类型、不同性质新闻学“问题体系”形成差异的根本所在。而对总问题地方化、本土化或特殊化“问题体系”的回答和阐释，则构成不同类型、不同性质新闻学知识体系的具体内容。可见，在新闻学总问题的名目下，建构、确立什么样的“问题体系”，对于任何一种具体新闻学知识体系的建构都是更具实质意义的重要问题。

认清新闻学总问题的基本结构，是展开自觉知识生产的重要前提，更是自觉构建新闻学知识体系的必备条件。当代中国新闻学面对的总问题同样是“人与新闻的关系问题”，只不过这样的总问题，在以中国新闻实际、中国新闻经验为主的基础上，会以时代化、中国化的方式呈现并表达出来。而时代化、中国化的呈现方式、表达方式是什么，即总问题表现为怎样的问题结构方式或问题构成方式，也就是当代中国新闻学的“问题体系”到底是什么、应该是什么，正是需要我们在当代中国新闻学自主知识体系建构中逻辑上优先解决的问题。这也正是本文的主要任务。

二、问题体系的领域构成及其范围表现

立足当下建构中国新闻学的问题体系、知识体系，显然要以当代中国新闻学甚至整个中国新闻学、世界新闻学的既有成果为基础和参照。其中的道理容易理解，无须多言。任何一个领域、一个学科的知识生产、知识体系建构，都有自身的历史传承，以及自身的“学脉”和“人脉”。正是通过学脉的延续、学人的代际传承，一个学术或学科领域才能成就自身的历史图景。因而，如何建构当代中国新闻学的“问题体系”，尽管至关重要的是要以新闻领域的现实变化、未来演变趋势为主要根据，但总结、反思既有相关学术积淀

仍然是重要的基础或基本出发点。

依据当代中国新闻学已经积淀的基本成果来看[1]，从当代中国新闻学自主知识体系特别是自主新闻理论体系整体建构的意义上说，“新闻本体论”“新闻业态论”“新闻关系论”以及贯穿其中的“新闻精神论”[2]共同构成了自主新闻理论体系的主体结构方式[3]，这其实是当代中国新闻学自主知识体系的主体性内容，也是对相关“问题体系”回答阐释的表现。从理论逻辑上说，“新闻本体论”“新闻业态论”主要是关于新闻领域自身的理论，构成了狭义的新闻理论；“新闻本体论”“新闻业态论”，再加上以新闻与社会之关系、新闻与人们日常生活之关系为核心内容的“新闻关系论”，则构成了广义的新闻理论。新闻学术界通常所说的新闻理论是指广义的新闻理论。这意味着，新闻理论视野中的自主知识体系建构实际落实在两大问题领域：一是关于新闻领域自身的问题领域，二是关于新闻关系的问题领域。所谓新闻学自主知识的生产、自主知识体系的建构，就是要回答和阐释这两大领域的问题或两大领域生成的“问题体系”。

针对两大问题领域，我们进一步可以依据问题的客观来源与研究的致思方式划分出不同的具体问题体系。[4][5]本文将关于新闻领域自身的问题结构分为两个大的方面：一是新闻本体论问题体系，主要关注的是关于新闻本身的诸多基础问题；二是新闻业态论问题体系，主要关注的是关于新闻业自身的

[1] 关于当代中国新闻学的知识生产、知识体系建构历史脉络，即知识体系的历史形成过程，是一个庞大而复杂的课题，需要另文专述。

[2] 杨保军．新闻精神论[M]．北京：中国人民大学出版社，2007.

[3] 杨保军．新闻理论教程：第四版[M]．北京：中国人民大学出版社，2019：绪论 5-6.

[4] 在当代中国新闻学自主理论体系的建构问题上，已经形成了几种具有一定影响的基本模式，诸如拉斯韦尔模式下的体系结构、离散性四元结构模式、板块结构模式、一分为二的体系结构模式、以新闻活动范畴为红线的结构模式等。实际上，关于新闻理论体系的构成方式，背后的实质是问题体系的构成。由于不同研究者对新闻学问题体系的构成方式有不同的设想和理解，因而会建构出不同的理论体系结构方式。

[5] 杨保军．简析当前我国新闻理论教材的主要结构模式[J]．今传媒，2009(4).

诸多问题。而将关于新闻关系领域的问题结构也划分为两个大的方面：一是新闻与社会整体发展的关系问题体系，主要关注的是新闻与经济、政治、文化、技术等领域构成的诸多关系问题；二是新闻与人们日常生活的关系问题体系，主要关注的是新闻与社会大众日常生活的诸多关系问题。这样，当代中国新闻学在自主知识体系建构中，就可以依据新的实际变化与发展趋势从"四大问题体系"着手去建构。

就当代中国新闻学知识生产、知识体系建构的实际来看，新闻本体理论与新闻业态理论相对比较成形，已经形成了相对比较稳定的问题体系和理论架构，但我们必须清醒自觉的是，这样的"成形"是以传统职业新闻为主要对象的"成形"，而不是关于数字时代、智能时代新闻活动实际的"成形"[1]，而后者才是新时代中国新闻学在知识体系建构中面临的主要任务。至于新闻关系论的问题体系建构、知识体系建构，特别是关于新闻与社会大众日常生活关系的问题体系建构、知识体系建构，还远远谈不上基本"成形"的问题，而是一个刚刚自觉到的重要问题领域。这意味着，当代中国新闻学自主知识体系建构还是一件任重道远的事情。

需要特别说明的是，上面关于"两大问题领域"或"四大问题体系"的划分，尽管拥有一定的客观根据，但主要还是理论逻辑的划分。"两大问题领域"或"四大问题体系"客观上是联系在一起的，不可能相互分离或割裂。原则上说，关于同一整体对象的任何部分问题体系的建构都会牵扯到关于其他部分问题体系的建构，至于对不同部分问题体系的回答和阐释，那就更是一种相互紧密联系、相互渗透嵌套的关系。其实，只有"两大问题领域"或"四大问题体系"形成内在的联系，我们才能建构起当代中国新闻学整体的自主知识体系。我们之所以将作为整体的问题体系划分为不同的问题领域和一定范围或分支的问题体系，主要是为了考察分析对象的方便，更是为了把握

[1] 杨保军，李泓江．新闻学的范式转换：从职业性到社会性[J]．新闻与传播研究，2020(8)．

不同领域、范围、分支、层次、方向上的重点问题之所在。知识生产、知识体系建构的经验告诉我们，任何研究要想深入细致，形成扎实可靠的真理性、合理性认知，单凭笼统的宏观认识方式是难以实现的，只有把相关对象的细部认识清楚了、准确了，我们才能建构起关于对象的“心中有数”的整体知识图景。一言以蔽之，在当代中国新闻学自主知识体系建构过程中，我们需要处理好部分知识与整体知识之间的辩证关系。

三、当代中国新闻学的“四大问题体系”

如上所述，基于新闻学的总问题以及当代中国新闻学既有成果的积累，我们在新闻理论视野中将当代中国新闻学的“问题体系”分为“两大问题领域”或“四大问题体系”。这样的划分显然是宏大的，也是比较空洞的。要想真正理解和把握当代中国新闻学问题体系的具体构成情况，并为自主知识体系建构确立真实的问题架构基础，我们还需要进一步对“四大问题体系”的构成情况作出分析。

（一）当代中国新闻学的本体论问题体系

人与新闻关系这一新闻学的总问题，主要表现在新闻活动系统内部，这便是“新闻与新闻活动的关系问题”。人与新闻的关系问题，体现在新闻活动中不同新闻活动者如何处理与新闻的关系问题上。新闻活动在主体性上是属人的活动[1]、是人围绕“新闻”这个天然中心展开的活动。在新闻活动中，所有新闻活动主体（包括个体和群体），归根结底都要与“新闻”展开直接或间接的关系；人与事实世界中具有新闻价值意义变动情况之间的关系，与新闻

[1] 在主体性上，新闻活动是属人的活动，但在行为者意义上，新闻活动并不限于人主体，比如，智能环境中的智能体已经贯穿在新闻生产传播的各个环节，具有了一定的“准主体”的特征。但就目前的现实来看，智能体并不具有类人的主体自主意识，并不具有自我反思能力，不能在性质上等同于人主体，仍然属于人主体的工具系统。因而，人是唯一的终极意义上的新闻活动主体。

活动主体之间的关系，原则上都要通过“新闻”这个“中介”直接或间接地勾连起来、联系起来。因而，对新闻与新闻活动的关系问题的回答阐释，首先面对的是以“新闻是什么”为核心的问题体系，也就是新闻学之本体论的“问题体系”，或者说是关于“新闻本身”的问题体系。[1]对这一问题体系的历史性、时代性回答和阐释，实际上构成了不同时代狭义新闻学知识体系的核心内容，也是广义新闻学知识体系的主体、主导部分或基础部分。[2]因而，确立科学合理的新闻学本体论“问题体系”，对于当代中国新闻自主知识体系的整体建构具有重要的基础意义。

从问题体系的基本结构上看，本体论“问题体系”包括以下主要问题分支。①新闻源流问题。作为一种社会现象，新闻现象或新闻活动的起源，是新闻学逻辑在先的问题，也是新闻学需要首先回答的问题。新闻活动的实践展开，则构成了新闻活动的历史图景，这是新闻知识体系得以形成的事实基础。②新闻本体问题。新闻本体问题，就是新闻本原问题，回答的核心问题是“事实与新闻的关系问题”。这一问题是新闻活动中的“基本问题”，也是新闻学、新闻理论关注的基本问题。[3]新闻实践正是在处理“事实与新闻”的关系过程中，创造了新闻活动的实质内容；新闻学正是通过分析阐释“事实与新闻”关系问题的实质内涵，建构了新闻学、新闻理论的基本内容。[4]所有参与新闻活动的主体，在终极意义上都在处理“事实与新闻的关系问题”，这也正是这一问题作为新闻学、新闻理论基本问题的实质所在。③新闻真实问题。新闻活动是人类认识世界的活动，是人类以新闻认识方式理解世界最新重要变动情况的活动。因而，真实问题便成为新闻活动中至关重要的问题，新闻真实论便也成为整个新闻知识体系中的中心组成部分。④新闻价值问题。

---

[1] 杨保军. 新闻本体论[M]. 北京：中国人民大学出版社，2010：1–30.

[2] 杨保军. 新闻理论教程：第四版[M]. 北京：中国人民大学出版社，2019：绪论 5–7.

[3] 杨保军. 论新闻学的“基本问题”[J]. 新闻记者，2019(4).

[4] 杨保军. 新闻事实论[M]. 北京：新华出版社，2021：前言 15.

新闻活动不是纯粹的认识活动，也不是简单的新闻信息交流活动，而是一种价值活动，即新闻活动是有价值取向、价值理想、价值追求的活动。

围绕“新闻是什么”这一核心问题形成的系列问题当然不限于上述问题范围，还有大量的其他问题，诸如新闻的属性问题、新闻的类型问题、新闻的功能问题……它们都属于新闻本体论问题。并且，所有这些问题分支，可以进一步细化为不同的小分支，从而形成新闻本体论开放性的问题结构体系。本体论知识体系正是在时代性回答和阐释这样的问题体系过程中逐步形成的、建构的。

（二）当代中国新闻学新闻业态论问题体系

在人类新闻活动史上，新闻业的诞生具有里程碑意义，它创造了人类新闻活动的新景象，改变了面对面交流新闻信息的主导方式，确立了大众化的新闻生产、传播、消费新兴主导方式，使“人与新闻的关系问题”有了不同于以往的新方式。随着社会整体发展、技术不断进化，以新闻业、新闻职业、新闻专业方式展开的人类新闻活动持续更新自身的时代面目，与社会化的新闻活动逐步进入融合状态，展现出越来越广泛而巨大的社会功能作用、意义价值。对以新闻业（职业新闻活动）为重要研究对象的新闻学而言，不断以时代化眼光发现新闻业演进中的历史问题、现实问题及面向未来的潜在问题，并探索回答和阐释这些问题，便成为其基本而重要的任务。也就是说，关于新闻业的“问题体系”，构成了新闻学知识生产、知识体系建构的基本“问题体系”，自然也是当代中国新闻学在建构自主知识体系过程中的重要“问题体系”，只不过当代中国新闻学关于新闻业的“问题体系”及其回答和阐释具有自身的中国特色。

新闻业态论的“问题体系”主要包括以下一些分支问题体系。①新闻业的起源与演进问题。新闻业有其自身的起源与演进历程。现代新闻业从诞生到今天，已经走过了几百年的历史，在人类新闻业的意义上[1]，经历了几个大的时代——印刷新闻业时代、广播新闻业时代、电视新闻业时代、网络新闻业时代，正在开启智能新闻业时代。在新闻业态论“问题体系”中，新闻业的诞生、新闻业的演进关系（演进机制与规律）、新闻业的未来发展构成了业态理论体系自身的基础问题。②新闻生产问题。新闻的生产传播，始终是新闻学关注的中心问题。新闻生产传播在客观逻辑上是先于新闻管理控制、规范约束和新闻消费运用的存在。新闻生产传播是历史性的存在，不同历史时期有着不同的新闻生产传播方式和特征，共同构成新闻生产传播史的历史图景。人类新闻活动的历史进化，集中表现为新闻生产传播方式的进化。正是新闻生产方式的历史性变化，影响甚至决定着人类新闻交往、交流方式的变革，也影响着新闻与世界、与整个社会之间以及与各个社会领域之间的相互作用方式。③新闻管理控制问题。新闻活动直接表现为信息交流活动，是渗透、贯穿、弥漫在所有社会活动中的“神经性”活动，对社会运行和发展具有重要的作用和影响。因而，通过各种可能方式约束限制、管理控制、治理新闻活动特别是新闻生产传播活动是所有社会的必然行为。这也意味着，新闻规范、管理、控制、治理问题成为新闻学问题体系中的重要构成部分。④新闻的消费运用问题。无论是作为社会现象的新闻还是作为新闻信息流动过程的新闻，新闻的最终归宿都是新闻的收受和理解、新闻的消费和运用，直至转换为其他精神生产的资料或沉淀为历史的资源。新闻的功能、作用、效应、影响或意义价值，不管是正面的还是负面的，或者是模糊混杂的，正是在新闻的消费使用中实现的。因此，用户问题、受众问题、如何消费运用新闻的问题、新闻的效应效果问题始终是新闻学关注的核心问题，而对相关

[1] 人类不同地区（社会、国家、民族）发展是极为不平衡的，学术研究中往往以发展最快的地区为参照，描述一个领域人类意义上的发展状况，这显然严重遮蔽了大量具体真实的情况，对此我们要有清醒的认识和自觉。

问题的回答和阐释，则构成了新闻学知识体系中极为重要的组成部分。[1][2]

像上述新闻本体论问题体系一样，围绕“新闻业是什么”这一核心问题形成的系列问题也不限于我们罗列出来的问题。事实上，这个问题清单很长，诸如新闻业的性质属性问题、经营管理问题、功能价值问题、新闻职业伦理道德问题、新闻自由问题等，都是新闻业态论问题体系的有机构成部分。这样的问题清单还会伴随时代发展不断变化。进一步来看，每一个大的分支问题还包含着大量小的分支问题，比如，在新闻生产问题分支中，至少包含着新闻生产传播主体问题群，新闻生产传播方式问题群，新闻产品、新闻作品（文本）问题群等分支问题。如此进一步细致的问题构成分析，需要专门的研究，但这样具体微观层面的分析不是本文的主要任务。

（三）新闻与社会发展的关系问题

在新闻领域或新闻系统之外，人与新闻关系的新闻学总问题，集中表现为新闻与自身运行环境的关系问题，也就是新闻与社会演进的关系问题，即新闻与社会整体发展的关系问题、新闻与社会各个子系统之间的关系问题。新闻与社会是共时存在的，是“共在”的统一社会系统，总体上处于相互影响、相互作用的状态，也是在这种状态中不断形成各自的历史表现。新闻是重要的社会存在、社会活动。新闻虽然有自身的目的[3]，但作为构成社会整体的一个子系统，新闻主要是手段性、工具性的存在，它需要以自身特殊的方

[1] 在传统新闻学研究中，特别是在西方新闻学研究中，尽管在理论逻辑上包括按照拉斯韦尔模式，即“谁（传播者）—说了什么（讯息）—通过什么渠道（媒体）—对谁（接收者）—取得什么效果（效果）”形成的五大部分（传播者研究，控制研究，内容研究，渠道或媒体、媒介研究，受众研究，效果研究），但实际研究中最突出的是两个部分：一是关于新闻生产的研究（谁，通过什么，说了什么）；二是关于新闻收受者（受众）的研究（对谁，产生了什么效果）。这样的研究自然包含着传播主体与收受主体之间的关系研究和新闻文本与新闻收受主体之间的关系研究。

[2] ［英］丹尼斯·麦奎尔，［瑞典］斯文·温德尔．大众传播模式论：第2版［M］．祝建华，译．上海：上海译文出版社，1982/2008：13–15.

[3] 杨保军．论作为“目的”的新闻［J］．新闻记者，2022（7）.

式，特有的功能作用、价值意义，为社会的整体发展服务，为社会的政治、经济、文化等发展服务。[1][2]当我们要在学术上揭示新闻与社会的这些关系内涵时，就必须将这些关系现象或关系实际准确地概念化、问题化，形成学术概念体系和问题体系，进而通过分析阐释这些概念体系和问题体系建构起相应的知识体系，使其成为新闻学知识体系的有机构成部分。

在当代中国语境中，新闻与社会的关系问题就是中国新闻与中国式现代化的关系问题。中国新闻与中国式现代化间的总问题或“元问题”是：在中国式现代化发展过程中，需要什么样的中国新闻？换个说法就是：什么样的中国新闻有利于、有益于中国式现代化的健康发展？总问题或“元问题”的具体化，就是中国式现代化新闻与中国式现代化其他各个分支领域的关系问题。简单明了地说：“中国新闻自身发展问题”与“中国新闻与中国式现代化发展的关系问题”，不仅是当代中国新闻学问题体系的重要组成部分，也是当代中国新闻学问题体系中最具特色的组成部分。对这一问题体系的回答和阐释，不仅构成了当代中国新闻学自主知识体系的重要部分，更是具有更为直接的理论价值和实践意义。

（1）“中国式现代化新闻业”（中国新闻）自身发展问题。中国新闻自身的现代化特别是数字时代的现代化发展问题，是当代中国新闻学需要关注的重大实践问题。这样的问题集中体现在以下三个大的问题体系中。①以“党媒”[3]体系为主体的新闻业问题。新中国成立70多年以来特别是改革开放40多年的快速发展，使中国新闻领域已经形成了以“党媒”体系为主体的新闻业总体格局。在近一二十年来，尽管数字技术、智能技术的迅猛发展，数字新

---

[1] 依赖社会的整体发展，特别是政治经济的整体发展状况，是新闻领域作为社会结构中上层建筑意识形态领域的基本特征、规律性表现。

[2] 杨保军．论作为宏观新闻规律的“新闻依赖律”[J]．新闻界，2019（5）．

[3] “党媒”是“政党媒体”的简化说法。本文所说的“党媒”，是指中国共产党创办、拥有的媒体，是指党所领导的媒体，并主要指党所创办、拥有和领导的新闻媒体。

闻、智能新闻的突飞猛进，改变了并继续改变着当代中国新闻领域的整体结构，但并没有改变“党媒”体系在整个中国新闻活动领域的核心地位。但如何在数字时代创新、完善以“党媒”体系为主体的中国新闻传播体系，保证“党媒”体系持续成为中国新闻生产传播的主导力量，已经成为具有战略意义、现实意义的重大问题，也自然成为当代中国新闻学自主知识体系特别是有关新闻业自主知识体系的核心构成部分。②职业新闻与非职业新闻的关系问题。与“传统新闻业时代”相比，数字时代、智能时代新闻领域的最大变化，就是从新闻生产传播端冲破了传统新闻时代职业（专业）新闻的垄断地位，造成了新闻生产传播全新的社会化局面，或者说造成了多元新闻生产传播方式的融合化图景，改变了传统新闻生态，造就了融合新闻活动的景象。[1][2]这种革命性变化，给新闻学科包括当代中国新闻学带来的总体性问题是“职业新闻与非职业新闻的关系问题”[3]。对“后新闻业时代”开启并展开的新闻学而言，已经进化成为互联网背景下的新闻学，数字环境、智能环境中的新闻学。这样的新闻学在整体上已经成为一种“融合新闻学”，也是一种更加全面完整的

---

［1］“融合新闻活动”与“融合新闻”是两个有内在联系但含义不同的概念。作为新闻的一种形态或呈现、表征方式，“融合新闻”是比较好理解的，是指运用多媒介技术手段，集合文字、图片、声音、图像等多元传播符号，对新闻事实进行报道。但融合新闻活动的含义比较复杂。①融合新闻活动的直接意义是指生产传播“融合新闻”的活动。②融合新闻活动更为实质的意义是指各种新闻活动方式的融合，特别是各种新闻生产传播方式的融合，最典型的就是职业新闻与非职业新闻在生产传播端的融合。③融合新闻活动更为全面系统的含义是：业态层面上新闻传媒业与其他行业的融合，不同新闻活动主体类型之间的融合，不同新闻生产传播渠道之间的融合，不同新闻生产传播技术间的融合，新闻生产传播中各种可能要素间的融合。融合新闻活动是一个开放性的概念，随着新闻生产传播方式的变革，它会获得新的含义。

［2］曾祥敏．融合新闻学［M］．北京：中国传媒大学出版社，2023：13.

［3］如果以专业新闻媒体的新闻生产为标准参照，我们至少可以在形式上将专业新闻媒体以外的所有新闻生产传播笼统地定性为“非职业新闻”。需要注意的是，职业新闻与非职业新闻主要是从新闻生产主体出发的一种简单的二元化划分，并不是说所有的非职业新闻生产都达不到职业新闻生产的水平。

新闻学，使新闻学更加名副其实。[1]这种局面给当代中国新闻学自主知识体系建构带来的总问题是：在数字新闻、智能新闻或融合新闻不断演进的大趋势下，如何构建当代中国新闻学新的知识体系。③人主体新闻与智能体新闻的关系问题。[2]在人类社会开始步入智能社会、人类文明向人—机智能文明迈进的宏观背景下，人类新闻活动也从以“人主体新闻”为主的时代转向“智能体新闻”逐步崛起的时代，并实质性地进入人主体新闻与智能体新闻逐步融合的历史阶段。我们看到，人工智能技术的快速发展，使人机关系问题成为时代性的问题，所有科学领域毫无例外地不得不以各自的方式关注人机关系问题。处于信息领域的新闻活动，在人机关系问题上更是处于前沿阵地，需要面对一系列新问题、新现象，其中最典型的总体性问题是“人主体新闻”与“智能体新闻”的关系问题。而对必须面对当前新现象与未来发展的当代中国新闻学来说，在知识生产、自主知识体系建构中，也必须将这一问题的探索和研究成果纳入其中。

（2）新闻与社会系统的关系问题。回答和阐释新闻与社会系统的关系问题，在当代中国语境中，就是回答和阐释“中国新闻与中国式现代化[3][4]发展的关系问题”。具体一些，则是“中国式现代化新闻业与中国式政治、经

[1] 杨保军．“融合新闻学”：符合时代特征的总名称——关于“后新闻业时代”开启后新闻学命名问题的初步思考[J]．新闻界，2022（1）．

[2] 杨保军，孙新．论人主体新闻与智能体新闻的关系[J]．新闻界，2022（8）．

[3] 中国共产党第二十次全国代表大会的工作报告，对“中国式现代化”做出了权威性的解释。中国式现代化是中国共产党领导的社会主义现代化，既有各国现代化的共同特征，更有基于自己国情的中国特色：中国式现代化是人口规模巨大的现代化，是全体人民共同富裕的现代化，是物质文明和精神文明相协调的现代化，是人与自然和谐共生的现代化，是走和平发展道路的现代化。中国式现代化的本质要求是：坚持中国共产党领导，坚持中国特色社会主义，实现高质量发展，发展全过程人民民主，丰富人民精神世界，实现全体人民共同富裕，促进人与自然和谐共生，推动构建人类命运共同体，创造人类文明新形态。

[4] 习近平．高举中国特色社会主义伟大旗帜　为全面建设社会主义现代化国家而团结奋斗——在中国共产党第二十次全国代表大会上的报告[N]．人民日报，2022-10-26（1）．

济、文化、社会等各个领域的现代化关系问题”[1]。这是当代中国新闻学自主知识体系建构中的重大实践问题，同时也是重大的学术问题、理论问题，也是自主知识体系建构的关键所在。习近平总书记指出：“问题是创新的起点，也是创新的动力源。只有聆听时代的声音，回应时代的呼唤，认真研究解决重大而紧迫的问题，才能真正把握住历史脉络、找到发展规律，推动理论创新。”[2]在当代中国新闻学自主知识体系构建中，能否回答和阐释中国新闻与中国式现代化发展的根本关系问题，能否以问题为导向，对中国新闻与中国式现代化的关系作出前瞻性、引领性的回答，这是对当代中国新闻学自主知识体系建构成效的重要衡量标准。

关于新闻与社会的关系问题，可以从新闻领域相对社会领域的“依赖性”与“能动性”两大方面来考察。①新闻对社会整体发展的依赖问题。在新闻系统与社会发展关系之间，是部分与整体的关系，其最基本的关系应该从社会结构视野中作出分析。依据马克思主义社会结构理论，新闻领域（新闻业）属于上层建筑意识形态领域，因而必然受制于经济基础，也必然受制于政治上层建筑。这意味着，新闻与经济、新闻与政治、新闻与文化、新闻与技术等之间有着复杂的关系问题。其实，新闻与每一社会领域之间都存在着大量的问题。新闻活动的中介性特点，新闻本身的中介化地位与作用，特别是深度媒介化社会的到来，使得新闻与社会的整体运行与发展、新闻与各个社会领域的关系越来越紧密，也使新闻与各个主要社会领域的关系越来越突出。因而，在知识生产视野中，对这些问题的回答和阐释，是建构当代中国新闻学的重要内容。②新闻对社会发展的能动作用问题。在新闻系统与社会整体之间，本质上是相互影响、相互作用的关系，不只是新闻对社会的依赖，对政治、经济、技术等的依赖，还有新闻业、新闻传媒、新闻传播、新闻对社

[1] 这里所说的“中国新闻”，广义上是指中国新闻领域或中国社会中的新闻活动，狭义上主要是指当代中国新闻业，即中国式现代化新闻业。

[2] 习近平．在哲学社会科学工作座谈会上的讲话［N］．人民日报，2016-5-19（2）．

会整体发展以及社会各个子系统变化的能动作用和影响。事实上，“新闻在人类社会中占据极其核心的话语地位，是左右历史发展的一种力量”[1]。“媒体是现代社会一种典型的权力机构，它凭借社会分工和技术手段所获得的‘话语权’，可以形成强大的舆论力量，对其他社会领域中的权力产生干预和影响。”[2]在当今媒介环境中，新闻对社会的能动作用越来越强、越来越大，因而能动作用问题越来越成为新闻学知识体系建构中的突出问题。

（四）新闻与日常生活的关系问题

人与新闻的关系问题，最为普遍的也是最为基础的表现是新闻与人们日常生活的关系问题。新闻不仅是人们的日常生活资料[3][4]，新闻生活不仅是人们日常生活的一部分，也是人们参与各种社会生活、政治活动、经济活动、文化活动的基本“中介化活动”“中介资料”“中介工具”。“新闻活动是几乎贯穿在人类所有其他生活活动和社会实践活动中的一种前提性活动、基础性活动、中介性活动。”[5]在当今信息社会、数字化环境中，新闻与人们日常生活的关系越来越紧密。与此相应，新闻与人们日常生活的关系问题，也越来越成为新闻学关注的重要方面。在新闻学知识生产、知识体系构成中，对“新闻与日常生活的关系问题”的考察、分析、阐释自然成为越来越重要的部分，也是新闻学以及当代中国新闻学建构更为完整、全面之新闻学的重要组成部分。“日常新闻”（生活新闻）与“非日常新闻”构成了完整的新闻图

---

[1] 史剑辉．新闻观：人文主义转向何以可能？——南京大学杜骏飞教授学术专访[J]．新闻记者，2018(10)：29-36.

[2] 芮必峰．新闻生产中的力量博弈[M]．北京：中国传媒大学出版社，2018：187.

[3] 早在19世纪60年代，马克思就已指出，报纸是工人的必要生活资料。“报纸就包括在英国城市工人的必要生活资料之内。”“工人可能用工资来购买只有在下周才能缝好的上衣，或者用来购买明天才能出版的报纸。……很多必要生活资料的情况就是这样，例如，啤酒、面包、牛奶等，这些东西几乎刚刚生产出来就应该被消费，否则就要腐坏。”

[4] 马克思恩格斯全集（第三十八卷）[M]．北京：人民出版社，2019：117，191.

[5] 杨保军．新闻主体论[M]．北京：人民日报出版社，2016.

景。当代中国新闻学应该在既有新闻学的基础上，成为“走向生活世界的新闻学”[1][2][3]。在当代中国新闻学自主的知识体系构建中，应该有关于这一关系问题的内容。关于新闻与日常生活世界的关系问题至少应该包括以下几个大的方面。

（1）日常生活中的新闻活动。新闻活动本就是日常生活世界的自然组成部分。新闻活动是人类的固有活动，新闻需要是人类的基本需要。新闻活动是贯穿人类历史的日常活动的一部分，是可以超越任何人工媒介中介化的日常活动，也是历史最为长久并且必然最为长久的日常活动。新闻业自诞生以来的社会分工意义上的职业化、专业化新闻活动的历史不过是新闻活动长河中短暂的瞬间，当今数字环境中兴起的其他新闻活动方式就更是极为新近的事情了。职业新闻活动没有也不可能替代日常生活世界中自然而然的新

[1] 杨保军 . 当代中国新闻理论研究的“上升”与“下沉”[J]. 新闻大学，2021（1）.

[2] 李泓江 . 走向生活世界的新闻学[J]. 国际新闻界，2022，44（2）.

[3] 新闻理论研究应该“下沉”，所谓“下沉”，就是当代中国新闻学在“人与新闻关系”这一新闻学总问题的视野下，更加关注新闻与整个日常生活世界的关系、新闻与每个人的关系以及新闻与各种社会基层组织、基层单位、社会群体、社会活动的关系，使新闻学成为“走向生活世界的新闻学”“走向基层的新闻学”“走向受众（用户）的新闻学”。有研究者对此议题还作过专门的论述，指出：“现有以职业为导向的新闻学，并非完整意义上的新闻学，而只是后者在早期现代社会形成和发展起来的具体表现形式。随着历史条件的变换，新闻学将逐渐走出职业边界，走向生活世界，走向完整意义上的新闻学。当新闻学走向生活世界，不仅可以完成新闻学自身的历史性转变，发展与补充现有生活世界理论，还可以对人形成更真切、更深刻的理解。我们可以通过尝试转换研究对象结构、重返人文学科属性、开放学科间通路等多种方式，使新闻学真正走向生活世界。”

闻活动、“生活化的”新闻活动。而且，随着媒介技术的人性化演进[1][2]，新闻离人们的日常生活世界越来越近，新闻让人们的沟通越来越接近生活的原型状态、原生面目。因此，日常生活中的新闻活动是新闻学必须关注的对象，也是当代中国新闻学在自主的知识体系建构中应该关注的、必不可少的问题领域。

（2）日常新闻活动与其他新闻活动的关系。当我们把日常生活世界中的新闻活动“端拿”出来单独观察分析时，实际上也就连带出来另一个更为重要的实际问题，这就是日常新闻活动与其他新闻活动的关系问题，日常新闻与其他类别新闻的关系。尽管日常生活世界中的新闻活动与其他类型的新闻活动在当今信息社会、数字化环境中日益融合，但它们之间在客观上必定还是可区分的，也有着不同的功能作用。因此，探讨日常生活新闻活动与职业新闻活动、平台新闻活动、机构新闻活动等的基本关系就成为当代中国新闻学自主知识体系建构中的重要任务。

（3）非日常新闻与日常生活交往的关系。在新闻与日常生活的关系问题领域，除关注日常新闻活动（日常新闻）本身之外的问题，还要特别关注日常生活“自产”新闻（日常新闻）之外的其他新闻（“非日常新闻”，即职业新闻和其他公共化的新闻）与人们日常生活交往的关系问题，实质就是要关注非日常生活中生产的新闻在人们日常生活中的地位、作用和影响之类的问题。即使在今天更不要说过去，人们实际生活的社会空间是相当有限的。日

[1] 在媒介形态演变上，莱文森认为，媒介演变有自身的方向和趋势，这便是至少在形式上向前技术环境回归，这被莱文森称作人性化趋势，“媒介是朝着增加人类功能的方向进化和发展的”，这是一种“人性化趋势”。但在我看来，尽管莱文森的总体判断是符合历史演进趋势的，人所创造的一切事物本质上就是人性的，其方向应该是越来越趋近于人性、人的自然自在的特性。但也应该注意到，越是“先进”的媒介技术，一定意义上是离人性越远的技术；形式上的回归必定是形式的、符号化的，不管它运用的是什么样的符号中介。符号世界中的超真实只会使我们离真切实在的物理世界越来越远。

[2] [美]保罗·莱文森．人类历程回放：媒介进化论[M]．邬建中，译．重庆：西南师范大学出版社，1979/2017：序言 2.

常新闻活动本身交流的主要是身边的新闻，并不能解决对更远环境的了解和理解，而日常新闻以外的新闻正好可以弥补这样的不足，这就使得非日常新闻具有了特殊的地位和作用。

四、总结

建构当代中国新闻学自主知识体系的关键，从理论逻辑上说，首先是发现新闻领域的客观矛盾和问题，这是所谓“问题导向”中最关键的一环。将客观问题概念化进而转换成学术问题，这是进入知识生产、知识体系建构的核心所在。没有客观问题，学术概念化、问题化便是无源之水、无本之木，但没有学术概念化、问题化，就难以以学术方式展开研究，也不可能建构知识体系。基于这样的基本认知，本文在既有研究基础之上，主要在新闻理论视野中提出了当代中国新闻学自主知识体系建构中的“问题体系”。这样的“问题体系”，可以用以下结构图（见图1）做出大致的呈现。

最后需要特别说明的是，在知识生产、知识体系建构中，具体的学术问题是在研究过程中发现的，是个不断探索的过程，不可能完全预先设计或想象，问题体系的提出与知识体系的建构是互相交融的同步过程。本文提出的“问题体系”，属于总问题、领域性问题、范围性问题和大的分支问题。提出这样的“问题体系”，主要意义在于为当代中国新闻学自主知识体系的建构特别是自主新闻理论体系的建构指出比较宏观的方向，并不是为新闻学、新闻理论研究提供具体的研究问题，事实上也做不到这一点。

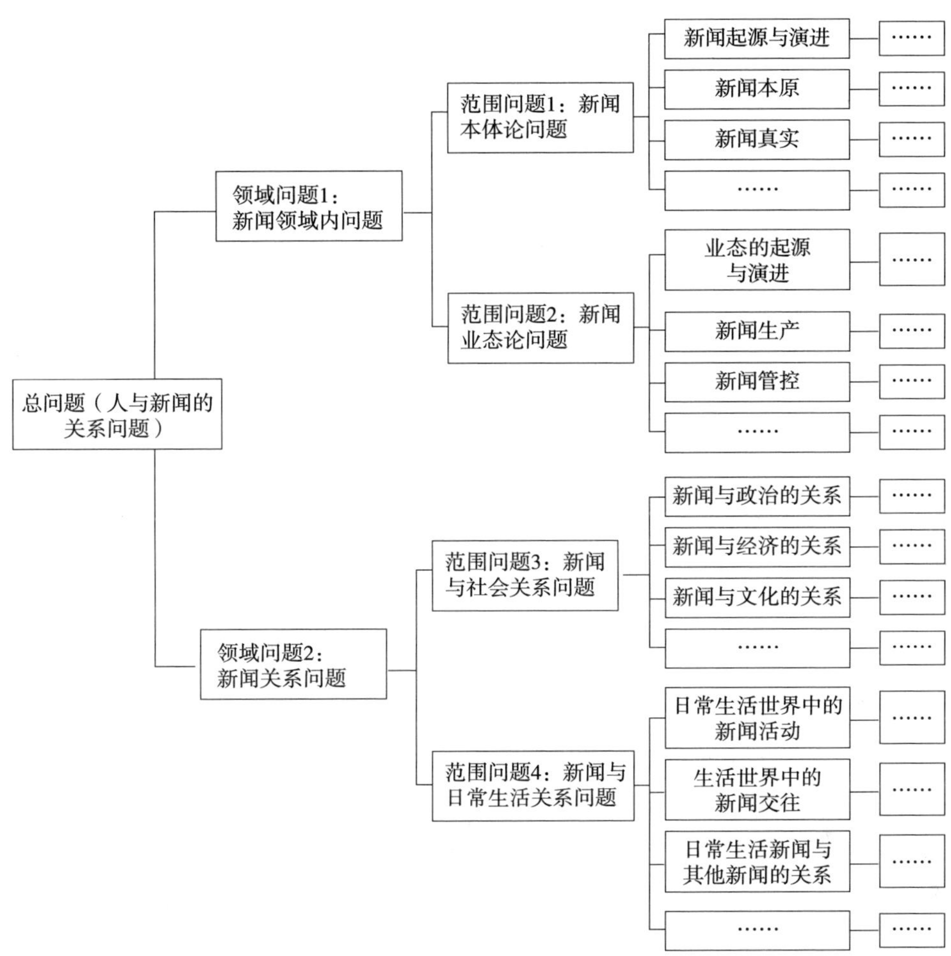

图1　当代中国新闻学“问题体系”结构图

中国主流新闻媒体走向系统性变革的道路及挑战

蔡　雯　汪惠怡

［摘　要］文章基于系统论的理论视角，在主流媒体、中国新闻业、中国式现代化社会这三个由微观到宏观的层面，从行动主体、以资源配置为纲的行动策略两方面，分析主流媒体系统性变革的经验与对策。中国主流新闻媒体在通过优化内部资源的配置走向繁荣、突破行业边界实现资源整合的基础上，进一步推进系统性变革，在微观层面应处理好新闻舆论"四力"之间的关系，在中观层面应处理好四级媒体之间的关系、行政扶持与市场竞争力之间的关系，在宏观层面应处理好党和政府对媒体的治理和媒体参与国家治理之间的关系。

［关键词］主流新闻媒体；系统性变革；资源配置

改革开放以来，中国新闻业取得了有目共睹的发展成就，但也面临着信息技术快速迭代之下数字化、网络化、智能化趋势带来的冲击和挑战。党的二十届三中全会通过的《中共中央关于进一步全面深化改革、推进中国式现代化的决定》，对中国新闻业提出了"构建适应全媒体生产传播工作机制和评价体系，推进主流媒体系统性变革"[1]的要求，这为中国特色新闻学研究提出

［作者信息］蔡雯，中国人民大学新闻与社会发展研究中心主任；汪惠怡，中国人民大学新闻学院博士生。

［基金项目］教育部人文社会科学重点研究基地重大项目"国家治理视域下的新型主流媒体建设研究"课题（22JJD860015）。

［1］　中共中央关于进一步全面深化改革、推进中国式现代化的决定（二〇二四年七月十八日中国共产党第二十届中央委员会第三次全体会议通过）［N］. 人民日报，2024-7-22（1）.

了一个有待探讨的问题：如何看待我国主流媒体改革的历史经验，并在此基础上进一步推进系统性变革？本文基于对主流媒体的调研和对相关文献资料的研究，对如何建设作为文化事业子系统的中国新闻业进行探讨。

一、系统论视角下考察主流媒体系统性变革的三个层面

（一）系统论视角下的“系统性变革”

系统论既是一种理论，也是一种研究方法。古希腊哲学家亚里士多德（Aristotle）所说的“整体大于各部分的总和”奠定了系统论的思想基础。[1]系统论中的“系统”通常被定义为由相互联系、相互依赖的各部分所组成的具有特定功能或目标的整体。

系统论在管理学、经济学、政治学、教育学等多个学科领域的研究中，被学者视为重要的理论工具。例如，现代管理学之父彼得·德鲁克在20世纪40年代出版的《公司的概念》（*Concept of the Corporation*）中分析了在一个组织中，拥有不同技能和知识的员工如何在核心管理层、分部管理层的领导下，基于员工之间的相互了解进行分工合作。[2]随后，他在20世纪70年代出版的《管理：任务、责任和实践》中谈到了小型、中型、大型的组织在管理中的差异[3]，尤其是社会组织内部进行变革时处理自然人与组织之间关系的办法。20世纪40年代，约瑟夫·熊彼特在《资本主义、社会主义与民主》中谈到经济创新变革、资本主义的发展过程受到外部社会与自然环境变化的影响[4]，着重

[1] Von Bertalanffy, L. The History and Status of General Systems Theory[J]. *Academy of Management Journal*, 1972, 15(4).

[2] [美]彼得·德鲁克. 公司的概念[M]. 罗汉，译. 上海：上海人民出版社，2002：41–49.

[3] [美]彼得·德鲁克. 管理：任务、责任和实践：第三部[M]. 刘勃，译. 北京：华夏出版社，2008：61–75.

[4] [美]约瑟夫·熊彼特. 资本主义、社会主义与民主[M]. 吴良健，译. 北京：商务印书馆，1999：146.

分析了外部社会因素对一个社会组织或社会行业的变革所产生的影响。21世纪初，尤瓦尔·赫拉利在《人类简史：从动物到上帝》一书中讨论了人类社会所经历的认知革命、农业革命、人类融合统一、科学革命等宏观变革[1]，实际是讨论整个社会系统的、完整的、复杂的变革。

“系统性变革”是系统论与社会改革实践相结合的新概念。2022年，这一概念首次出现在中国共产党的重要文件中。党的二十大报告指出：“实现碳达峰碳中和是一场广泛而深刻的经济社会系统性变革。”[2]这一概念第二次出现在党的重要文件中，即在2024年党的二十届三中全会通过的《中共中央关于进一步全面深化改革　推进中国式现代化的决定》所提出的“构建适应全媒体生产传播工作机制和评价体系，推进主流媒体系统性变革”。“系统性变革”的英文表述是“systemic transformation”[3]，据此，从学术研究的角度出发，可以将系统性变化（systemic change）、系统性改革（systemic reform）、系统性转型（systemic transformation）等含义相近的中英文表述均视为本文中“系统性变革”所讨论的范畴。

笔者进一步追溯相关词汇的应用源头，发现在中国时政领域中，“系统性变革”的表述可以追溯至习近平总书记在2021年3月中央财经委员会第九次会议上所提出的“实现碳达峰、碳中和是一场广泛而深刻的经济社会系统性变革，要把碳达峰、碳中和纳入生态文明建设整体布局”这一论述。可见，围绕碳中和首次提出的系统性变革，涉及社会经济、环境生态文明等重要领域，是一场涵盖政府、企业、社会组织等诸多社会主体的全局变革。“系统性改

---

[1] [以色列]尤瓦尔·赫拉利.人类简史：从动物到上帝[M].林俊宏，译.北京：中信出版集团，2017：3，75，157，234.

[2] 习近平.高举中国特色社会主义伟大旗帜　为全面建设社会主义现代化国家而团结奋斗——在中国共产党第二十次全国代表大会上的报告[N].人民日报，2022-10-26(1).

[3] Xinhua News. Full text：Explanation of resolution of CPC Central Committee on further deepening reform comprehensively to advance Chinese modernization[EB/OL]. https：//xh-newsapi.xinhuaxmt.com/share/news_pc？ id=976356735827968.

革”一词最早于1995年7月出现在《人民日报》有关招生并轨改革的报道中，“招生并轨改革，是我国高等教育综合性、系统性改革的一个重要组成部分。高教的这项系统性改革包括高等学校招生、收费、教学、学生管理和毕业生就业等几个方面”[1]。从中可以看出，高等教育领域的系统性改革涉及该领域内的各个环节，该文章分析的是教育系统这个中观层面的一个微观环节，即招生行为的改革。

（二）考察中国主流媒体系统性变革的三个层面

上述有关系统性变革的讨论有一种共性：将被变革的对象置于整个社会系统中进行分析，并且认为变革也会带动整个社会系统的变化。其中，既包含母系统对子系统的供给与限制，也有子系统对母系统的反作用。复杂、适应的系统观念可以描述这种关系。这种系统观念将社会系统视为一个由具有适应能力的诸多子系统所组成的复合体，这个复合体具有复杂性、适应性，复合体与其子系统都在持续发展进化。[2]复杂性表现为社会系统内部子系统的类型、数量众多，并且相互之间存在复杂的互动关系。适应性表现为子系统在与社会环境、其他子系统的交互过程中不断获知信息、交换资源，进而据此调整自身的结构与行为。在复杂、适应的系统观念之下，系统性变革不仅包括对系统内部某些具体部分的调整，还涉及系统整体结构、运作机制、政策规则等的再设计，其目的是提高系统的效率、适应性和整体效能。因此，本文从系统论视角考察中国主流媒体的变革，并从微观、中观、宏观三个层面对中国主流媒体的系统性变革展开论述。

微观层面考察的是某一具体媒体机构的改革，对应政策话语中的“新型主流媒体与新型媒体集团”。每一家媒体自身都是一种系统，其中包括各种生产要素，并有适应该组织发展要求的结构和运行规律。党中央要求中国主

[1] 雪兆．什么是高校招生并轨改革？[N]．人民日报，1995-7-20（11）．

[2] 许国志．系统科学[M]．上海：上海科技教育出版社，2000：252.

流媒体系统性变革“坚持导向为魂、内容为王、创新为要、流量和效果说话，用互联网思维主导资源配置，全方位推进组织架构、管理流程、运营模式、话语体系、媒体形态、平台技术等变革”[1]，这涉及主流媒体集团内部系统的各方面。当然，这些方面的变革还需要在中观和宏观层面上获取更多的外力与资源支持，并据此寻找对策。

中观层面考察的是作为文化事业子系统的新闻业，各个主流新闻媒体共同形成的新型业态，对应政策话语中的“全媒体传播体系与主流舆论新格局”。现代化传播体系是由多层级多类型的媒体在一定结构与运行规律下形成的系统，而所有的主流媒体的变革都是传播体系建设的一个有机组成部分。

宏观层面考察的是在整个社会系统中新闻媒体作为“中国式现代化建设”的一个重要部分，与其他各部分之间相融合和协同发挥作用的变革。上述三个层面涉及的核心概念包括新闻媒体、新闻业、文化事业及社会系统，它们构成了一个从微观个体系统到中观群体系统，再到宏观社会系统的逻辑链条。在社会变革中，文化事业以及其中新闻业的功能主要是对内建设共同思想基础，保证意识形态安全，对外塑造国家形象，展示国家文化软实力和中华文化影响力，而这些功能要通过新闻媒体与社会其他领域的互动与协作来实现。

二、中国主流新闻媒体从微观层面走向宏观层面的改革实践

1978年党的十一届三中全会开启了中国改革开放的社会发展新阶段，中国主流新闻媒体变革也由此逐步展开。本文将这40余年的媒体变革实践作为观察对象，分析这些实践呈现出的从微观层面到中观层面，再向宏观层面不断递进与深化的轨迹。

研究主流新闻媒体的改革，最重要的是考察这场改革中的行动主体及其行动策略。行动主体的类型、数量、权力范围等要素决定了变革的规模，行

[1] 党的二十届三中全会《决定》学习辅导百问[M].北京：党建读物出版社，学习出版社，2024：154–155.

动策略则指向行动主体根据组织目标进行资源的配置，并协调与其他相关主体之间的关系以提高行动的效率与效果。因此，本文从行动主体、以资源配置为纲的行动策略双重维度展开讨论。

（一）微观层面的变革：中国主流新闻媒体以内部资源优化配置走向繁荣

20世纪80年代至90年代，中国传统主流媒体在技术、政治特别是新增的市场经济等因素的综合作用下，开始蓬勃发展，进入以释放媒体活力、走向市场、不断扩大社会影响力为目标的发展阶段。此时，改革的行动主体是各类传统媒体以及其中的职业新闻工作者，改革的目标主要是优化媒体内部资源配置，增强自身的影响力和竞争力。

由于彼时尚未出现社会化媒体与技术公司等外部行动主体，新闻传播活动的竞争主要是主流媒体之间的、新闻业内部的竞争，所以传统媒体有条件通过组织内的变革而快速发展。主流媒体之间的竞争主要是在内容的质量方面，如20世纪80年代复刊和新创办的晚报，以及90年代诞生的都市报，都是以更加贴近读者、贴近生活的内容获得了更广泛的关注，中央及省级机关报则在竞争压力下发挥政治地位与专业人才的资源优势，以深度报道扩大影响力。这一时期，各类主流新闻媒体的改革举措林林总总，但大多以合理利用优化配置媒体自身的资源为抓手，报刊改扩版、广播频率和电视频道增扩及调整成为新常态，进入改革历程的这个时代也促成中国传统主流媒体走向繁荣的黄金时代。

总体来看，这一阶段的媒体变革发生在媒体内部，因为当时中国处于从计划经济社会向市场经济社会转型的过程中，社会各领域还处在相对独立运行的状态。中国新闻业当时也是一个行业边界相对封闭的系统，虽然媒体的变革涉及体制机制、内容生产、经营管理等各方面，且媒体与外部社会也有一定联系，但并未与社会其他部分深度嵌入和相互融合，因此这一阶段的媒体变革依然是微观层面的变革。

（二）由微观走向中观层面的变革：互联网时代中国主流媒体的边界突破

1994年中国接入国际互联网以后，新闻业的行业边界逐渐被突破，新闻业外部力量的发展加剧了业内竞争。如世纪之交出现的由互联网技术公司开发的门户网站、搜索引擎等，逐渐发展为与传统主流媒体相竞争的行动主体。与此同时，数字通信技术逐渐成为信息传播的基础设施，它提升了信息传输的速度与质量，为后续信息传播规律的改变做好了物质准备。面对外部竞争者，传统主流媒体开始拥抱互联网，吸纳并使用新闻媒体原有工作范畴之外的媒介技术资源，以应对传播环境的变化。1995年《中国贸易报》正式进入国际互联网，至1999年全国大约有270份纸媒开设了网络版。传统主流媒体在政府行政资源的助推下开始尝试联合其他行业的行动主体，自上而下地发起了初具规模的探索。如2006年8月，原新闻出版总署启动的“中国数字报业实验室计划”，首期加盟的18家单位既有深圳报业集团等传统主流媒体，也有北大方正技术研究院等技术研究机构，还有中国网通等通信技术服务公司。

这一阶段中国主流媒体变革的实践探索中，行动主体虽然仍然是这些主流媒体机构，但它们已经难以单纯靠自己的资源和能力实现新的战略目标，邀请新闻业之外的新型主体加盟是改革得以推进的必要条件。媒体对资源的开发与配置也不局限于媒体内部，与其他业内主体、行业外主体以及媒体使用者等共享资源、协同行动，势在必行。

但也应看到，尽管这一阶段新闻传播活动受到技术公司等传统新闻业之外的新型行动主体的影响，但这些行动主体主要为新闻内容的传播、分发环节增加了渠道，尚未过多参与内容生产环节。也就是说，传统主流媒体在内容生产环节中依然掌握着绝大多数的独家资源，并且在传播与分发的社会网络中仍具有中心节点的优势地位。

（三）宏观层面的变革：中国主流媒体在移动互联网时代的必然趋势

随着2008年前后移动互联网的兴起与之后的持续发展，社会环境与媒体生态进一步改变，由互联网技术公司研发的社交媒体赋权于曾经处于收受者位置的新闻用户，使自然人与组织化的新闻用户都可以进行信息的生产与传播。随着社交媒体不断在网上吸引聚集了数量可观的新闻用户、分流了传统媒体的读者，一度出现了网上与网下两类存在张力的舆论场，那些尚未适应移动互联网传播规律的传统主流媒体处于影响力受限的被动境地。

传统主流媒体在新闻生产与传播中的垄断地位的丧失，迫使媒体变革必须再上一个台阶。与此同时，国家的发展战略规划对意识形态和舆论环境建设提出了更高的要求。2013年党的十八届三中全会审议通过《中共中央关于全面深化改革若干重大问题的决定》，提出了“全面深化改革”的指导思路、目标任务、重大原则，将深化改革细化到社会生产生活的各个领域，包括全面推进社会主义文化建设，其中“增强国际文化软实力”“构建现代公共文化服务体系”[1]正是新闻业与文化事业中的其他行动主体需要共同发挥作用的建设任务。2014年媒体融合上升为国家战略，中国新闻业进入了自我变革的时期，中国主流新闻媒体变革走向宏观层面。2016年2月19日，习近平总书记在党的新闻舆论工作座谈会上指出，“随着形势发展，党的新闻舆论工作必须创新理念、内容、体裁、形式、方法、手段、业态、体制、机制，增强针对性和实效性”[2]，其中“业态”一词首次出现在党的新闻舆论工作的表述中。这一表述，也说明我国新闻业突破其传统的行业边界，由中观层面的变革走向宏观层面的变革，不仅是新闻界自身的目标，也是党和国家的要求。

---

[1] 中共中央关于全面深化改革若干重大问题的决定（二〇一三年十一月十二日中国共产党第十八届中央委员会第三次全体会议通过）[N]. 人民日报，2013-11-16.

[2] 杜尚泽，鞠鹏，李涛，马占成. 习近平在党的新闻舆论工作座谈会上强调　坚持正确方向创新方法手段　提高新闻舆论传播力引导力　刘云山出席[N]. 人民日报，2016-2-20（1）.

宏观层面的变革，是以社会这一宏观层面为讨论的前提，旨在从社会系统各部分的联系、矛盾和统一中寻找解决问题的方案。这种研究的基本逻辑是，微观系统与中观系统的变革只能解决一部分而非所有的问题，尤其是难度最大的问题，所以需要更多的行动主体，在调度与融合更多资源的基础上共同寻找解决方案，同时，这种努力不是一劳永逸的，而是要随时代发展变迁不断探索和创新。中国主流新闻媒体系统性变革即是如此。

20世纪80年代以来，我国新闻媒体与新闻业的变革都在特定的历史条件下取得了成功的经验，但面临新的形势，在更加复杂的社会环境中要承担更加艰巨的工作任务。2022年10月，党的二十大报告提出“以中国式现代化推进中华民族伟大复兴”[1]，全面深化改革，进一步推动经济、政治、文化、社会和生态文明等各方面的改革，其中包括新型主流媒体引领中国式新闻传播现代化这项重要工作任务。主流媒体的高质量、现代化发展需要利用制度优势调用社会资源、进一步突破媒体系统的封闭性，参与这场变革的行动主体及其行动策略必须有进一步的调整。

三、主流媒体系统性变革面临的挑战

在百年未有之大变局下，国际局势的诡谲多变、党和政府对于媒体的规制、媒介技术演进与迭代、互联网企业在信息传播领域的迅猛发展、新闻用户自主性的增强等国内外因素都对中国新闻业产生了影响，这些因素与新闻媒体的发展紧密相关，但又属于新闻媒体无法左右的外部因素。概括来说，中国社会是一个非常复杂的系统，其中社会各部分与新闻媒体既相互制约，又相互融合。在这个系统中，系统性变革的任务无法由新型主流媒体这一单一行动主体独立完成，而是需要更多的主体协同行动。只有将新闻舆论工作上升到国家战略的层面、放在事关国家安全的高度、纳入深化文化体制机制

［1］ 习近平．高举中国特色社会主义伟大旗帜　为全面建设社会主义现代化国家而团结奋斗——在中国共产党第二十次全国代表大会上的报告［N］．人民日报，2022-10-26（1）．

改革的整体布局中，也就是通过系统性改革，才有可能达到目标。本文认为中国主流新闻媒体系统性变革，要处理好四类关系。

第一，在微观层面，处理好主流新闻媒体的传播力、引导力、影响力、公信力之间的关系。新闻媒体的“四力”是层层递进、并存共生的关系。传播力是新闻媒体生产与传播信息的能力，以客观的流量数据、发稿范围为指标，体现传播信息的覆盖面；引导力是新闻媒体在特定情境中对社会舆论的引导能力，尤其是针对复杂形势和社会矛盾，为公众指明方向并产生实际效果；影响力是新闻媒体影响社会公众的思想、行为和决策的能力，是在传播力数据基础上对社会公众所产生的现实社会效果；公信力是新闻媒体获得社会公众信任与认可的属性，是前述三方面共同作用、长期积累的结果。“四力”中，传播力是基础和前提，没有传播力，引导力、影响力、公信力都无从谈起。与此同时，公信力又对传播力、引导力和影响力具有很大影响，如果新闻媒体不能获得公众的信任，最终也难以获得持续的传播力，更难以引导与影响公众。

对于“四力”关系的处理在新闻实践中并不容易，如对一些社会敏感现象和问题主流媒体是否报道，以及如何把握选题的角度与信息总量，这些问题都需要认真思考。这些问题一方面直接影响到媒体的传播力、影响力、公信力，另一方面也考验了媒体的引导力。面对公众共同关注的热点话题，媒体若一直沉默失语，“四力”都会受损；反之，若为了吸引眼球带动流量，一味迎合受众，看似能让媒体传播力彰显，但未必能正确引导舆论与增强媒体公信力。对主流媒体来说，如何在坚持以正面宣传为主的报道方针下，充分满足公众的信息需求，并将新闻报道做得“有意义又有意思”，是新闻实践中需要探索的课题。

在系统性变革的过程中，主流媒体还需要协调短期与中长期目标之间的关系，也就是要关注单件新闻产品的短期效果与系列新闻产品的长期效果之间的关系，研究受众心理，重视新闻媒体对人民群众在价值观念方面潜移默化的影响。在自主可控平台的建设中，平台对用户的开放度与平台治理的安全性之间的张力也要考虑。

第二，在中观层面，处理好我国新闻传播体系中四级媒体间的关系。我国长期以来形成的“中央—省—地（市）—县（区）”四级媒体在资源上各有优势，发展进度与难点也各不相同。这意味着在进行系统性变革时，需要充分考虑系统中各部分的发展基础、可使用的资源情况。例如，一些地市级媒体面临着政策扶持力度与自主创新能力都相对薄弱的发展现状，区县级媒体则存在着东南部与西北部发展不均衡、内部差异较大的情况。在媒体实践中，四级媒体之间的合作与竞争一直都客观存在。有些省级媒体派驻记者在地市开展新闻工作，被地市级媒体视为一种资源抢夺行为，两级媒体之间产生矛盾，难以开展合作。而我国新闻业要实现“推动主力军全面挺进主战场”[1]，主流新闻媒体系统化变革的目标，绝非只是建成几家新型主流媒体，而是要谋求全面和整体的变革与发展，在服务于国家发展战略的共同目标下，以主流舆论新格局中的合理分工、协同配合、优势互补来开展工作。

当前，一些主流媒体自主建设的媒资系统对其他主流媒体、社交媒体设置了保护壁垒。首先，版权资源的壁垒不利于行动主体之间开展合作与进行公平竞争；其次，各个媒体建设的自主可控平台在数据统计标准方面各异，如对阅读量加权计算等，数据本身的说服力有限并且因算法不同而难以进行跨平台的比较[2]，此外，还难以在数据评价方面统筹自有平台以及所入驻第三方平台等多个渠道的发稿情况，造成了新闻媒体内部的割据。这种情况导致一些媒体在进行传播效果的比较与评价时，只能将第三方社交媒体平台的数据作为相对公平的标准。这实际上把对新闻活动进行效果评价的主动权移交

[1] 李书磊．深化文化体制机制改革（学习贯彻党的二十届三中全会精神）［N］．人民日报，2024-8-7（6）．

[2] 汪惠怡，蔡雯．连接媒体与用户：主流媒体平台扩大影响力的行动策略与难点——基于对三个央媒平台账号体系的考察［J］．编辑之友，2023（6）．

给了第三方平台，丧失了“从生产、传播到评价”这个闭环中最后一个环节的自主权。为解决这些问题，浙江日报报业集团的潮新闻客户端在数据评价方面做了初步探索，在客户端中统计“全网传播量”，这一指标加权统计了这篇客户端原创稿件在潮新闻系统内各个平台中的传播数据，如“潮新闻”微信公众号、微博账号、短视频账号的传播效果数据，都将纳入客户端传播数据的统计中，使潮新闻运营团队可以把握旗下所有传播渠道的整体传播效果。这一方式值得借鉴。

第三，在中观层面，处理好行政扶持与市场竞争力之间的关系。我国文化系统兼具产业属性和意识形态属性，文化产品具有经济商品与精神文化产品的双重属性。主流媒体需要在提升社会效益的前提下促进经济效益的实现，让社会价值落地为经济效益和商业价值[1]，进而增强自我造血机能。我国各级政府对于主流媒体的行政扶持依然很重要，尤其要尽量帮助媒体走出目前转型期的困境，但媒体的系统性变革却不能单纯靠行政扶持来推进，而是要在全媒体、全链条的新闻生态下尽早实现主流媒体在信息与服务方面的经济价值，增强其商业化能力，开展包括商业广告、内容版权、政务服务、媒体智库、技术系统输出等多类别业务，提升其自主搜寻资源与机遇的能力、以全链条与个性化营销为特点的服务能力。总之，新闻媒体要想方设法地用好包括行政扶持在内的各种外部力量，通过盘活资源，形成可持续的良好发展态势。

第四，在宏观层面，处理好党和政府对媒体的治理和媒体参与国家治理之间的关系。这里的治理既包括新闻媒体作为被治理的客体，受到党和国家的规制，也包括新闻媒体作为治理的主体，协助党和国家对社会进行治理。有研究发现，在国家治理视角下政府与媒体的合作有以下三种典型模式：一是媒体以智库形式担任政府外脑，二是媒体代运营政府的政务新媒体账号，

[1] 郭全中，朱燕.生成式人工智能如何推进主流媒体系统性变革？[N].中国新闻出版广电报，2024-7-29(6).

三是媒体与政府一体化发展的区县级融媒体发展模式。[1]

从中国式现代化社会的系统层面上看，各级政府与当地媒体的关系对媒体变革有突出的影响，党政机构自身的发展水平，以及其对新闻舆论工作的重视程度和管理方式都会直接影响新闻媒体的发展。政府对媒体的治理表现为深化网络管理体制改革，统筹和打通网络内容生产与传播各环节各领域，按照归口领导、集中统一、高效协调的原则推进管理的一体化。这是以政府内部体制变革为基础的行动，即统一管理的部门与口径，也可以理解为政府通过行政手段进一步为主流媒体建设无边界的社会合作系统，并进一步明确媒体上级管理部门的职权范围，精减媒体“向上负责”时所要对接的主体数量。主流新闻媒体在协助党和政府发挥职能、参与国家治理的过程中，也要在坚持社会效益第一、承担党和国家重要新闻宣传与舆论引导等政治任务的前提下，关注社会公众的现实所需，与公众进行双向沟通而非单向告知，并经由媒体建立“党和政府—主流媒体—社会公众”之间信息、情感、价值观、社会行动的互动闭环。

综上，实现中国主流新闻媒体系统性变革，要在总结微观与中观层面的改革经验的基础上，进一步在宏观层面将新闻媒体与社会系统的各个组成部分相互嵌入和融合，汇聚全社会各类行动主体的力量，拓展资源配置的广度、深度，使中国式现代化传播体系与主流舆论新格局的建设再上一个台阶。主流新闻媒体系统性变革既是中国式现代化建设的一个重要组成部分，又是推进这项伟大事业的重要保障力量。

[1] 凌昱.国家治理视角下主流媒体实践的探索与问题研究[D].北京：中国人民大学，2023：90，102，111.

主流媒体引领中国式新闻传播现代化的实践探索

蔡　雯

［摘　要］“新闻传播现代化”是全人类共同面对的新景观，体现出技术驱动下全球信息相通相融的共性。而“中国式”则是在共性基础之上，由政治制度和国家利益决定的，体现出我国媒体肩负党和国家重托的特殊性。我国主流媒体以自身变革和跨越自身的资源整合，引领了中国式新闻传播现代化的进程。本文以主流媒体接入互联网之后的标志性新闻业务实践为观察对象，分析其资源配置模式的变化及其效果，并讨论主流媒体作为引领者所面临的困境。

［关键词］中国式；现代化；主流媒体；新闻传播

科学社会主义在二十一世纪的中国焕发出新的蓬勃生机，中国式现代化为人类实现现代化提供了新的选择。党的二十大报告指出，当前中国共产党的中心任务是全面建设社会主义现代化国家、以中国式现代化全面推进中华民族伟大复兴。中国新闻传播系统作为中国社会整体系统中与意识形态工作密切相关的组成部分，如何在新的历史条件下更好地完成现代化转型，以及更有效地在社会整体运行中发挥其应有的治理效能，是值得在总结实践经验基础上深思的问题。

［作者信息］蔡雯，中国人民大学新闻与社会发展研究中心主任。

［基金项目］高校人文社会科学重点研究基地重大项目“国家治理视域下的新型主流媒体建设研究”。

一、主流媒体与新闻传播的“中国式”及“现代化”

（一）关于“主流媒体”

我国新闻学界业界对于主流媒体的关注和讨论一直没有停歇。改革开放初期，报刊、广播、电视搭建了我国媒体的总体架构，且大多为政府主办主管，享有新闻资源的垄断地位。彼时新闻学界业界认为主流媒体是主要依靠主流资本、面对主流受众、运用主流表达方式的新闻媒体。[1]这是一种从定性角度出发的应然概括，也表明了主流媒体的地位由国家政策和愿景所天然赋予。

21世纪，媒体演进改变了我国传媒业既有的格局和生存方式，在移动互联网主导下的传媒新生态中，新闻学界业界从功能性标准、现实性标准两方面入手来考察主流媒体。其中，延续功能性标准的研究即从“以内容质量取胜”[2]的视角看待新型主流媒体，逐步认识到新型主流媒体不再仅仅是依靠行政级别获取社会地位与影响力，而是当人们面对社会生活产生困惑时能够起到方向性指导的媒体。[3]此外，从实现性标准来看，媒体市场竞争中对资源的占有数量和份额是评价媒体影响力的重要依据。“占领不了市场，就占领不好阵地”[4]，新型主流媒体被认为是在互联网思维指导下，以服务用户为主体价值取向，以开放平台为功能转型，以产品迭代为技术支撑的新型传媒主体[5]。

总之，无论是学界的研究成果还是业界的现实情况都已证明，主流媒体不是官方授予也不是主观自封的，而是要经过实践检验，获得公众认可，方

---

［1］ 卢娟 .“再中心化”主流媒体融合发展研究［M］. 延吉：延边大学出版社，2019：3.

［2］ 李良荣，袁鸣徽 . 锻造中国新型主流媒体［J］. 新闻大学，2018（5）.

［3］ 朱春阳，刘心怡，杨海 . 如何塑造媒体融合时代的新型主流媒体与现代传播体系？［J］. 新闻大学，2014（6）.

［4］ 新华社“舆论引导有效性和影响力研究”课题组 . 主流媒体如何增强舆论引导有效性和影响力之四：占领不了市场，就占领不好阵地［J］. 中国记者，2004（1）.

［5］ 石长顺，梁媛媛 . 互联网思维下的新型主流媒体建构［J］. 编辑之友，2015（1）.

可达成。媒体“主流”地位的获取、维护和巩固，并非与生俱来、一蹴而就、一劳永逸，要想保持主流地位，必须与时俱进，适应并引领时代潮流。因此，本文讨论的主流媒体应该具有两个特性：一是在传统媒体时代已经获得国家和社会认可，被视为“主流”的大众媒体；二是进入新媒体时代后，这些大众媒体以融合转型向新型主流媒体目标迈进，且已取得一定成效。

（二）新闻传播的“中国式”与“现代化”

“新闻传播现代化”是全人类共同面对的新景观，而“中国式”则是在共性基础之上，由政治制度和国家利益决定的特性。只有正确地认识中国新闻业与西方新闻业的共性与差异，才能真正把握我国主流媒体在新闻传播现代化进程中的地位与角色。

首先，新闻传播的“中国式”，体现出我国媒体肩负党和国家重托的特殊性。世界走向一个有机互动的整体是社会现代化的最终趋势，而社会现代化发展在不同地区、国家、民族之间存在着普遍性与特殊性有机统一的特点。[1]新闻传播是具有人文色彩的社会科学，政治、经济、文化的中国性从根源上决定了新闻学的中国性。我国主流媒体从传统到新型的发展变革进程与中国社会现代化进程相交融，而中国的政治制度和文化传统决定了以“党媒”为核心的主流新闻媒体掌握着更多的资源。[2]以这类媒体为主体，建构了中国式新闻传播体系，也形成了新闻传播的中国式实践模式和管理制度。

从国家治理角度来看，媒体具有双重属性，即既是治理的对象，又是治理的工具。党的二十大报告指出，中国式现代化是人口规模巨大的现代化。因人口众多、人口层次差异较大，需要通过新闻媒体在社会决策与治理中助力全过程人民民主的实现。而且，健康有益的新闻内容生产和传播本身也是社会主义先进文化的有机组成部分。

---

[1] 王继，王浩斌．马克思主义社会现代化思想探析[J]．社会学研究，2003(3)．

[2] 郭全中．国有媒体的资源性发展与转型研究[J]．现代传播(中国传媒大学学报)，2021，43(5)．

其次，新闻传播的“现代化”，体现出技术驱动下全球信息相通相融的共性。现代科学技术全面改造人们生存的物质条件和精神条件，促使工业化社会成长为以数字化和网络化为基本社会交往方式的信息化社会。现代化不仅意味着经济结构、经济运作方式和生产方式的现代化，而且涵盖了政治、社会、文化领域的现代转型，这种转型一直延伸到人的思维、生活方式以及人际交往层面[1]，是器物、制度、精神与思想行为三位一体的现代化[2]。

基础科学的进步以及各领域内应用技术的突飞猛进是现代化的重要驱动力。当互联网成为人类社会发展的基础设施后，大数据、人工智能等新技术推动传播体系现代化的步伐日益加速，并与社会系统的各个部分深度交融，促成深度媒介化的社会环境。同时，新闻信息传播也因技术助力在全球范围内相通相融，中国式的新闻传播必然是面向全球的新闻传播，中共中央倡导“讲好中国故事”“向世界说明中国”，本身就是以承认和重视人类新闻传播具有相通相融的共性为前提的。

二、中国主流媒体现代化转型的实践历程

学界对当代中国新闻业主要有两种分期方式。一是按照当代中国社会的整体发展作为依据，以1978年改革开放为分界，这种分期方式反映了新闻业与当代中国政治、经济、文化、社会发展之间的互动，体现出独特的“中国性”。二是按照新闻活动本体的变动作为依据，以中国1994年全面接入互联网为界，这反映了中国新闻业与当代技术发展的关系，体现出其与全球新闻业融合互鉴的世界性。[3]

本文以中国全面接入互联网以后主流媒体的新闻传播实践为考察对象。

[1] 章国锋．反思的现代化与风险社会——乌尔里希·贝克对西方现代化理论的研究[J]．马克思主义与现实，2006(1)．

[2] 韩克庆．市民社会与中国的现代化[J]．江苏社会科学，2001(6)．

[3] 杨保军．全面认识当代中国新闻学的性质[J]．国际新闻界，2022，44(7)．

这种在世界范围内更具有客观可对标性的分期方式，便于理解人类通用的先进技术如何与中国特有的社会结构和政治制度相结合，促使中国主流媒体的主动作为与转变。尤其是从标志性新闻业务实践节点中探析主流媒体的创新之举，以及这类媒体与中国社会之间的互动，可看到主流媒体引领传播现代化和促成国家现代化的进路。

技术是新闻传播环境的颠覆性外部变量，但不是唯一变量。我国主流媒体在技术、市场、政治与经济手段等联合作用下走过了一段自我革新的道路，以新闻业态创新推动媒体转型发展。从传统形态到新兴媒体平台，延伸品牌价值和内容优势，形成新的增长点。这些探索的核心目标可归结为：通过对各类资源的重新认识、深度开发与优化配置，探索建立现代化中国所需要的新闻传播体系。我国主流媒体各阶段的典型实践显示出从传统到现代、从单一到融合的发展过程（见图1）。

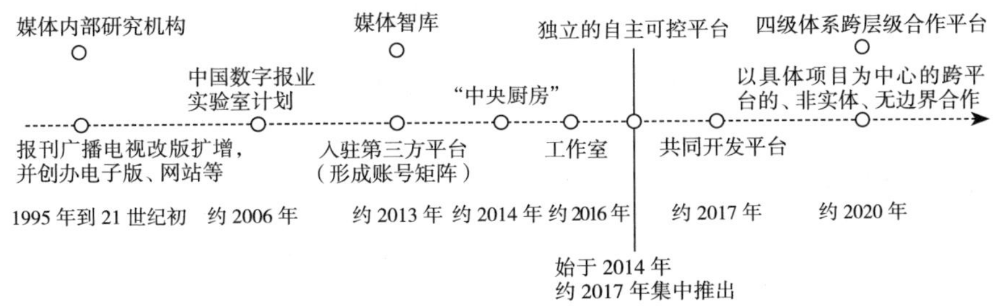

图1　中国主流媒体现代化转型发展历程示意图

从20世纪末开始，传统媒体开始触网用网，纷纷创办电子报刊与网站，将纸质版内容以正版图片或者文字稿原文搬运到网络。1995年《中国贸易报》正式走进国际互联网，至1999年约有270种报纸开设了网络版。从2000年起，各家媒体纷纷开始建设以新闻为主的综合性新闻网站，报纸也通过手机、阅读器等向用户提供内容与服务。此外，媒体还建设了“强国论坛”等网上社区，连接与沟通社会各界，促进公共讨论。2006年8月，原新闻出版总署启动“中国数字报业实验室计划”，深圳报业集团、北大方正技术研究院、中国网通等18家单位作为这一计划的首期加盟成员。触网后，主流媒体隐约感受到信息传播环境的变化，不少建立了内部的新闻研究机构，为媒体自身发展出谋划策。

2010年后，微博、微信等商业化社交媒体平台兴起，传统主流媒体纷纷开通官方社交媒体账号，入驻第三方平台。随着入驻平台的类型与数量不断扩充，很多媒体将原本分散在众多部门及工作室的账号运营工作逐渐归拢，建立了独立的新媒体中心或者总编室下的社交媒体运营室。

入驻社交平台对媒体的内容生产提出了新要求，如内容更新数量与频率要增加，叙事语言、表现形式要改变。媒体不得不同步发展传统媒体与新兴社交媒体，并统筹协调多个社交媒体之间的关系。一些媒体采取“摸着石头过河”“小步慢走”的探索方式，在2013年前后开始进行内部创新/创业的探索，具体包括建设“中央厨房”、组建工作室、孵化子栏目子品牌等。

虽然入驻第三方平台给机构媒体带来一定的传播效果，但内容与传播过程受制于他人的无奈，尤其是难以保障经济收益，迫使其谋求新路。2014年前后，在中央政策的支持下，一些有实力的媒体开始建设自主可控的平台，并在此过程中认识到作为平台底层技术逻辑的算法的价值，人民日报新媒体中心等在2018年开始研发党媒算法。

主流媒体险中求变的另一项举措是智库建设。从2013年开始，在国家政策鼓励下，越来越多的媒体或将原本“内向型”的内部研究机构改造成“外向型”的媒体智库，或新建以大数据研究为支撑的智库。如南方传媒集团建立的十大智库各具特色，不仅为媒体自己的内容生产提供了新资源，还为政府、企业和社会提供决策咨询服务，使媒体的社会影响力和经济效益都得到提升。

2018年，建设新型主流媒体的目标进一步明确，“互联网+跨平台+跨界”的发展思路成为共识。一些研究者将媒体与社会视为流动互通的生态系统[1]，

[1] 郭全中．媒体深度融合的“大融合”思路及实施关键[J].现代传播（中国传媒大学学报），2022，44（9）.

关注主流媒体与社会中的其他行动主体共同研发平台，多方之间开展以具体项目为中心的、非实体的、跨平台的、无边界的合作。此外，传媒体系内部也在中央的顶层设计下展开了四级媒体之间跨层级的合作。

整体来看，以建设新型主流媒体为目标，我国各级专业媒体机构在组织模式、传播渠道、生产与服务技术、事业布局等方面向全网拓展，图1时间线上所列只是一部分代表性实践。需要说明的是，它们并非后者取缔前者的关系，而是在前一步的基础上保留有益经验并叠加新的做法，是一种螺旋式上升的进步过程。每一项实践在当时历史条件下都具有一定的前瞻性和实际效果，成为构建中国式新闻传播现代化的一个个支点。其中有些实践创新在当下仍然具有可行性和生命力。

三、主流媒体以资源配置驱动新闻传播体系现代化

综观全世界的媒体融合实践，有一个共同规律：传统媒体拥抱新技术新媒体，必以对媒体自身资源的重新配置为起点，即重新配置人力、物力、财力以适应新任务新目标。当自身的资源配置不足以达成预定目标时，媒体对于资源的利用方式，则从重组再造内部资源逐步转向联动整合外部资源。因此，以媒体资源配置模式的变化为观察视角，分析主流媒体在现代化进程中的融合创新实践，具有理论意义和实践价值。

图1中以时间线形式罗列的代表性实践，恰可作为分析我国主流媒体资源配置模式的样本。现代化传播体系是由多元化的实践主体共同建构的，其中每一个主体都有自己独特的资源优势。主流媒体在这一体系中所居的位置，以及与其他主体的关系，也主要体现为合作过程中的资源共享、互换和共生。因此，笔者根据资源所有者的分类，对应主流媒体的每项代表性实践，找到其资源利用的侧重点，再分析其资源配置模式。从资源拥有者类别看，主要有媒体自身、其他专业媒体、跨行业合作主体和媒体使用者四类，各类实践的资源配置情况如表1所示。

表1　主流媒体代表性新闻实践中的资源配置情况

主流媒体的代表性实践	资源所有者分类			
	媒体自身	其他媒体	跨行业合作主体	媒体使用者
报刊改扩版、广播频率和电视频道增扩和调整	√			
创办电子报刊、门户网站、论坛等	√			√
建设媒体智库	√		√	
建设“中央厨房”	√		√	
入驻第三方平台（形成账号矩阵）	√		√	√
工作室	√		√	√
独立的自主可控平台	√	√	√	√
共同开发和建设平台	√	√	√	√
以具体项目为中心的跨平台、非实体、无边界合作	√	√	√	√
四级体系跨层级合作平台	√	√	√	√

从以上归类列表可以看出，在我国主流媒体融合转型的实践探索中，资源配置模式经历了从简单到复杂、从内部运作到内外并举的变化，这也反映出在新闻传播现代化过程中，主流媒体发挥能动性和创造性，逐步成为动员各方力量、调配各种资源的主力军。

媒体内部资源配置，即通过对媒体自有资源如专业人才、设备、技术、载体等充分利用和优化配置，实现自身发展。这种模式在传统媒体时代就已经出现。传统报刊和广播电视的改版扩容，都要对媒体内部的分工、机制和流程进行改进。进入网络传播时代后，创办每一种新媒体，也同样要在人员配备、流程管理和技术应用等方面重新做出新的安排。如2006年《上海证券报》在我国报界最早进行了“报网一体”的尝试，打破“报网互动”阶段将报纸编辑部门和网站编辑部门分别设立的模式，实行一个班子、一套架构，不设立重叠机构，并对报网统一业务生产流程统一考核，才促成中国证券网和《上海证券报》全面融合。又如人民日报社于2015年两会期间首次试行

“中央厨房”工作机制，建设专属办公区域，统筹全报社的资源，协调大报编辑部、新媒体中心、人民网等各个部门的人财物力，为人民日报体系内各终端以及国内外媒体提供全媒体产品。人民日报社在2015年内启动“中央厨房”机制12次[1]，随后这种具有庞大体系、涉及大量人员、为重大报道而服务的实体平台逐渐转化为灵活机动的虚体工作室，后者发挥着新媒体端口、创新产品孵化器的作用。

媒体间合作的资源配置，即与其他媒体合作，资源共享，优势互补。这类合作早在传统媒体时代就已经出现，如同一地区的报纸和电台、电视台联合进行重大主题的策划性报道；或不同地区的媒体进行合作，完成一些重大选题的新闻宣传。21世纪初中央提出西部大开发战略，南方日报曾联合10家西部地区的省级党报共同策划和组织了“10+1：相约在西部”的主题新闻报道活动，出色地完成了对国家重大战略部署的宣传报道任务，在全国产生了较大影响。

新媒体崛起后，媒体间的业务合作更加频繁，一些地区的多家媒体甚至由合作走向合并，组建成新的传媒集团。2014年中央提出“形成立体多样、融合发展的现代传播体系”，媒体间合作的资源配置更是实现这一目标的重要保障。在由四级媒体架构的体系中，中央级和省级媒体借助其资源优势，搭建了适应融媒体生产、可以共享使用的技术平台，为人才和技术资源相对薄弱的地县级媒体尽快完成融合转型提供支持。如新华社“现场云”全国服务平台是基于移动互联网、以直播为主要形态的原创新闻移动化在线生产平台，不仅为下级媒体提供硬件技术，也为之提供业务指导。又如，湖北省长江云新媒体集团支持建设了湖北省包括17个市州及所辖县（市）在内的120个以“云上”系列命名的官方客户端与技术平台，而“长江云”省级媒体也可以借由技术平台直接使用下级媒体的内容、平台、人力等资源。

---

[1] 蔡雯，邝西曦．从“中央厨房”建设看新闻编辑业务改革[J].编辑之友，2017(6).

跨界合作的资源配置，即和非传媒业的其他合作伙伴结成联盟，包括和各级政府机构、各类企事业单位的合作。在新兴媒体诞生之后，和能够提供技术支持或传播渠道的科技公司的合作，对于媒体的转型尤其重要，甚至会直接影响其前途命运。专业媒体机构要在全新的竞争格局中突出重围，必须借助外部力量弥补自己的短板。

自2012年以来，主流媒体先后入驻了微博、微信、抖音、快手、B站、小红书等各个具有影响力的互联网平台，入驻的目的就是借助第三方平台实现更有效的信息传播和舆论引导，同时也力争开拓新的经营模式。此外，主流媒体的诸多创新实验如建立中央厨房、建设自主可控的新媒体平台、创建媒体智库等，都是以跨界合作的资源配置为基础的。如2017年，新华社和阿里巴巴集团共同投资成立的大数据人工智能科技公司，研发出“媒体大脑·MAGIC短视频智能生产平台”并嵌入新华社稿库系统，成为采编人员日常可用的智能工具包。

我国区县级融媒体中心建设，最为突出的是媒体与基层政府机构的资源整合。2014年成立的国内第一家县级传媒集团长兴传媒集团就是由长兴广播电视台、长兴宣传信息中心、县委报道组、“中国长兴”政府门户网站（新闻板块）跨媒体整合而成的。而2016年成立的河南项城融媒体中心由一位副市长兼任主任，可以直接协调各方资源，打通了项城市政务服务大厅“市民之家”和各镇办服务大厅的端口，为群众提供一站式政务服务。在这类媒体与政府的合作中，媒体利用既有的人员、设备与技术，为本地政务活动、经济建设和社会生活提供服务，而政府机构对县级媒体的认可和进一步支持则促进了融媒体中心的资源不断丰富。

用户协同的资源配置，即将媒体的服务对象视为媒体资源，通过与用户的合作和互动，调动全社会力量，实现媒体发展目标。早在传统媒体时代，读者、听众、观众即开始参与媒体的新闻传播活动，如被邀请提供新闻线索、参与热点话题讨论等，但这些活动均是由媒体策划、组织和控制的，用户自始至终处于配合和服从的位置。直到主流媒体加入互联网传播并入驻网络社交平台，被动的受众才开始具有与机构媒体平起平坐、平等对话的可能。他们能按照自己的意愿，自主进行内容创作和信息传播，参与重要社会议题的讨论，一些个人创办的自媒体的影响力甚至超过了不少机构媒体。

也正因如此，主流媒体越来越重视媒体用户的价值，通过与商业平台的合作，使自己的新闻议程更迅速更广泛地抵达社会公众，延长新闻事件被用户关注的时间，也使更多人卷入热点话题的讨论中。如2022年9月，封面新闻、贵阳日报等区域主流媒体与今日头条旗下“头条帮忙”平台合作，开通“战疫帮忙”线上平台，并将此平台内嵌在今日头条客户端的“城市频道—战疫帮忙”界面中，双方共同解决用户在政策咨询、求医问药、爱心互助等方面的需要。这种合作是借助商业平台在地方基层区域所积累的用户存量，更好地发挥媒体在社会治理中的作用。

主流媒体对用户的重视和服务，也是其参与社会治理能够取得成效的前提条件。如人民日报新媒体中心在新冠疫情初期推出“新冠肺炎求助通道”网上链接，将用户的问诊求助信息提交给湖北省卫健委等相关职能部门。这种在社会危机事件下的紧急应对措施已经成为一种新闻产品。他们还在2021年河南暴雨期间开通了相应的求助渠道，发挥资源调度能力等制度优势以解决社会实际问题。

需要指出的是，虽然本文对媒体的资源配置作出以上四种模式的概括，但这几种模式在实践中并非各不相关或相互排斥，相反，它们是紧密联系甚至可以融为一体的。尤其是媒体内部资源配置与其他几类资源配置，必定相辅相成。因为媒体与外部的所有合作，都必须同时将内部各方面资源要素与这种合作相匹配，才有可能合作成功。

四、主流媒体作为引领者面临的困难和挑战

我国主流媒体从传统大众媒体向新型主流媒体转型，是一个尚在进行中

的艰难历程。主流媒体的机制变革和业务创新一直受到内部与外部各种复杂因素的制约和影响，在每一阶段的探索性实践中所经受的压力和挫折要多于成功。但在“中国式”的传播体系和“现代化”的新闻事业中，主流媒体过去、现在和将来都要站在引领者的位置上，这是由国家制度安排和社会发展需要所决定的。党和国家支持建设的新型主流媒体，不仅要作为现代化传播体系的核心和主力，还要成为国家治理现代化体系中的重要组成部分。因此，讨论主流媒体的发展，除了从媒体实践中总结经验、发现规律外，更需要直面当下面临的困难和问题，思考应对之策。

（一）从媒体内部看，队伍建设、机制变革、技术创新和平台拓展最为紧迫

人才是实现民族振兴、赢得国际竞争主动的战略资源。做好党的新闻舆论工作，关键在人。[1]令人担忧的是，我国主流媒体目前较普遍地存在从业人员整体人手不足、新晋人才尚未成熟，与行政体系深度绑定而跨层级人才流动不足等问题。尤其是地方媒体如区县融媒体中心的人才短缺现象更加严重。要突破队伍建设的困境，除了在政策层面上争取更多的支持，关键还要靠媒体自身以产品与服务创新在市场竞争中赢得更大的发展空间，不断增强社会影响力和经济实力。此外，对于现有在岗从业者的培养、使用和管理，也需要媒体继续推进机制变革，让德才兼备的有志者、有为者能够脱颖而出，人尽其用，充分发挥潜力。已经有很多媒体机构在这方面下功夫，如中央媒体普遍建立了新入职的年轻人到基层业务岗位轮岗学习的制度。新媒体纳新多，人员流动性大，像每日经济新闻客户端等不仅重视新员工培训，还放手让他们在重大选题中挑大梁，一些青年记者入职三到五年就获得了中国新闻奖媒体融合奖项。

由创办大众媒体起家的主流媒体在技术上的短板一直是其发展的阻碍。

[1] 新华通讯社课题组．习近平新闻舆论思想要论[M]．北京：新华出版社，2017：250.

尤其近年来大数据、人工智能技术等对信息生产和内容分发的决定性作用日益凸显，要建设新型主流媒体，须加快引进关键技术人才并提高全体员工的新技术应用能力。这一方面要通过媒体机制创新和人员培训来实现，另一方面还应继续探索与科技公司等外部机构合作，以更加灵活的方式解决问题。

中央和省级主流媒体近年来为摆脱在传播渠道方面受制于人的被动局面，致力于打造自主可控的新媒体平台。但笔者通过对几家重要中央媒体创办的平台所做的研究发现，央媒平台建设的优势在于资源的独特性及其资源整合能力，短板则是用户活跃度不足、平台开放性有限。[1]对这些平台入驻者的内容发布统计结果显示，约有三分之一的账号处于影响力较弱的不良状态，用户“只入驻而不发声”的“僵尸号”现象也很严重。这些平台在用户入驻方式上以采取内部邀请为主、“自主申请+人工审核”为辅，之前没有成果的申请者不易通过人工审核环节。这些平台的主题征集活动大多仅面向生产型用户开放，普通的消费型用户（指主要浏览、消费那些由生产型用户提供的内容的人）尚无机会参与内容互动。要改变这种状况，媒体应努力寻找平台与用户的契合点，想方设法调动更多用户的参与热情，建立有效的激励机制。此外，还要制定媒体平台逻辑，从粗放式扩展到制度化运营，从重在扩展数量到关注平台质量。在实践中探索技术参数以及管理规则的再生产机制，如通过违规账号行为归纳出平台运营的最新规范，除对严重违规账号处以禁言措施之外，也对风险账号施以不同层级的权限限制、对疑似无意违规的账号予以善意警示。在维护平台内容品质的同时，也保持平台准入以及讨论的开放度，以具有合理容错率的开放心态来运营新型主流媒体的自主平台。

[1] 蔡雯，汪惠怡 . 主流媒体平台建设的优势与短板——从三大央媒的平台实践看深化媒体融合[J]. 编辑之友，2021（5）.

（二）从媒体与社会的关系看，应更好利用制度优势调用资源，进一步突破媒体封闭性

主流媒体对传播渠道的掌控和用户资源的开发利用一直不尽如人意，媒体的封闭性没有打破。[1]新型主流媒体特别是中央级媒体获得的制度性政策扶持是其他媒体所不及的，如何利用这种优势调动更多的社会资源，突破其封闭性，亟待探索。如目前媒体自建的平台和商业媒体平台都已经形成了各自的内容风格和运营规则，这又进一步为各平台积累了不同类别的黏性用户并形成了特有的平台文化氛围。但主流媒体与商业平台之间的强强联合除了合力另起炉灶建立第三个实体平台外，还可以通过跨平台合作，探索一种无边界的项目制合作。这种合作可以不设置实体空间而是一种隐喻的空间，以使主流媒体在新闻传播中引领业务潮流、标定思想导向，成为其他媒体以及商业平台内容生产的对标典范。同时，这也有利于保持和发挥主流媒体的公信力优势，更好地在国家治理中发挥作用。

在深度媒介化的社会环境中，主流媒体如何建立与媒体用户及社会各界的关系，也是其一直在努力解决的难题。从2006年中国新闻奖将新媒体作品纳入评奖范围以来，每一届获奖作品都显示出这种努力所获得的成果。如第一批获奖的新华网网络新闻报道策划《互动专题：网民感动总理　总理感动网民——总理记者招待会网上答问》，就是利用国家通讯社的政府资源、采编力量和网民参与热情，创新了两会报道并产生较大社会影响。再如2021年两会前夕，400余位两会代表委员集体入驻新华网客户端的“新华号”平台，回答网友的提问，与之展开互动，再一次证明主流媒体可以借自己的特殊地位和社会影响力，整合社会各界的资源，引导舆论。当然，主流媒体在与其他社会主体的互动合作中，也要警惕这种合作沦为媒体出售权威资源与背书的非可持续输出，甚至出现贬损媒体公信力的负面情况。

---

［1］ 蔡雯．强化“连接”与“开放”：推进主流媒体深融［J］．新闻战线，2021（11）．

（三）从国家与媒体的关系看，新闻传播现代化有赖于国家媒体治理的现代化

这里说的媒体治理是指国家对新闻媒体的治理，即媒体作为治理对象，其生存和发展受相关制度、政策、法规约束并接受相关部门的管理监督。新闻传播现代化与国家现代化是利害相关、相辅相成的。现代化的新闻传播体系是国家治理体系和治理能力现代化必需的组成部分，而国家治理的现代化也是新闻媒体在全过程人民民主的实现道路上发挥影响力、公信力、引导力的必要前提。

当下我国主流媒体相比商业平台媒体，用户总量及用户活跃度都存在很大差距，这与开放性不足、内容吸引力不够有很大关系。尤其是对重大社会问题、新闻热点事件的报道尚不能满足社会公众的期待，在关键时刻对舆论焦点失察、失声，都会使原本具有的影响力和引导力弱化，以致难以保持在传统媒体时代累积的公信力和品牌优势。要突破这种困境，不仅需要媒体自身努力，更需要国家对媒体的规制和管理与时俱进，给予媒体更多的话语空间和自主权，探索出适合新形势下传媒发展规律的路径和方法。

五、结语

综上，中国式现代化新闻传播体系并非自我封闭的、内向型的体系，而是与外部各类社会主体对话与合作，与世界新闻传播相通相融的现代化体系。在建设这一体系的进程中，主流媒体需要面向重大实践问题，以人民为中心，以服务于党和国家为己任，在遵循新闻传播基本规律的前提下继续探索和创新。

中国式现代化元话语的建构及其国际传播

许向东　丁兆钰

［摘　要］话语体系是国家文化软实力的集中体现。西方国家通过建构元话语，使国际传播呈现出“中心—边缘”的格局。面对西方对我国长期的污名化行径，我国提出建立以中国式现代化元话语为核心的新型话语体系，以开创文明新形态、解构西方化话语为目标，通过发展全过程人民民主制度打破西方文化霸权，并在世界范围内树立人类命运共同体价值观，以此推动构建国际传播新秩序。

［关键词］国际传播；元话语；中国式现代化；话语建构

抹黑与污蔑中国国家形象已经深入西方媒体的“骨髓”。近年来，基于“西方中心主义”的话语体系，西方媒体对中国的歪曲报道甚嚣尘上。因此，面对国际话语权“西强东弱”的局面，打破西方主导的话语体系，重新建构具有中国主体性的元话语，建立国际传播新秩序具有关键意义。

一、构建我国国际传播元话语的意义与困境

语言学中的“元话语”（meta discourse）最早由美国学者哈里斯（Zelig Harris）等提出。综合既有研究，“元话语”是指通过提供语境信息帮助读者正确理解语篇内容，作为作者表达观点与意图的辅助，在连贯语篇的同时促

［作者信息］许向东，中国人民大学新闻与社会发展研究中心研究员；丁兆钰，中国人民大学新闻学院硕士研究生。

［基金项目］教育部高校人文社会科学重点研究基地“中国人民大学新闻与社会发展研究中心”重大项目“国家治理体系现代化中的传媒治理研究”（22JJD860016）。

进作者与读者的交流。[1]简言之，元话语有助于通过共同语境和共享语码实现沟通双方的连接和对话。在国际传播语境下，“元话语”能够帮助受众按特定叙事框架理解国际话题相关的信息、意见、情感或行为，是讲述国家故事的“开场白”。

国际传播中的“元话语”是国际社会权力结构中国家地位和影响力的集中体现。长久以来，西方国家假借“自由”“民主”的名义建立起“民主—独裁”的二元对立话语，并以其自身的“民主”为准则攻击别国文化。现代国际传播概念的实质是美国发展模式和价值观念的国际化。[2]换言之，国际舞台中既有的话语体系是美国霸权主义的扩散，其核心目的是维护西方中心主义的旧话语格局。因此，打造中国元话语是提升我国国际传播效能的基础，通过打破西方话语对国际秩序的垄断，掌握向世界传播中国文化的主动权和自主权，有助于更好地展现中国故事及其蕴含的思想力量和精神力量。不仅如此，话语还与意识形态关系密切。话语冲突的背后实则是意识形态的较量。随着中国的日渐崛起与发展，中国所坚持的社会主义意识形态的优势被更多的世界人民所看到，中国话语在国际社会中的认同度和影响力增加，有力地回击了西方对中国的造谣与抹黑言论，维护了国家意识形态安全。但是，在西方国家看来，这严重威胁了百年来西方资本主义意识形态在全球的主导地位。西方国家屡屡发起针对中国的舆论战，正是为了打压与抹杀社会主义意识形态的巨大优势，继续用自身的话语体系维系西方意识形态的垄断地位。

党的十八大以来，我国面向世界各国提出了推动构建人类命运共同体的“中国方案”。但该话语体系在国际传播中并未充分发挥效能，致使我国有时在对外交往中难以施展手脚。在目前国际传播元话语的建构上，我国仍有以

[1] 杨奇光. 数字时代的新闻学元话语的变迁及其理论化路径[J]. 中国网络传播研究，2021(3).

[2] 方帆，段鹏. 人类命运共同体理念的国际传播：对话“世界社会”[J]. 厦门大学学报(哲学社会科学版)，2023，73(2).

下四个亟待改进之处。一是外宣翻译能力。从对外传播的角度看，我国的汉英翻译质量不尽如人意。对具有民族性的文本，如中国文化特色的典故和术语等往往采取直译，缺乏对语境与文化环境差异的考量，有时甚至会出现明显错误[1]，使中国话语对外传播的效果大打折扣。二是对外传播受众意识不强。外宣往往依照内宣模式，将发言人与受众置于上下级关系中，措辞生硬，说教意味较浓，对受众的心理需求缺乏考虑。三是对外传播的内容特征化[2]，符号意义较强。我国的外宣文本大多围绕中华传统文化的典型事物展开，如京剧、中国功夫等。这类内容虽能代表中国文化的特色，但对海外用户来说在文化上不够贴近。长期、重复地传播这类内容会加重海外用户对中国的刻板印象，不仅很难引发其情感共鸣，也降低了中国话语的说服力。四是对外传播的内容形式较为单一。除了常见的文字、图片与视频三种形态外，漫画、绘本、影视剧等更易吸引受众的趣味性形式产出量较少，难以满足海外受众的多样化需求，也削减了可供我国话语嵌入的领域。

二、基于西方元话语的"中心—边缘"话语格局

国家元话语是一个国家综合国力和意识形态的集中表达。在以综合国力为主导的国际话语平台创立之初，西方国家依靠其超前的话语权意识和强悍的军事实力占据了话语中心，形成了以西方话语体系为主导的国际传播格局，并通过对中国话语的打压和污蔑，维护西方话语的垄断地位。到了近代，国家间更为频繁的往来与争斗使区域话语平台扩大为国际话语平台。国与国之间的冲突与交流都在此协商处理。在此过程中，西方发达国家主导构建了"中心—边缘"的国际话语格局，由此成为掌握主导话语权的"主角"，而发展中国家则被迫成为发言权极少的"配角"。

[1] 胡开宝．国家外宣翻译能力：构成、现状与未来[J]．上海翻译，2023(4)．

[2] 许向东，林秋彤．社交媒体平台中的共情传播：提升国际传播效能的新路径[J]．对外传播，2023(2)．

西方国家普遍认为，中国国际话语权的增长必然导致西方丧失话语权。长久以来，西方国家一直凭借其强势地位和话语霸权操纵国际话语平台，一再采取形象歪曲、话语封锁和文化渗透等措施巩固其国际话语权，企图将中国国际话语权彻底边缘化。[1]然而，西方国家的元话语本身就暗含悖谬。西方元话语的底层逻辑是西方文化是最先进且唯一的文化，其他国家的文化都应该向西方文化靠拢并趋同，由西方（实则以美国为主导）文化来支配。“自由”和“民主”向来是西方话语的核心，西方媒体也常借此攻讦其他国家“不自由”与“不民主”。然而，将自身文化强加于别国，肆意插手别国内政等行为本身就违背了“自由”与“民主”的价值观。由此，西方国家的话语体系与话语实践产生了悖论，凭借其话语体系建立的国际传播格局也终将难以维系。

三、中国式现代化元话语的建构逻辑

中国式现代化是中国共产党领导的社会主义现代化，既有各国现代化的共同特征，更有基于自己国情的中国特色。中国式现代化在提出后即备受世界各国的关注，以中国式现代化为核心建构国际传播的元话语，具有高瞻远瞩的目标、坚实的制度基础以及与世界人民志同道合的价值取向。

（一）以开创文明新形态为目标，解构“西方化”话语

近代以来，把中国建设成为一个独立自主的现代化国家是历代仁人志士所追求的目标，而近代中国特殊的历史条件迫使中华民族必须寻求一条适合自身的现代化之路。西方国家凭借其在世界现代化进程中的优势地位，用西方的意识形态与话语体系解读并偷换“现代化”概念，将“现代化”等同于“西方化”的理念强加给世界。

---

[1] 王建，张雯雯.中国国际话语权的提升路径——以解析西方话语霸权为视角[J].新疆社科论坛，2020（2）.

中国式现代化不同于西方现代化的路径，但在一定程度上对其提高和发展生产力的历史经验，以及作为现代化先行者为人类所贡献的智识等进行了吸纳。“中国式现代化”是一种人类文明的新形态，是一种立足中国国情、顺应时代潮流的现代化模式。“中国式现代化”元话语的对外传播有助于世界了解中国不同于西方的发展道路，为世界上其他发展中国家提供了借鉴与启示。各个国家的发展路径可以不必遵循西方制定的法则，而是根据自身特殊的历史、国情、文化等因素选择适合本国的方式。在此基础上，创造人类文明新形态的“中国式现代化”元话语进一步解构了“西方中心主义”的话语体系，展示出中国有担当、负责任的大国形象，真正能为世界的和平与发展贡献福祉。

（二）以“发展全过程人民民主”奠定制度基础，打破西方“民主神话”

高质量发展是中国式现代化的本质要求之一，表现为经济及其他各领域的高质量协同发展。[1]其中，在政治制度发展方面，中国提出“发展全过程人民民主”，指的是将“民主价值和理念进一步转化为科学有效的制度安排和具体现实的民主实践”[2]，它为推进中国特色社会主义民主政治建设指明了方向。

民主在世界各国有多样化的定义和制度设计，“民选之主”“人民统治”“主权在民”“小民弄权”等逐渐演变、交错并存。[3]然而，以美国为首的西方国家为维护自身的话语体系，不惜屡次将民主概念“公器私用”，持续污名化、妖魔化中国的民主制度。西方国家经过长期发展形成了选举式民主的西方自由民主价值观和实践模式，并宣称其为民主制度建设的唯一路径，将自身的西式民主等同于“民主”。西方国家为了证明西式民主话语体系

[1] 习近平．高举中国特色社会主义伟大旗帜　为全面建设社会主义现代化国家而团结奋斗——在中国共产党第二十次全国代表大会上的报告［N］．人民日报，2022-10-26（1）．

[2] 中华人民共和国国务院新闻办公室．中国的民主［M］．北京：人民出版社，2021：1.

[3] 陈承新．论全过程人民民主的话语建构逻辑［J］．世界社会主义研究，2022，7（12）．

的正确性，将其资本主义民主的本质隐匿在“价值中立”的外表之下，通过学界、政界及媒体向世界灌输“民主就是西式民主”的理念，辅以强大的经济、政治实力加持，在垄断国际话语权的同时，也为非西方国家制造了“话语陷阱”。

中国式现代化中的“发展全过程人民民主”提出了关于民主的中国话语，是国际传播元话语的自我塑造。“发展全过程人民民主”建立在新时代我国民主政治实践的基础上，既能揭示出我国民主政治制度“人民当家作主”的核心与本质，又能精准体现我国民主制度的运作形态。它不仅是中国民主话语的创新表达，也是中国式现代化元话语建构的制度支撑。“发展全过程人民民主”的提出打破了西方长久以来的“民主神话”，破除了西方对我国民主制度的污蔑与曲解，为世界民主文明的发展贡献了中国智慧。

（三）以“人类命运共同体”为价值取向，回击西方的污名化

人类命运共同体理念彰显了和平发展、合作共赢的历史潮流与世界人民的共同心声，但西方对其持排斥与抵制的态度。以美国为首的西方国家深陷“国强必霸”的思维定式，将人类命运共同体理念抹黑为中国谋取全球霸权的工具，甚至由于忌惮中国的迅速崛起，不断炮制“中国威胁论”等论调来诋毁中国形象。

人类命运共同体所倡导的“合作共赢”“公平正义”“互惠互利”等价值观念是世界各国人民共同的价值诉求与福祉所在。正因存在情感共通之处，人类命运共同体所倡导的价值观念能够有效消解文化陌生感，减少不同文化之间的误解。同时，人类命运共同体话语的提出正是对西方话语误读的回应。和平互助的共同诉求推动着人类命运共同体元话语的形成，中国开放发展的全球化观念、互利共赢的价值理念与价值目标等由此展现，从而打破了西方话语霸权的“污名化”。承载着世界各国人民共同心愿的人类命运共同体理念构建起一种完全不同于西方的叙事逻辑，表明中国的发展故事不需要也不应

通过西方话语体系来认定。中国作为话语主体，通过对人类命运共同体理念的对外传播构建中国特色元话语，为其他国家提供了一种新的文化范式，积极推动国际传播新秩序的建立。

四、中国式现代化元话语的对外传播

作为向世界讲好中国故事的“开场白”，中国式现代化元话语有助于建立起清晰的信息结构与叙事框架，能够为国际社会提供一个开放的中国话语系统，更有效地向世界各国传播“中国式现代化”的内涵、特征和价值。

（一）实践经验巩固中国式现代化元话语建构

元话语的建构必须以实践作为现实依据。中国式现代化元话语建构的根源来自中国式现代化取得的发展成就。但元话语的建构并非一朝一夕，需要在实践中不断发展、完善与创新。因此，必须坚持推进中国式现代化实践，为元话语的建构提供坚实的物质基础。推进中国式现代化的实践发展，要坚持和加强党的全面领导，坚持中国特色社会主义道路，坚持以人民为中心，坚持深化改革开放；要以坚定的道路自信、理论自信、制度自信、文化自信，传播中国式现代化的实践与理论成果。此外，还要坚持发扬斗争精神。现代化建设的进程中必然会出现问题与矛盾。发现矛盾、分析矛盾、解决矛盾是历史的必经之路。只有在实践中不断发现和解决问题，才能推动中国式现代化的进步，才能使其始终立足实践，始终保证实事求是而非空谈，并向国际社会发出最真实的中国声音。

（二）理论创新推动中国式现代化元话语完善

在国际传播中，中国式现代化理论能够为中国式现代化元话语的建构提供科学理论依据，使其经过科学论证后更具说服力。随着中国式现代化实践的不断推进与开展，其理论也处于变革与创新之中。要为中国式现代化元话语提供理论依据，必须不断完善基于实践的理论创新。一方面，要坚持问题意识。问题意识是推动实践进步的最大动力。因而在实践过程中，要具备问题意识，善于发现问题，在解决问题的过程中验证理论本身的科学性，并用有效解决问题的经验充实理论内涵。另一方面，借鉴其他文明的有益成果也至关重要。道路自信、理论自信、制度自信、文化自信是建构我国国际传播元话语的基础。真正的理论创新必须在自信的基础上吸收人类文明的优秀成果，以开阔的眼光审视其他国家现代化道路的经验教训，汲取别国宝贵的先进经验，丰富中国式现代化理论的内容，使中国式现代化元话语更具国际视野。

（三）创新表达强化中国式现代化元话语精准输出

中国式现代化元话语对外传播存在诸多困难，其中之一是西方话语体系中的概念与表述不足以完整转述与解读中国式现代化的发展历程、现实成就与思想价值。[1]因此，建构中国式现代化元话语必须进行自主的概念生产，将中国式现代化的实践与理论凝练成表意清晰且易于传播的新概念、新表达。概念是元话语的基本表现形式之一，故建构中国式现代化元话语，要以高度的话语自信生产不同于西方的新概念。同时也要关注不同概念之间的逻辑关联性，使元话语概念能够勾连成为意义网络，实现中国元话语的组合输出。此外，在元话语的对外传播中，要尊重文化差异，努力实现精准传播。要增强受众意识，关注受众心理需求，摒弃传者本位的思想，减少元话语的说教式传播，以讲故事作为表达中国式现代化成果的新方式；以细节更多的个人叙事代替宏大叙事，将元话语嵌入故事的表达方式中，使其更易于引发外国受众的情感共鸣。

（四）新技术提升中国式现代化元话语国际传播效能

当前，媒介技术高速发展，以生成式人工智能、算法、大数据、云计算

[1] 武豹，吴学琴．论中国式现代化话语体系的建构[J]．中国矿业大学学报（社会科学版），2023，25（1）．

等技术为代表的新兴媒介技术重塑全球媒介生态，重构全球传播秩序。基于此，中国应把握媒介技术革新的机遇，利用新技术赋能中国式现代化元话语的国际传播。在尊重海外社交媒体平台运行规律的基础上，加大新技术的投入，以新技术驱动中国式现代化元话语在国际社会中的高效传播。另外，建设中国自主可控的国际化数字平台，有助于增强中国元话语在国际话语场域中的影响力，全方位提升中国式现代化元话语的传播效能，扩大中国在国际舆论场中的话语权。

综上，加强中国式现代化元话语的国际传播话语体系建设，提升中国国际话语权，对于增强中国文化软实力、维护国家意识形态安全、展示中国良好国际形象具有重要价值。目前，虽然我国的“中国方案”与“中国智慧”已经取得了国际社会的认同，但西方话语对国际话语格局的影响仍然较大，我国的国际传播还面临诸多障碍与瓶颈，存在着被西方国家歪曲、诋毁或怀疑等隐忧。基于此，突破以西方为中心的国际传播格局，构建中国式现代化元话语，形成与我国综合国力相匹配的国际话语权，依然是我国国际传播需要长期努力的重要方向。

专业新闻媒体在公共治理中的效能

——基于“中国新闻奖”重要获奖作品的研判（2000—2020）

蔡 雯 凌 昱

［摘 要］本文通过对2000—2020年间“中国新闻奖”特等奖和一等奖作品的选题及内容进行分析，探究专业媒体新闻报道对公共治理的影响。研究发现，中国新闻奖重要获奖作品主题集中于典型人物、成就报道、路线方针解读、监督报道、公共危机事件报道与公共政策报道。在公共管理职能体系中，这些主题主要对应五方面：公共领导、绩效评估、公共管理监督、公共危机管理和公共政策。其中，公共领导与绩效评估的治理职能占据较大比重且在近年来呈现增长趋势，公共管理监督的治理效能还有进一步提升的空间。

［关键词］公共治理；专业媒体；新闻报道；中国新闻奖

一、问题与概念

近年来，“治理”在我国主流政治话语中的重要性愈加凸显。党的二十大报告进一步明确了国家治理体系和治理能力现代化的发展指向。治理与新闻传播密不可分，“新闻媒体参与公共治理”近年来成为学界研究和讨论的热点。研究者一方面聚焦新闻媒体在公共治理体系中的角色与功能定位，认为

［作者信息］蔡雯，中国人民大学新闻与社会发展研究中心主任；凌昱，中国人民大学新闻学院博士生。

［基金项目］高校人文社会科学重点研究基地重大项目“国家治理视域下的新型主流媒体建设研究”（22JJD860015）。

其具有作为党和政府喉舌的组织属性和代表社会多元利益的主体性[1]，网络技术无远弗届，媒介从信息传播的工具与渠道转变成为社会生活的基础设施，是公共治理体系中的架构性力量与底层逻辑[2]；另一方面则关注新闻媒体具体的治理实践，在社会抗争事件中传统媒体如何影响政策回应[3]，以及在领导留言板[4]、电视问政[5]、政务新媒体[6]、县级融媒体中心建设[7]、媒体办智库[8]等实践中新闻媒体如何发挥治理效能。总体来看，当前相关研究大多集中于宏观层面上新闻媒体治理角色与功能的探讨，以及以新闻传播学视角对某一事件（个案）、新闻产品与组织创新的规范性展开研究。而如何通过对我国媒体新闻实践的历时性考察和代表性成果分析，对媒体在公共治理中的效能作出更加准确的研判，对其未来发展空间进行预测分析，还有待进一步的深入研究。

新闻媒体本质上是新闻信息采制和传播的机构，专业化且居主流地位的新闻媒体尤其要承担促进全社会信息传播健康有序发展的责任，这也是其能够在公共治理中发挥作用的前提条件。因此，研判新闻媒体在公共治理中的

---

[1] 李良荣，方师师 . 主体性：国家治理体系中的传媒新角色［J］. 现代传播（中国传媒大学学报），2014（9）.

[2] Peters B G. *Governance and the Media*：*Exploring the Linkages*［M］//Media and Governance. Policy Press，2019：13–32.

[3] 曾繁旭 . 传统媒体作为调停者：框架整合与政策回应［J］. 新闻与传播研究，2013，20（1）.

[4] 李锋，孟天广 . 策略性政治互动：网民政治话语运用与政府回应模式［J］. 武汉大学学报（人文科学版），2016，69（5）.

[5] 闫文捷，潘忠党，吴红雨 . 媒介化治理——电视问政个案的比较分析［J］. 新闻与传播研究，2020，27（11）.

[6] 尹连根，黄敏 . 政府官方微博：形似公共领域和次私密领域的集合体［J］. 国际新闻界，2016，38（5）.

[7] 张诚，朱天 . 从“集成媒体的新机构”到“治国理政的新平台”——县级融媒体中心的方位坐标及其功能逻辑再思考［J］. 四川大学学报（哲学社会科学版），2020（2）.

[8] 蔡雯，蔡秋芃 . 媒体办智库：转型期的实践探索和理论发展——对 2008—2018 年媒体智库及相关研究的分析［J］. 国际新闻界，2019，41（11）.

效能，有必要从更加具体的新闻报道层面入手，对代表性的新闻作品加以历时性的总体考察。同时，本文以“媒体”“治理”为关键词在北大法宝及国务院政策文件库进行政策检索和筛选，最早涉及“媒体参与治理”的政策文件是《1999年全国社会治安综合治理工作要点》，其中规定“充分利用各种新闻媒体，形象生动地宣传法制，不断扩大社会治安综合治理工作的影响”[1]，即利用媒体进行宣传以协助社会治安综合治理工作。因而本文选择以2000年为起点，以21世纪前20年获得中国新闻奖特等奖和一等奖的新闻作品为研究样本，尝试对此命题加以阐释。样本选择主要基于以下两点考虑：第一，中国新闻奖是经中央批准常设的全国优秀新闻作品最高奖，获奖作品代表着新闻业内认可的实践性角色，奖项评选旨在“检阅我国新闻工作年度业绩”，评选委员会报经中宣部同意且部分评委由中宣部、中央网信办成员组成，其设置体现国家话语的价值取向，代表新闻媒体在我国公共治理体系中的规范性角色定位；第二，中国新闻奖获奖作品所属“经国家正式批准的报社（报业集团）、通讯社、广播电台、电视台，新闻宣传主管部门和新闻单位主办的具有登载新闻业务资质的新闻网站、新媒体中心（传媒中心）等新闻单位”[2]，与本文的讨论对象——“专业新闻媒体”相契合。

治理是或公或私的个人和机构管理共同事务的诸多方式的总和，它是使相互冲突或不同利益得以调和并采取联合行动的持续过程。[3]公共治理是公共管理（包括治国理政）的方式、方法、途径、能力，而不是指任何特定的公

[1] 中央社会治安综合治理委员会．中央综治委发布1999年全国社会治安综合治理工作要点［EB/OL］.https://www.pkulaw.com/chl/8161ebb380 abe440bdfb. html? keyword=1999%E5%B9%B4%E5%85%A8%E5%9 B% BD% E7%A4%BE% E4%BC% 9A% E6%B2%BB%E5%AE% 89%E7%BB% BC% E5%90%88%E6%B2%BB% E7%90%86%E5%B7%A5%E4%BD%9C%E8%A6%81%E7%82%B9.

[2] 中国记协网．第三十一届中国新闻奖评选办法［EB/OL］.http://www.zgjx.cn/2021-04/02/c_139854653.htm.

[3] 俞可平．治理和善治引论［J］．马克思主义与现实，1999（5）.

共管理（治国理政）的方式、方法与途径。[1]因而有学者认为，我国语境下的“治理”更符合制度理论中“国家中心主义”和“社会中心主义”中的前者，即一方面主张加强市场和社会组织等多元行动者对公共事务的参与，另一方面特别强调政府对政府以外行动者的主导和支配作用[2]；也有学者指出，中国的公共治理结构是一种“以党领政”的治理结构，是特有的“政党中心主义”[3]。

从“政府”转为“治理”关注国家/政党角色的改变，同时在改变过程中，强调其他社会主体共享权力。在为社会和经济问题寻求解答的过程中存在界限和责任方面的模糊点，传统上法律和制度规定由政府承担的公共管理责任呈现出交由非政府组织来承担的趋势。与此同时，治理理论明确肯定涉及集体行为的各个社会公共机构之间存在的权力依赖，参与公共治理活动的公共组织和私人组织都不拥有独立解决一切问题所需的充足知识和资源，由于这种权力依赖关系的存在，公共治理过程成为一种互动的过程。[4]在概念界定的基础上，探究中国新闻媒体参与公共治理的实际情况主要聚焦于——在政府/政党主导下的多方协同治理架构中，新闻媒体履行了何种公共治理职能，又是如何与其他的治理行动主体协调合作的。

二、中国新闻奖20年重要获奖作品的选题及内容分析

中国新闻奖自1991年设立，在2002年、2005年、2006年、2008年至2020年为“各项评选条件都很优秀，因字数、时长限制等硬性规定所限”的优秀作品设立了“特别奖”，与一等奖同等待遇。[5]本研究收集2000—2020年《中

[1] 王绍光．治理研究：正本清源［J］．开放时代，2018（2）．

[2] 田凯，黄金．国外治理理论研究：进程与争鸣［J］．政治学研究，2015（6）．

[3] 杨光斌．制度变迁中的政党中心主义［J］．西华大学学报（哲学社会科学版），2010，29（2）．

[4] 格里・斯托克，华夏风．作为理论的治理：五个论点［J］．国际社会科学杂志（中文版），1999（1）．

[5] 中国记协网．中国新闻奖评选办法（2019 年度）［EB/OL］.http：// www.zgjx.cn/2019-02/12/c_137794865_4.htm.

国新闻奖作品选》，获得完整的特别奖及一等奖的新闻作品样本。由于本文主要关注获奖作品的报道主题及其体现的治理职能、方式，因而报纸版面、报纸副刊、编排、网页设计、新闻漫画、新闻论文、新媒体报道界面、融媒互动、融媒栏目等产品类别不纳入研究范围，最终确定样本646篇。

本文采用“对传播的显性内容进行客观、系统的和定量的描述和研究技巧”[1]的内容分析法，将646篇作品的主题进行分类整理，编码过程中不囿于奖项的项目类型，而根据其新闻内容体现的主题进行归类，如获国际传播类奖的《习近平与新时代中国》编码归于“典型人物—国家领导人”,《中东沙漠种植中国海水稻获成功》编码归于“成就报道”，获文字评论类奖的《对“私营经济离场论”这类蛊惑人心的奇谈怪论应高度警惕——“两个毫不动摇”任何时候都不能偏废》根据其主题归于“路线方针解读”。编码统计共得出9类主题（见表1）。

表1　中国新闻奖特别奖和一等奖主题分析（2000—2020年）

	主题分类	具体内容	作品举例
主题一	典型人物	国家领导人	《习近平看望“快递小哥”》
		领导干部楷模	《公仆本色——追记湖南省委原副书记、省人大常委会原副主任郑培民同志》
		党员、军人等英雄报道	《英雄无言——95岁老党员张富清的本色人生》
		先进普通劳动者	《新长征路上的浙江人》
主题二	成就报道	对各领域建设成就的回顾与报道	《中国反贫困斗争的伟大决战》

[1] Berelson B. *Content Analysis in Communications Research*[M]. New York: Hafner, 1952: 18.

续表

	主题分类	具体内容	作品举例
主题三	路线方针解读	党和国家政策、方针、路线的解读与阐释	《提高自主创新能力　推进经济结构调整》
主题四	公共管理行为监督	对公共管理主体管理行为过程及结果的监督报道	《证难办　脸难看》
主题五	社会问题监督	对市场和社会身份主体行为的监督报道	《胶囊里的秘密》
主题六	公共危机事件	对重大自然灾害事件、公共卫生事件、事故灾害事件和社会安全事件等公共危机事件的报道	《挺进映秀》
主题七	公共政策	对公共政策问题的建构、公共政策的制定与实施报道	《告别“同命不同价”》
主题八	国际新闻	无关国内的国际事件报道	《朝韩领导人55年来首次会面》
主题九	历史、文化	介绍中国历史、文化等知识	《闻歌识中国》

从主题分布看，典型人物报道最多，数量为182篇，占比28%；成就报道与路线方针解读报道位居第二与第三，数量分别为173篇与114篇，占比27%与18%；监督类报道包括公共管理行为监督和社会问题监督，数量分别为49篇和34篇，占比7%和5%；公共危机事件报道数量为40篇，占比6%；历史、文化类报道数量为33篇，占比5%；公共政策报道数量为17篇，占比3%；无关国内的国际事件报道最少，数量为4篇，占比1%。

从主题历时性分布看，成就报道呈现明显的增势，典型人物报道、路线方针解读报道在波动中呈现小幅增长；公共政策报道呈现一定涨幅，但总体数量仍偏少；公共危机事件报道分布主要与公共危机事件发生时间紧密相关；监督类报道在波动中呈下降趋势（见图1）。

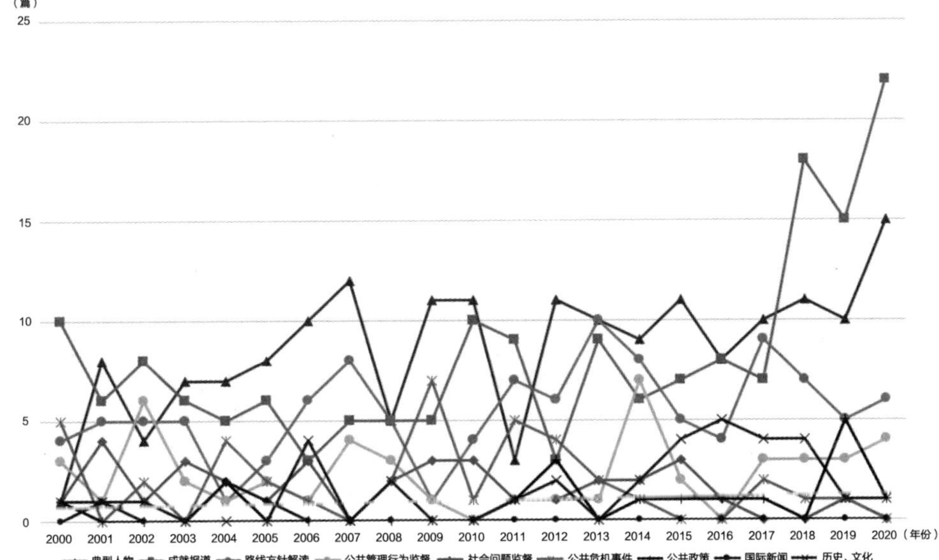

图1　中国新闻奖特别奖和一等奖主题历时性分布（2000—2020年）

上述统计数据呈现了中国新闻奖获奖作品的主题分布情况及历年来变化，下文将通过已有的、完善的公共治理职能体系框架并结合典型报道及申报自述材料内容，论证新闻媒体在公共治理中所发挥的作用，以及其如何与其他治理的行动主体进行协调合作。

三、公共治理框架中的报道主题对应性分析

在公共管理职能体系的相关理论中，公共管理包括公共组织管理、公共领导、公共政策、公共管理行为准则、公共管理监督、公共人力资源管理、公共预算与公共财政管理、财务信息资源管理、公共危机管理、公共部门绩效评估和公共部门改革。[1]公共治理是一种公共管理活动、过程和方式，因而以此分类为基础对中国新闻重要获奖作品的主题和内容加以分析，可以判别这些报道主题所对应的治理职能（见表2）。

[1] 蔡立辉，王乐夫．公共管理学［M］．北京：中国人民大学出版社，2018：23.

表2 中国新闻奖特别奖和一等奖主题对应的治理职能（2000—2020年）

媒体报道主题	所对应的治理职能	具体治理内容
路线方针解读报道	公共领导	公共组织的领导者在一定的环境下，为确定和实现公共目标，对组织成员和公众进行统御和指引的行为过程
典型人物—国家领导人报道		
典型人物—先进普通劳动者		
成就报道	公共部门绩效评估	对公共部门及其所属人员依法履行职能过程中投入所获得的结果及其所产生的社会效果的评估
典型人物—领导干部楷模		
典型人物—党员、军人等英雄报道		
公共管理行为监督报道	公共管理监督	对公共管理行为过程及其结果的规制与监督
社会问题监督报道		
公共危机事件报道	公共危机管理	对公共危机进行预警和监测、面对危机进行决策和有效的资源配置、危机发生后进行善后处理与评估的一系列机构和职能运行的路径与程序
公共政策报道	公共政策	决策主体在其法定权限范围内采取措施解决公共问题

与此同时，中国新闻奖重要获奖新闻作品中的“国际新闻”与“历史、文化”主题与公共治理职能关联不大，数量为37篇，占比6%。根据中国新闻奖获奖作品的主题分类，可以描述新闻媒体履行的对应的治理职能占比分布（见图2）和历时性变化（见图3）。重要获奖作品集中反映了专业新闻媒体在公共治理体系中以新闻报道手段所实现的五项职能。

（一）协同领导者发挥导向、统领、表率、影响作用

新闻媒体通过对路线方针的解读报道指明国家和地区的发展方向，帮助公众理解和支持政府机构的决策，辅助领导者履行导向、统领的治理职能。如上海崇明市民一度对政府“拒资”做法存在很强烈的对立情绪，看了报道

《短短一个月“拒资”十亿元》后思想观念转变了，理解了政府的苦心。[1]《不是所有弯道都是超越好时机》提出应对国际金融危机应积极推进转型升级，“清晰研判，适时地发出有价值的声音”[2]，山东省经贸委等部门负责人认为该报道为完善危机策略提供了重要的建设性意见。时任中宣部部长刘奇葆曾表示：“要正确认识当前经济形势，要正确领会中央精神，就看《人民日报》《五问中国经济》。”[3]还有一些重要报道成为各地汇报沟通的重要材料，如《减产为何却增收？》成为黑龙江省农委向农业部汇报推进种植结构调整的重要内容，帮助领导者在实现目标的过程中不断回应环境和修正目标，为战略性调整的中国农业提供了方向，“虽是地方新闻，却有全国意义”[4]。

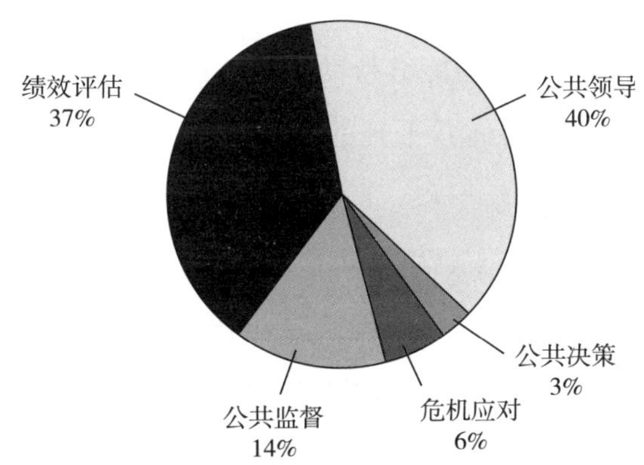

图2　中国新闻奖获奖作品主题分布体现的新闻媒体承担公共治理职能占比分布

---

［1］ 中国新闻奖评选委员会办公室 . 中国新闻奖作品选（2011 年度・第二十二届）［M］. 北京：新华出版社，2012：23.

［2］ 回归新闻本源创新新闻报道［EB/OL］.http：//www.scio.gov.cn/wlcb/ llyj/document/884135/884135.htm.

［3］ 五问中国经济［EB/OL］.http：//www.xinhuanet.com//zgjx/2016–08/ 29/c_135642340.htm.

［4］ 互联网时代编辑需练好两项内功［EB/OL］.https：//sghexport.shob–server.com/html/baijiahao/2021/06/10/456855.html.

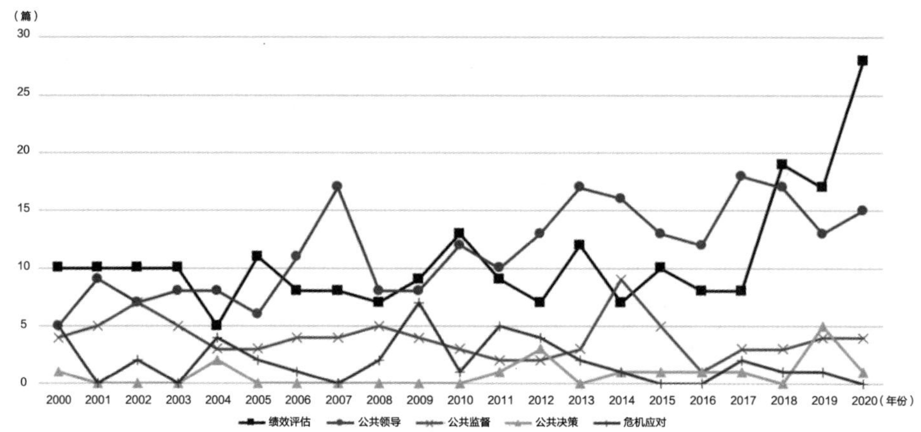

图3　新闻媒体承担公共治理职能的历时性变化

新闻媒体的典型人物报道能够帮助公共治理中的领导者发挥表率和影响作用。《中央新一届领导集体：平凡的生活，伟大的理想》展示了领导人亲民、开明、开放、平等的新形象，激发了民众的信心。“国家领导人心中有梦，老百姓就有了目标，国家发展就有了方向。最重要的是，人民有了动力！”[1]我国主流媒体一贯注重展现领导人与民众的密切关系，如《习近平看望“快递小哥”》记录了领导人与基层民众互动交流的温暖时刻，被看望的快递员“深切地感受到习总书记对一线人员的暖心关怀”[2]。同时，普通劳动人民的先进典型报道也发挥了积极的正向引导作用，《“新愚公”李保国》描写了李保国在邢台前南峪、岗底村等帮扶基地带领村民脱贫致富的故事，紧扣脱贫攻坚、社会主义核心价值观两大主题对公众进行引导。

（二）让治理政绩“可见”

公共部门绩效评估意味着信息的交流与沟通，信息资料是影响评估指标

[1] 中国新闻奖评选委员会办公室．中国新闻奖作品选（2014 年度·第二十五届）[M]．北京：新华出版社，2015：118.

[2] 总书记看望过的“快递小哥”：直言提诉求[EB/OL].http：//news.cy-ol.com/co/2019-02/26/content_17929552.htm.

层级划分、评估内容选定和评估结果出具的关键因素。成就报道与典型人物报道中领导干部楷模及军人、党员等英雄报道呈现公共部门及所属工作人员即被评估者的行为及效果影响，使公共部门的治理过程、治理绩效“可见”，如《我们走在大路上》回顾了70年来中国共产党带领全国各族人民进行社会主义革命、建设、改革取得的辉煌成就和宝贵经验。

新闻媒体作为外部评估体系中的评估主体，对于公共部门及其所属人员的报道存在对其工作过程与行为结果的评判，暗含一定的绩效标准即公共部门的行为应达到什么样的结果、绩效计划即通过对成功经验的报道提供如何调整组织结构以实现这些结果的信息等，对公共治理发挥着重要的咨询和参考作用，报道《二百八十一个签名挽留第一书记》“为激励更多的第一书记奉献基层起到示范作用，为进一步融洽密切党群干群关系树立了榜样”[1]。“示范与榜样”所体现的精神意涵与行为标准成为构成与完善绩效评估指标体系的重要内容。

同时，新闻媒体作为信息沟通的中介，避免内部与外部评估体系中的信息不对称问题，使得内部评估体系中上级部门以及外部评估体系中社会公众进行更为科学、全面的绩效评估。一方面，报道成为上级部门对下级部门及其分支机构和所属人员绩效评估的重要依据，直接促成内部评估体系中的实际激励，如在媒体报道《英雄无言——95岁老党员张富清的本色人生》后，张富清荣获中共中央授予的“全国优秀共产党员”称号和“共和国勋章”；另一方面，报道融合多种新媒体手段在公共部门与公众之间建立起一种广泛的信息沟通机制，《十八洞龙金彪的Vlog丨脱贫之后》采用Vlog、动画、手绘等形式报道十八洞村脱贫不返贫经验，“当日总点击量突破200万，读者纷纷为

[1] 二百八十一个签名挽留第一书记[EB/OL].http://www.zgjx.cn/2020-10/15/c_139441573.htm.

脱贫之后的十八洞的继续发展点赞"[1]。作为消费者、顾客的公众借由媒体的新闻报道成为公共治理的参与者和评判者，公共部门则可依据公众的评判调整和改进工作，改善与公众的关系，增强公众信任度。

（三）以监督报道作为治理术的公共监督

新闻媒体既接受党和政府的管理与监督，又在党和政府授权之下成为公共治理的手段，也即治理术。2019年，中央和省有关部门发文明确要求解决形式主义突出问题为基层减负，获奖作品《警惕"指尖上"的形式主义》聚焦"中央精神为何没有落实？如何解决"等问题并反馈给上级部门，体现了政府的自我监督和内部监督的意图，促成相关部门坚决清查重复设置的各类工作群，为基层工作减负。新闻报道之后政府行政措施跟进、有关人员受到行政或法律惩处，构成监督报道发挥治理效力的完整链条。

媒体对社会问题的监督报道还在国家与民众间关系层面发挥治理效能。一方面，借由公共性批评向公共部门改进治理行为施压，如内蒙古广播电视台《百姓热线》栏目介入帮助农民工讨要工资后，呼和浩特市回民区政府调取《住在涵洞为讨薪》节目资料调查问责，最终让69位农民工领到工资；另一方面，监督报道扮演政府和公众舆论之间的调停者角色，促进双方互动形成框架整合的局面，如《质疑上海"二期课改"》针对"陪读现象如此之广"邀请各位嘉宾发表看法，让处于矛盾两端的官民通过广播展开对话，消解了对立和不信任情绪，达成共识，进行合作。[2]

媒体监督被视为党政权力监督体系的延伸和补充，但同时在"政治锦标

---

[1]"国奖"爆款如何打造？顶尖创作者共谈融合创新——中国新媒体大会"内容创新创优"分论坛举行[EB/OL].https：//baijiahao.baidu. com/s？id=1683858047959427336&w-fr=spider&for=pc.

[2] 中国新闻奖评选委员会办公室 . 中国新闻奖作品选（2006 年度·第十七届）[M]. 北京：新华出版社，2007：93.

赛体制”式分权体制及其激励效应下[1]，地方政府力图通过控制媒体来赢得信息市场和声誉市场的竞争，对媒体的批评报道进行“控负”或者“有限开放”成为地方政府政治治理的重要媒体策略。在2002年6月的山西繁峙矿难事件中，当地政府瞒报矿难真相、控制当地记者报道，被中国青年报《山西繁峙矿难系列报道》予以揭露，推动了中央、省、市各级政府调查矿难真相，新闻报道成为官方调查的重要线索和依据。这也说明新闻业受制于其所依托的社会与政治结构，媒体通过监督报道协调中央和地方政府以及民众间的关系，既出于新闻界的社会愿景和责任，又受到媒体与政府间张力的影响。

（四）公共危机管理中的信息沟通与动员协调

在公共危机管理应对中，新闻媒体具有危机预报的功能，全面、清晰地预测各种危急情况，对未来可能发生的危机的类型、涉及范围及危害程度做出预警。《雨中进行时——7·21北京特大暴雨》在暴雨还未对城市运行造成影响前就开启直播，为市委、市政府实时了解灾情、各部门有效组织抢险提供信息预警。[2]新闻媒体承担信息的收集与分析功能，通过快捷、高效的信息网络将公共危机事件的信息和事态发展情况传送到公共危机指挥系统和相关部门，从而保证危机信息的时效性、准确性和全面性，为公共危机应对与处理提供可靠的信息基础。《挺进映秀》使党中央、国务院第一时间了解汶川地震震中的情况，对指导救灾起到重要作用。[3]同时，新闻媒体与利益相关者及有关政府部门、社会团体及时、有效地沟通信息，可取得相关人员和机构的理解、配合与支持。《爱心守望风雨同行》在2008年的雨雪冰冻灾害中为各级政

---

[1] 黄晓春，周黎安．“结对竞赛”：城市基层治理创新的一种新机制［J］．社会，2019，39（5）．

[2] 中国新闻奖评选委员会办公室．中国新闻奖作品选（2012 年度 · 第二十三届）［M］．北京：新华出版社，2013：103．

[3] 中国新闻奖评选委员会办公室．中国新闻奖作品选（2008 年度 · 第十九届）［M］．北京：新华出版社，2009：79，91．

府部门搭建信息发布平台，及时传递抗灾救灾措施、跟进报道全过程，因而民革中央等提出将中央广播纳入国家应急体系的议案，并得到了有关部门批复认可。[1]

在公共危机恢复阶段，新闻媒体致力于提升公众认知和恢复管理，如读者反映《走向希望的春天——来自地震灾区的报告》充分展示了灾区人民恢复生产、重建家园，艰苦创业、勇攀高峰的志气和精神，给了人们以鼓舞和信心。[2]新闻媒体的动员能力还使其能够承担公共危机管理中的资源配置与管理职能，如《重返灾区》特别节目中，国务院总理以直播访谈形式与主持人、听众及网友即时交流，在微博网友的推动下，玉树第三完全小学的58名孤儿全部得到爱心人士资助，青海省政府决定对居住在帐篷内的8万多名受灾群众每人每天增加取暖补贴2元。[3]新闻媒体的动员协调有效促进了灾后生产、生活基础设施的重建和秩序的恢复。

（五）公共政策问题的识别与沟通

公共治理的实施及其价值实现主要通过适时制定和执行各种符合公共利益最大化价值取向的、效率与效益兼具的公共政策来完成。公共政策问题泛指实际状态与社会期望之间的差距，公共政策问题只是诸多公共问题中的一部分，当一些社会问题引起新闻媒体注意并予以突出的持续报道后就可能进入政策议程。如《寻找可游泳的河》聚焦浙江八大水系的水污染问题，由电视媒体发起的新闻行动演化为浙江省委、省政府的一项重大决策。在发现问题与创建提案时，新闻媒体可以弥补决策者“有限理性”的负面影响以及个

---

[1] 中国新闻奖评选委员会办公室.中国新闻奖作品选（2008年度·第十九届）[M].北京：新华出版社，2009：79，91.

[2] 中国新闻奖评选委员会办公室.中国新闻奖作品选（2009年度·第二十届）[M].北京：新华出版社，2010：15.

[3] 中国新闻奖评选委员会办公室.中国新闻奖作品选（2010年度·第二十一届）[M].北京：新华出版社，2011：80.

别部门或基层组织对社会问题的隐瞒推诿，保障利益表达与整合渠道的真实与公开。

公共政策的有效性取决于它是否以及能在多大程度上体现、维护和增进公众的愿望和要求。媒体在决策过程中的渠道功能对于政府与公众和各种社会组织间的有效沟通与互动非常重要，如《羊城晚报》的《告别“同命不同价”》做到了新媒体稿全网首发和报纸稿全国首发，新媒体稿在羊城派上3小时内的阅读量就已突破30万。[1]此外，媒体在政策沟通中的平台功能对于提升公共治理水平至关重要。如《八米阳光》节目中记者以媒体身份、社区工作者的视角去讲解政策的刚性，违建房业主代表带头拆除了自家违建建筑，并受邀成为街道“义务劝导员”。该栏目由此作为北京市“疏解整治促提升”专项行动的参与者和监督者，被正式列入2019年北京市政府工作报告。[2]

四、结论与讨论

将中国新闻奖重要获奖作品的主题分类放置于公共管理职能体系框架中考察，证明了专业新闻媒体以其新闻报道的本职工作参与公共治理，主要在公共领导、绩效评估、公共管理监督、公共危机管理、公共政策五方面体现其效能。

媒体解读性报道、国家领导人及普通劳动者典型人物报道协同领导者发挥导向、统领、表率、影响作用，此类职能的履行在波动中呈现小幅增长趋势与21世纪初20年来中国社会发展的现实需要相吻合。当下，我国面临百年未有之大变局，国内外形势正在发生深刻复杂的变化，世界经济复苏乏力、局部冲突和动荡频发、全球性问题加剧，中国自身处在历史发展的关键时期，与世界的关系也在发生变化。路线方针解读报道“事关旗帜和道路，事关贯彻落实党的理论和路线方针政策，事关顺利推进党和国家各项事业，事关全

[1] 告别“同命不同价”！[EB/OL].http://www.zgjx.cn/2020-10/15/c_139439826.htm.

[2] 邵晶，高笑冉．八米阳光背后的温度[J]．新闻战线，2019(21).

党全国各族人民凝聚力和向心力，事关党和国家前途命运”[1]，专业新闻媒体与国家领导人报道一同帮助国家面对各地方政府、执行部门与民众，承担组织社会、教化社会的责任。

成就报道与领导干部楷模及英雄典型报道以让治理政绩“可见”的方式履行绩效评估职能，且在历时性的变化中呈增强趋势。公共治理的最大政绩就是人民群众生活水平和社会地位的不断提高，而且政绩报道中的相应内容和方法也无形中成为公共部门及官员行为的参考坐标和价值引导。如《中共中央 国务院关于打赢脱贫攻坚战的决定》提出，建立国家扶贫荣誉制度，表彰对扶贫开发作出杰出贡献的组织和个人，并要求生动报道各地区、各部门精准扶贫、精准脱贫丰富实践和先进典型，提供先进做法和新鲜经验。

监督类报道作为政府的治理术履行公共管理监督的职能，但在本研究的观察时段中呈现出下降趋势。在第二十六届中国新闻奖评选中，绝大多数作品是正面报道，有评委指出“正面触及社会重大现实问题、突出矛盾，有独家发现的深度调查、有锐度的舆论监督、针砭时弊的评论作品明显偏少”，且获奖的监督类报道从节目影响力上看不能与同栏目早期获奖节目相提并论。[2]尽管在第二十九届中国新闻奖评选标准中明确指出“适当增加舆论监督类报道的获奖比例和篇数”，并首次在给评委提供的《同类题材参评作品目录》中专门把舆论监督类作品列为一类，但监督类报道数量与比例仍有所下降，新闻媒体履行公共管理监督的职能还有待进一步提升。

通过信息沟通与协调动员，新闻媒体在公共危机事件与公共政策问题识别与沟通中参与治理，新闻媒体成为畅通有效的利益表达与整合渠道，使政治体系具备主动灵活的反应能力并时刻保持开放的进步状态，在广泛汲取真

---

[1] 杨振武.把握好政治家办报的时代要求[EB/OL].http：//politics. people.com.cn/n1/2016/0321/c1001–28212508.html.

[2] 评委有话说|聚焦主题 唱响民生 故事化表达[EB/OL].http：// www.xinhuanet.com//zgjx/2017–03/29/c_136166205.htm.

实信息的基础上协商论证形成相关方案，推进新兴社会利益群体与公共利益的整合，将社会主义建设力量最大限度地动员和组织起来，而不至于在重大危机时刻、利益分化与激化中使社会陷入无序状态。

本文讨论的新闻媒体的公共治理职能，既包括公共治理体系赋予新闻媒体的职能定位，也包括新闻媒体在新闻报道过程中自觉履行完成的治理职能。在公共治理体系中，新闻媒体一方面作为治理工具或作为重要的治理环节，如将新闻舆论监督作为重要的外部监督力量，而且党管媒体是新闻领域的基本原则和制度，党的新闻舆论工作是党的工作的重要组成部分，新闻媒体作为公共治理过程中工具性的“政治机构”是必然的；另一方面对政治的影响并不弱于政治结构对新闻的支配作用，新闻媒体作为社会的中介系统，是社会由权威控制转向多元治理的核心协调力量，新闻媒体作为各种社会生态系统的桥接点，是社会网络协调的中心要素，为多元社会中的各利益群体提供意见表达和沟通的平台和交往场域。新闻媒体作为推动公共治理体系运转的重要参与者，遵循特定的媒介逻辑，也即体现媒体自身的技术特性和组织特征的结构性制约。在经由媒体中介的治理实践过程中，以政府为主导力量的各方治理力量也受到媒介逻辑的规制与调试。

在治理实践中，我国特有的媒介体制以及媒介与国家的二元关系是不容忽视的外在情境，新闻媒体参与公共治理同时具有工具性与主体性意涵。值得进一步思考的是，在技术可供性、可视性支持下，以个人化、弱连接、传播网络成为政治行动的组织形式作为特征的“连接性治理”初具规模，并成为社交与智能媒体时代中国公共治理的重要逻辑。[1] 公共治理的主体不再局限于政府或是某一组织，可以是连接性网络，普通人也可以发起“治理性行动”。目前新闻媒体在连接用户与数据运用上正加大力度，如人民日报客户端推出系列微视频《中国24小时》，试图“通过激发情感共振、凝聚价值共识来

[1] 周葆华 . 社交与智能媒体时代的连接性治理[EB/OL]. https://mp. weixin.qq.com/s/tRISf_ASIcDyNFS7N4Ay6A.

实现用户连接”。再如《经济日报》的《“数说70年”数据新闻可视化系列短视频》通过挖掘海量数据完成新闻产品的定制化生产。但作为公共治理力量的新闻媒体如何再次与摆脱被媒体代言的依附地位和从属角色的公民个体或群体建立联系并促使其发挥治理效能，以此确认自身在当下“连接性治理”中特有的治理价值与模式，是后续研究值得进一步探讨的问题，也是中国新闻奖在评选过程中需要进一步关注的面向。

发展新质生产力的中国媒体深度融合新命题

——动态的专业边界调和与新闻资源配置

蔡　雯　汪惠怡

[摘　要] 围绕主流媒体的新闻资源配置与职业边界调和，本研究沿着新闻产品创新、资源配置方案、新闻观念的逻辑线索，总括了中国媒体融合的进展与新任务。主流媒体发展出“小切口、轻量化、易转化”的新闻产品决策标准，逐渐形成了突破媒体边界、多元行动者间协同的资源配置方案。在新闻观念上重视媒体的政治职能，与社会各领域产生全面深度连接并产出服务型产品。以新闻创新为引领的媒体融合新阶段，需要对内加强可持续发展的能力，对外加强实际传播效果的建设，并对新闻边界变动保持危机意识。

[关键词] 媒体融合；主流媒体；专业边界；资源配置；新质生产力

一、绪言

从2004年笔者在美国访学期间最早观察并撰文介绍“媒体融合”，迄今已经过去了整整20年。在我国，自2014年中央全面深化改革小组第四次会议审议通过《关于推动传统媒体和新兴媒体融合发展的指导意见》，媒体融合成为国家战略部署下的统一行动，至今已经走过10年。在这10年中，新闻业界的

[作者信息] 蔡雯，中国人民大学新闻与社会发展研究中心主任；汪惠怡，中国人民大学新闻学院博士生。

[基金项目] 教育部人文社会科学重点研究基地重大项目“国家治理视域下的新型主流媒体建设研究”(22JJD860015)。

融合创新在内容、渠道、平台、经营、管理等方面不断深入推进，新闻学界对媒体融合的研究也获得了丰硕成果，并在此基础上开始着力于建设有中国特色的新闻传播学自主知识体系。

党的二十大报告指出，“高质量发展是全面建设社会主义现代化国家的首要任务”。这种高质量发展理念的行动指南在2024年全国两会《政府工作报告》中被表述为“加快发展新质生产力”[1]。面对新一轮科技革命和产业变革，新质生产力是以科技创新为主的生产力，其构成要素包括高素质的劳动者、更高技术含量的劳动资料、更广范围的劳动对象及其优化组合的跃升。[2]21世纪20年代以来人工智能技术蓬勃发展，以2024年2月OpenAI推出的Sora生成式人工智能视频技术为代表的新应用，表明全球新闻业正面临着新的技术挑战。发展新质生产力是推动高质量发展的着力点，新质生产力在中国新闻业中的应用，是新劳动者（充分利用现代技术的新型人才）对新劳动对象（新闻资源）、新劳动工具（生成式人工智能等）的合理配置与使用，辅以使用新兴基础设施（如大数据中心），后者完成日常基础统计与信息提示功能。

值此中国的媒体融合发展战略实施10年之际，笔者基于对四级媒体及其从业者的长期调研，围绕主流媒体的新闻资源配置与职业边界调和，总结媒体融合的实践成果与问题，并展望中国自主知识体系中媒体融合研究的方向。

二、媒体融合的历史进程

中国新闻业早期的媒体融合多是迫于技术和媒体形态演进下的竞争压力而采取的变革举措。实践先锋有中央与地方的诸多媒体，如人民日报社2009年成立社内机构新闻协调部，承担重要报道的组织策划和统筹协调、新兴媒

---

[1] 李强.政府工作报告——二〇二四年三月五日在第十四届全国人民代表大会第二次会议上[N].人民日报，2024-3-13(1).

[2] 习近平经济思想研究中心.新质生产力的内涵特征和发展重点（深入学习贯彻习近平新时代中国特色社会主义思想）[N].人民日报，2024-3-1(9).

体（如微博与客户端等）的初步运营工作，并与人民网合作负责《人民日报》新兴媒体版的采编工作；烟台日报传媒集团早在2007年就提出了“全媒体”的新闻实践理念，并在2008年建立了中国新闻业界首个全媒体新闻中心。2010年以后，中央级与省级主流媒体纷纷开通微信公众号、微博等社交媒体账号，在互联网社交平台中发布即时新闻消息与新闻策划产品。这一阶段自发的融合实践主要是在保持传统媒体运行模式的基础上添加新媒体形态及内容分发渠道，并开始组织机制变革，这些实践曾在一段时间内获得效应，但未能从根本上破解困局。

中国的社会制度、文化传统以及决定新闻业走向的各种外部因素都与西方存在差异。媒体融合在西方国家是新闻业为适应传播环境、追求更好的传播与经营效果而启动的自发尝试。而在中国，媒体早期的融合实验则在2014年进入由中央作出整体规划、部署和财政支持的新阶段。

2014年8月18日，《关于推动传统媒体和新兴媒体融合发展的指导意见》中明确指出，“整合新闻媒体资源，推动传统媒体和新兴媒体融合发展”，并提出了“现代传播体系”的建设目标。[1]这表明新闻媒体资源对于新闻业发展与转型有着根本性作用，对新闻媒体资源的时代化、先进化配置是发展媒体融合的起点。各种媒介资源、生产要素的有效整合，包括但不限于信息内容、技术应用、平台终端、人才队伍等的共享融通。[2]

在中央级、省级媒体有了中央厨房等彼时行之有效的融合实践后，制度设计开始关注四级传播体系的整体结构和功效。首先，制度布局深入基层媒体，2018年8月21日，习近平总书记在全国宣传思想工作会议上强调：“要扎

---

[1] 习近平主持召开中央全面深化改革领导小组第四次会议强调 共同为改革想招一起为改革发力 群策群力把各项改革工作抓到位 李克强刘云山张高丽出席[N].人民日报，2014-8-19(1).

[2] 曹智，栾建强，李宣良，李刚.习近平在视察解放军报社时强调 坚持军报姓党坚持强军为本坚持创新为要 为实现中国梦强军梦提供思想舆论支持[N].人民日报，2015-12-27(1).

实抓好县级融媒体中心建设，更好引导群众、服务群众。”[1]其次，明确了中国主流媒体在融合发展下的总体目标，即2019年1月25日在中共中央政治局第十二次集体学习时习近平总书记所阐释的“四全媒体”与“全媒体传播体系”[2]，以及主流媒体自身的建设要求，即2020年9月26日《关于加快推进媒体深度融合发展的意见》指出的“打造自主可控的新型媒体平台”与“深化体制机制改革，加大全媒体人才培养力度”[3]。最后，包括各类新闻行动者在内的新闻业发展的总体目标是要构建《关于加快推进媒体深度融合发展的意见》中所表述的“网上网下一体、内宣外宣联动的主流舆论格局”[4]，这种新格局是由新型主流媒体引领互联网平台、各地新闻用户所形成的合唱，其达成将说明主流媒体重获了话语权与竞争力。2023年10月，习近平总书记对宣传思想文化工作作出重要指示，强调“着力提升新闻舆论传播力、引导力、影响力、公信力”[5]，这是对媒体深度融合后所形成的现代传播体系的功能要求，媒体融合被看作塑造主流舆论空间与引领主流文化的必经之路。

纵观媒体融合近10年的进展，中国主流媒体以融合为表征的转型发展，本质是基于对新闻资源的深度开发、对新闻媒体所能触及的各类新闻资源与社会各界资源的更有效配置。资源配置的手段和方法，是在新闻观念指导下进行的。通过合理的资源配置，完成新闻产品的生产、达成新闻产品的传播

---

[1] 张洋，鞠鹏．习近平在全国宣传思想工作会议上强调　举旗帜聚民心育新人兴文化展形象　更好完成新形势下宣传思想工作使命任务　王沪宁主持[N]．人民日报，2018-8-23(1)．

[2] 谢环驰．习近平在中共中央政治局第十二次集体学习时强调　推动媒体融合向纵深发展　巩固全党全国人民共同思想基础[N]．人民日报，2019-1-26(1)．

[3] 中办国办印发《意见》加快推进媒体深度融合发展[N]．人民日报，2020-9-27(2)．

[4] 中办国办印发《意见》加快推进媒体深度融合发展[N]．人民日报，2020-9-27(2)．

[5] 张烁．习近平对宣传思想文化工作作出重要指示强调　坚定文化自信秉持开放包容坚持守正创新　为全面建设社会主义现代化国家　全面推进中华民族伟大复兴提供坚强思想保证强大精神力量有利文化条件　蔡奇出席全国宣传思想文化工作会议并讲话[N]．人民日报，2023-10-9(1)．

效果，这一实践过程也建立起“新闻产品—新闻资源配置—新闻观念”这三个维度之间的逻辑联系。本研究从新闻产品（新闻资源开发的实践结果）、资源配置（新闻资源开发的实践过程）、新闻观念（新闻资源开发的依据）三个层面梳理中国媒体融合的实践成效。而这些具有中国特色的新闻传播变革，正是建立中国特色新闻传播学科的知识体系的重要源头和基础。

三、媒体融合的实践成效

（一）新闻产品：小切口、轻量化、易转化

随着媒体融合的深入，主流媒体意识到融媒体不只是多种媒介形态的融合，更是在传播渠道和传播效果层面实现融合与打通。例如，集纳了各种形态的复杂融媒体产品，在一些移动互联网平台中因技术限制而无法播发或加载速度缓慢，反而降低了产品的传通效能。笔者观察到，新闻形态在新闻产品分类中的作用逐渐被弱化，中国记协的评奖规则也印证了这一点。从2022年第三十二届中国新闻奖开始，中国记协取消了按照报道载体对参选报道进行分类的做法，取而代之的是参考报道文体、重大题材等因素。在初次开发独家信息、二次开发公开信息的过程中，主流媒体对于产品内容与形态逐渐发展出“小切口、轻量化、易转化”的决策标准。

第一，小切口是指通过微观的选题角度映射大问题。例如，2021年4月28日，“北京日报”微信公众号发布推文《北京一处级干部当外卖小哥，12小时仅赚41元：“我觉得很委屈”》，这条位于微信推送第三条位置的新闻报道在当年获得25.5万的阅读量，获评第三十二届中国新闻奖“融合报道”二等奖。内容取自北京广播电视台首发的电视新闻与短视频，“北京日报”微信公众号编辑依据自己对新闻价值的判断对其进行了再加工。新闻发布次日，外卖平台就调整了骑手管理政策以改善骑手工作环境，媒体通过该新闻发挥了促进平台治理优化的社会职能。

第二，轻量化是指依据对传播效果的预估，选择最合适的融媒体表现形式，重在准确传达事实信息、营造情绪氛围、达成价值共鸣。与此同时，降低产品的技术运行难度，生产出便于新闻用户浏览、转发的新媒体产品。例如，H5的制作周期较长、所需资金成本较高，而传播效果与用户打开率逐渐下滑，于是主流媒体开发出替代形式，即在微信公众号中具有互动效果、由用户点击后可切换画面的SVG动态海报。

第三，易转化是指主流媒体在策划报道时会考虑各个社交媒体平台在技术标准、传播形态上的兼容性，以前述标准的最大公约数作为生产依据。例如，为了让原创视频可以在客户端、微博、抖音、B站同步发布，记者有时会采用多平台通用的正方形画面比例。

（二）资源配置方案：突破媒体边界的协同

（1）媒体内部的资源整合与统筹。首先，主流媒体的工作重点从提高新闻报道的“发出率”转向“触达率”。在发布端口层面，主流媒体从接触移动互联网初期在各大互联网平台开设账号、各部门开设新媒体账号，甚至一家集团开发多个客户端的广撒网，发展为综合考虑地区新闻生态、集团资源整合、新闻用户使用习惯等因素，集中优势力量发展“大端大号”。浙江省“潮新闻”客户端正属于此类实践。客观来说，我们不能否认触网初期开设多端口、多账号对于传统媒体学习新媒体传播规律、探索媒体创新的重要作用，但随着媒体融合进程的推进，新闻媒体正在调整行动策略。例如，关停以报业集团作为挂名主体但长期未运营的新媒体账号，减少影响媒体形象的隐患。

在内容发布层面，融合初期的做法是“一次采集，多次分发”，而现在新闻采编人员的决策环节前置了，新媒体编辑基于对各个端口调性的熟悉，针对新闻信息的不同特点、发布端口的调性以制作相应的新闻报道。各端口触达自身的目标新闻用户，让新闻用户接受新闻媒体所传递的信息、价值观，并尽可能触发黏性新闻用户的二次传播以及非黏性新闻用户在社交平台信息流中的新闻偶遇。

其次，媒体内部发展出工作协调机制。新闻协调部、总编办等统筹性社内部门以及“中央厨房”等工作室机制，由各家媒体自发提出以提高工作沟通与合作的效率。当这些模式被其他媒体学习时出现了难以适配的情况，例如，“中央厨房”在设计之初是服务于全国两会等重大报道，而此类报道的时间周期有限、事件次数有限，导致“中央厨房”被闲置。对于社内人员数量规模中等的地方媒体，一种灵活的虚体工作小组可以满足重大主题报道的统筹协调需要。这种工作小组从各部门抽调报道所需的骨干人员，并在报道任务结束后解散、相关人员回归条线管理部门中，不必耗费资金来建设额外的实体空间与指挥系统。

（2）新闻媒体之间的合力、媒体与政府部门的合作。中国各级媒体之间的联动合作由来已久。早在2009年，新华社音视频部就与黑龙江电视台合作，在新华社文字版《新华视点》基础上制作电视版《新华视点》，对社会时事热点、焦点问题进行分析，并在黑龙江卫视播出。这是在各家媒体掌握有限的媒介形态的情况下，两家媒体以媒介资源互补为出发点的报道资源整合行为。在数智媒体时代，各家媒体自身都具备全媒体报道的技术能力，双方或多方资源整合的出发点细化为如何能在选题深度、宣发力度上形成合力。例如，西南地区媒体为庆祝党的二十大召开，由四川广播电视台、重庆广播电视集团发起，联合长江上游沿线30余家市级电视台和区县融媒体摄制电视专题片《川渝融媒体新闻行动·一江清水向东流》，取得了较好的传播效果。

中国主流媒体与各级政府的合作促进了政府社会治理效能的提升。媒体凭借其连接、调度的能力与信息传播、社会监督的职能，可以扩大社会资源的实用效果。一方面，在社会重大事件发生时，媒体通过联通政府资源为社会与市场注入动能。例如，中央广播电视总台在新冠疫情后的首个大学生求职季，推出“春暖花开国聘行动”大型融媒体直播招聘活动，这项惠及大学生的招聘活动是在总台与相关政府部门的协商下，以特事特办的审批流程与执行速度，召集各大国企合力促成的。另一方面，“新闻+政务+公共事务+商务”的合作为媒体和政府双方带来社会问题真实浮现、有效捕捉、及时解决的双向沟通渠道，也为解决人民群众的切实需求提供了监督机制。河南广播电视台“大象帮”移动互动平台所采纳的“媒体帮扶+党委、政府交办”双闭环工作机制，正属于此类实践。

（3）新闻媒体与互联网平台、技术团队的资源流动与互惠。主流媒体的合作对象已经不局限于四级媒体体系内部的行动者，互联网社交媒体平台、媒体技术公司等新行动者已经成为新闻生态系统中的重要组成部分。与此同时，这些新行动者正在成为社会信息传播的基础设施。

新闻媒体与互联网平台、技术团队的关系经历了三个发展阶段：第一，主流媒体借船出海，向互联网平台搭借传播渠道与用户流量；第二，主流媒体造船出海，建设自主可控的平台以弱化对互联网平台的渠道依赖；第三，双方和谐共存，共同塑造主流舆论空间。互联网平台也开始重视社会重大新闻这个信息领域，而其的互联网新闻信息服务许可级别有限，不能独立完成时政新闻、突发事件的采编工作，因而需要与具备相关资质的主流媒体合作。例如，2019年国庆期间，快手与央视新闻首次就国庆阅兵在互联网平台中的直播报道中展开合作，快手为此专门研发出“多链路直播间”技术，在直播间提供七个视角的视频线路供用户自主选择。

（4）新闻媒体与新闻用户的生产与传播协同。对新闻媒体而言，新闻用户不只是信息收受者，他们已经卷入新闻产品的生产、传播及营销过程中。首先，在新闻现场的用户是媒体的采访触角，在新闻采编人员没有权限进入特定区域的情况下尤为明显。2022年北京冬奥会期间，人民日报社新媒体中心联动各场馆的大学生志愿者在政策许可范围内进行拍摄，由新闻媒体和新闻用户共同完成了《闭环下的五环》首部冬奥闭环纪录片，让人民群众看到特殊时期下冬奥日常工作场景。其次，新闻媒体本身的破圈传播力量有限，互联网社交平台中有影响力的新闻用户是潜在的破圈桥接点。

（三）新闻观念：以政治职能为首的社会深度连接

（1）创造性发挥政治职能：党性与人民性相统一。党的十八大以来，中国主流媒体加强了对重大主题报道的重视，人民日报社新媒体中心等中央级主流媒体将做好习近平总书记报道和习近平新时代中国特色社会主义思想宣传阐释作为首要政治任务[1]，并通过党性与人民性相统一的新闻观念指导前述政治职能的发挥。主流媒体对移动互联网的传播规律、网民心态与社会舆情规律进行持续且准确的把握，通过对重大主题报道的创造性策划，产出思想、故事、艺术、技术兼备的新闻产品，通过技术与艺术相结合的表现手段讲述主流价值观。这些兼具党性要求"重大主题报道、正面宣传为主的政治需要"与人民性要求"人民群众喜闻乐见"的系列新闻产品，用人民群众看得懂、喜欢看的形式将新闻用户聚拢在主流媒体周围，基于此引导主流舆论方向与主流文化风尚。

2022年10月15日，人民日报视频客户端"视界"发布动画创意视频"新千里江山图"。在"江山就是人民，人民就是江山"的思想起点上，从"加强对中华优秀传统文化的挖掘和阐发"的文化诉求出发，制作团队创造性地使用了互联网中受到青年用户关注的名画《千里江山图》这一文化元素，通过三维动画展示祖国大好河山与时代成就，视频收笔在"一笔一画都是你我的生活、共同的记忆"的理念上，恰是强国有我、人民与江山同在的具象化表征。此后，还在重要新闻节点发布了《锦绣江苏》《壮美陕西》《活力四川》《潮涌浙江》等"新千里江山图·地方篇"。"新千里江山图"经由新媒体报道，成为一个辐射全国、具有时代性、引起用户共鸣的文化IP，是有效运用传统文化赋能主题报道的案例。

（2）与整体社会的深度连接：从新闻信息型产品到社会服务型产品。深度媒介化环境下的各项社会服务迁移至线上，这也为主流媒体的新闻产品功

[1] 丁伟，刘晓鹏，朱利，等．新时代新征程新担当——人民日报新媒体10年发展的实践与思考[J]．新闻战线，2022（19）．

能的扩充提供了机会，即从新闻信息型产品扩展为新闻服务型产品。新闻服务型产品覆盖政务服务、公共服务、商务服务等各个领域。当然，这种功能的扩展也是主流媒体参与国家治理体系和治理能力现代化的行动之一。

新型主流媒体已创造的新闻服务型产品可以按服务对象、产品体量、时效周期等分为五类。第一，以多方信息交换为基础的、新闻用户导向的短期新闻产品，旨在满足新闻用户特定的信息需求、生活服务需求。此类产品通常在重大突发事件周期内推出，由中央级主流媒体快速搭建而成，如2021年7月人民日报新媒体开通的“河南暴雨紧急求助通道”。第二，以新闻用户、新闻媒体与第三方的共同需求为导向，不定期推出的专项新闻产品，如由主流媒体开展的助农直播带货及其交易平台。第三，以信息查询为基础的、新闻用户导向的中长期新闻产品，旨在一定时期内持续为新闻用户提供所关切的最新信息。此类新闻服务产品与社会重大事件相关，可由各级媒体开发适应本地需要的版本，如新冠疫情期间北京日报社与腾讯联合推出的“北京核酸检测地图”小程序。第四，作为新闻用户与新闻生产者沟通桥梁、长期开通的技术中介平台，如新华社客户端推出的社会治理交互应用平台“全民拍”，新闻用户上传的社会问题会被作为新闻线索分发至新华社国内分社以及社会职能部门，并追踪和报道这些问题的解决情况。第五，新闻生产者导向的生产性技术基础设施，包括新华社现场云平台在内的智能化移动采编系统平台，以出售技术系统、组织实践培训的方式为地市级、区县级媒体赋予技术能力。

四、以新闻创新为引领的媒体融合新阶段

中国新闻业的媒介形式融合已经达成，需要推进的是新闻理念、生产过程、宣发推广层面的深度融合。例如，一件新闻产品在多个平台发布的顺序与时间节点、发布时配套的文字推荐语以及物料等准备工作，需要系统的工作流程、具备多平台协同视野与舆情研判能力的统筹型工作人员。笔者认为，“深度”融合是指在新闻产品这一与新闻用户直接接触的前台层面之外，涉及

新闻生产流程、新闻人员管理方式、新闻观念的融合与创新等。综合观察主流媒体过往实践成果以及这一过程中出现的难点，笔者认为主流媒体在媒体融合方面的新命题是：对内加强可持续的能力建设，对外加强实际传播效果的建设，整体上增强对新闻边界变动的危机意识。为达成这个发展目标，需要从新闻理念层面进行自我调整与革新，随后落实到资源分配方案的调整、新闻资源的重新分配，最后表现为新形态的新闻产品。

（一）对内加强可持续的能力建设

主流媒体在制作创新新闻产品的同时，媒体自身也存在一些被忽视的内生性问题，如新闻人才可持续发展程度不足。2016年2月19日，习近平总书记在党的新闻舆论工作座谈会上所谈到的“媒体竞争关键是人才竞争，媒体优势核心是人才优势”以及2020年9月26日《关于加快推进媒体深度融合发展的意见》所提出的“要深化体制机制改革，加大全媒体人才培养力度”，两者指向的都是新闻媒体内部建设中对新闻人才的管理与培养。

新质生产力的三个要素——新劳动者、新劳动对象、新劳动工具，无一不指向“新技术要素本身及其所带来的影响”。新技术的快速发展以及对新技术的取舍采纳是当前诸多主流媒体的业务难点，值得思考的是新闻媒体人才需要怎样的技术素养与技术能力。首先，熟悉前沿技术的基本原理与迭代动向趋势，避免引进那些处于发展势头的末期即将被淘汰的技术。其次，熟悉新闻生产传播运营闭环中的各个环节，知晓其中工作效能较低、有待更新的环节并且能够提出合理的解决方案。引入新技术不仅涉及某个具体环节的独立更新，更是整个新闻传播活动的更新，后者需要以宏观的制度设计作为基础。这要求新闻从业者熟悉新闻生产的各个环节，能够从整体统筹的视角看待新闻传播活动。最后，能够找到所在媒体对新技术的应用场景，找到能够提供相关技术应用的团队，在应用层面将新技术嵌入本媒体的工作体系中。值得注意的是，发展新质生产力需要处理好新与旧的辩证关系，与新质生产力相对的还有次新生产力、旧质生产力等[1]，需要新闻媒体依据本媒体的自身资源条件与所处的发展阶段，依据本地区的媒体政策制度安排与市场化程度进行综合决策，不可一哄而上地放弃传统新闻采编业务、一味追求技术创新。

（二）对外加强实际传播效果的建设

在重大社会事件周期内回应新闻用户需要，是主流媒体保持传播效果的根基。由于多种不易调和的原因，当前主流媒体还未做到及时回应用户需求[2]，这体现为在社会重大事件发生时，中央级、省级主流媒体以“转发一纸通告”的形式进行报道，而在调查性新闻报道、必要的背景信息与最新进展信息披露方面缺位。对此，主流媒体需要注重回应用户的社会关切，通过及时传递信息来满足新闻用户的信息刚需，在安抚用户负面情绪的同时，避免虚假信息在互联网平台中扩散。

（三）对新闻边界变动的危机意识

媒体管理人员与新闻传播学者需要对新闻边界变动保持危机意识。在当前数智媒体环境下，以生成式人工智能为代表的数字化、智能化媒体技术，进一步改变了主流媒体的生存环境，并可能将此前由人脑主导的信息传播环境与运行规则改变为由人工智能与人脑共同作用的信息传播环境。

作为新闻媒体创新、媒体转型的一个重要阶段，媒体融合的目标不只在于一家或者几家媒体的繁荣，而是建成以主流媒体为龙头的主流思想舆论空间，也就是工作的关注点从几家实体媒体扩展为一个传播互动空间。从媒体系统的融合发展到社会思想舆论系统与文化系统的融合，“融合”处理的是有关“边界”的事情。符合当前发展需要的边界认识方式是：新闻产品和资源配置方案是无边界的，但新闻观念是有边界的。

---

[1] 林毅夫等著，王贤青等编．新质生产力：中国创新发展的着力点与内在逻辑[M]．北京：中信出版社，2024：8.

[2] 黄楚新．全方位融合与系统化布局：中国媒体融合发展进路[J]．现代传播（中国传媒大学学报），2023，45（7）.

媒体为自身赢得竞争而选择融合之路，政府为将媒体更好地纳入国家治理、实现政治目标而推进媒体融合，此路径下媒体融合的必要性与合理性不言而喻。媒介作为人体的延伸，人类创造和使用媒体的初衷是借助媒体了解世界、表达自我和相互沟通。若媒体融合不能为人类创造出更多高品质、有公信力的内容，反而让公众感到真伪难辨，那么主流媒体很难实现让信息通畅交流、社会和谐发展、人类福祉增强的初心和愿景。因此，媒体融合的实践探索和理论研究已经进入需要总结反省、审慎决策的阶段。在媒体融合的研究中，除了关注新闻媒体如何采纳和使用新兴技术、新闻媒体如何吸引新闻用户并与之展开互动交流之外，还需要重新关注新闻生产、新闻内容品质、新闻报道的社会效果等根本性议题，这种对新闻业的信息质量、思想含量的关注，在传统媒体时代被摆在首位，而在以技术为研究热点的媒体融合进程中被淡化了。

媒体融合在突破了媒体传统框架之后，面临着更多的不可控因素和各种风险。其实，新闻业以及新闻从业人员的专业性在于“判断”以及“得出判断的严密逻辑”。媒体融合使媒体的内容生产、传播渠道、经营模式等越来越与外部融合，似乎工作边界越来越模糊。然而，主流媒体只有在这种边界变化中保持新闻媒体的专业性和社会责任意识，才将具备长期生存的价值。

维系与再造：数字新闻价值视野下的主流媒体受众观

杨奇光　张　宇

［摘　要］数字新闻生态中的主流媒体改变以往“生产者中心”姿态，在转向以受众为重要考量的实践中，既往专业化、职业化的边界被打破，传统新闻价值体系的核心范式与关键要素亦发生变革。基于数字新闻价值体系，主流媒体受众观呈现为生态开放、时空贴近、情感共鸣、沉浸互动、专业权威等核心特征。面向数字内容的价值尺度与开放传播的渠道形态，主流媒体受众观的维系与再造是推动新型主流媒体建设、发展媒体新质生产力的重要动力。

［关键词］主流媒体；受众观；数字新闻；新闻价值；新质生产力

一、引言

数智时代，传统“以编辑室为中心”的专业规范与职业边界被打破，技术、制度、专业从业者和非专业行动者等多元行动主体共处于新闻实践的互动网络之中，“数字新闻生态”因此成为理解数字新闻实践的关键理论体

［作者信息］杨奇光，中国人民大学新闻与社会发展研究中心研究员；张宇，中国人民大学新闻学院博士生。

［基金项目］教育部人文社科基地重大项目“中国当代新闻事业发展与国家治理研究”（22JJD860017）。

系。[1][2]数字新闻的生态性特征意味着新闻实践从封闭走向开放，传统的权威秩序受到一定冲击：一方面，受众不再是被动的、无差别的内容接收者，而能够利用社交平台、前沿技术介入新闻的生产、流通、核查等行动；另一方面，自媒体、机构媒体等多元行动主体入场，平台作为新兴力量改变传统的把关模式，受众身处于以算法为主导的高选择性媒体环境中。

在面向受众的新闻生产实践中，主流媒体在认识论层面的受众观亦随之更新，即主流媒体改变以往较为忽视受众、单向输出的高位姿态，转而更加关注受众对新闻内容的意见、评价，重视受众在数字新闻生态中的参与性行动和差异化新闻消费习惯，并从受众的角度重新评估、探索和调试新闻价值体系。主流媒体受众观的转变是当下数字新闻生产实践领域的显著趋势，亦是提升新闻舆论传播力、引导力、影响力和公信力的基本要求，也是理解数字时代主流媒体新闻实践与新闻价值体系的关键维度。

在学理层面，“用户”“产消者”“行动者”等概念逐渐被提出，用以更好理解传统“受众”的角色变化。其中，“用户”一词被认为关注个体层面的、复杂绵延的跨媒介实践，关注普通人丰富多元的日常传播实践；“产消者”关注“消费即生产”的新闻消费状态，即个体不仅搜索、接收信息，也会分享与创造内容；“行动者”更强调积极参与新闻实践并介入新闻生态，具体体现为普通互联网受众以开办自媒体以及信息爆料等方式参与新闻实践的过程。由于上述概念均由“受众”一词延伸得出，思考角度和应用语境各有不同，为提高表达效率、避免歧义或以偏概全，本文在论述中仍沿用较为经典的“受众”一词作为核心概念。本文将重点探讨数字新闻价值体系的范式流变与要素构成，并进一步基于数字新闻价值的视野探究主流媒体新闻实践中的受众观。

---

[1] 彭兰．数字时代新闻生态的“破壁”与重构[J]．现代出版，2021(3)．

[2] Anderson C W. *News Ecosystems*[M]// Witschge T, Anderson C W, Domingo D, et al. The SAGE Handbook of Digital Journalism. SAGE Publications Ltd., 2016: 410–423.

二、数字新闻价值体系的范式要素与受众面向

新闻价值是新闻行动者的实践经验总结，也是选择或排除新闻的指导性标准与规范。[1]数字时代的新闻价值判断不再被传统意义上的新闻组织所界定，主流媒体的新闻生产传播实践从职业内部的封闭运作模式转变为融合生产、消费、再传播过程中不同行动者的实践网络，其中，受众成为决定新闻筛选与生产标准、影响新闻价值判断体系的重要因素之一。[2]对受众的关注与再思考解构并重构了传统的新闻价值体系，在数智时代，对于新闻价值的判断更侧重对受众兴趣的预测，以及更多考虑如何精准把握和取舍新闻价值从而获取更多的受众注意力，最终在实践中形成一种面向受众的数字新闻价值体系。[3]

首先是数字新闻价值体系的范式变革。传统新闻价值规范生成于工业时代职业取向的新闻业环境，从业者将时效性等要素塑造为新闻业的职业规范与操作标准，从而使新闻生产流水线化、标准化，用于提高新闻生产的效率。传统职业范式的新闻价值体系中，受众在新闻生产、流通、消费过程中处于较为边缘的地位，机构媒体是拥有绝对主导权和话语权的新闻生产者与传播者。这说明职业范式下的新闻价值体系在一定程度上是一种被建构、制造的职业合法性话语。但事实上，新闻本身并非天然具有职业导向，完整意义上的新闻属于生活世界，新闻在人与世界的连接中发挥中介性作用，构成了人类社会实践活动的前提。[4]当前，互联网等信息技术构建出新的新闻生产与传播情境，受众从新闻世界的边缘地带走向中心圈层，作为新闻实践中的重要

---

[1] 白红义．重访“新闻价值”：一个新闻学中层理论的构建与创新[J]．新闻与写作，2021(11)．

[2] 赵一菲，牛静．数字时代新闻价值研究的审思与展望[J]．新闻记者，2023(11)．

[3] 杨奇光，王润泽．数字时代新闻价值构建的历史考察与中西比较[J]．新闻记者，2021(8)．

[4] 李泓江．走向生活世界的新闻学[J]．国际新闻界，2022，44(2)．

行动者得以参与信息的配置。[1]与此同时，作为非职业新闻行动者的受众在新闻世界中加速扩散，主流媒体不再以封闭的职业边界圈定和约束自身新闻传播实践，而是重新考虑作为新闻接收者、分享者、评价者和生产者的受众的境况，以及如何真正通过新闻连接起人与新闻、新闻与世界、人与世界。

其次是数字新闻价值体系的要素变革。原本传统职业取向的时新性、显著性、接近性等经典要素更多是潜在的而非绝对性的新闻价值构成要素，面对当下多元、复杂的新闻实践，上述经典新闻价值要素需要重新检视。主流媒体的新闻生产需要考虑受众的需求，基于新的时代语境更新对“什么是好的新闻”的判断标准，将新闻价值放置在一个更大、更复杂的社会和技术网络中去考量。[2]有学者总结经典新闻价值要素在数字时代的转变和解构，其中包括从时效性到迫切性、从重要性到需要性、从接近性到定制性、从客观性到透明性等维度的演变，即媒体越发追求受众的情感与感官参与，关注受众的点击量、点赞数等量化指标，注重为公众提供更具个性化的定制内容和参与新闻生产的机会。[3]除了对原有新闻价值要素的改造，一些基于当下新闻实践特征的新要素不断被提出：介入性鼓励以开放的姿态和积极的情感策略吸纳受众参与新闻实践，形成以开放式参与为核心的新闻生产、流通与接受模式[4]；可分享性和社交性重视受众在社交媒体中的分享行为，以达成新闻的可见性目标[5]；临场感旨在通过短视频等形式让受众产生“我在现场的感受”，

[1] 姜华．从机械复制到数智传收：论新闻世界的内涵、价值构造与延展[J]．新闻界，2024(3)．

[2] 涂凌波，赵奥博．“新闻价值”再考察：西方源流、中国化历程与数字时代的展望[J]．青年记者，2022(6)．

[3] 吴璟薇，霍旻含，木兰．数字时代新闻价值要素重探[J]．新闻与写作，2023(8)．

[4] 田浩．介入性：一个理解数字新闻实践的文化框架[J]．中国编辑，2024(4)．

[5] Harcup T., & O' Neill D. What is News? News Values Revisited (again) [J]. *Journalism Studies*, 2017, 18(12).

以视觉形式突破时空限制，提升受众对新闻事件的感知和理解程度[1]。特别是在社会范式下，新闻价值要素并非对新闻实践标准的固化，而是对操作流程与理念的透明化体现，数字新闻价值反映的是当下社会情境中因受众观变革而形成的新实践取向，并通过经验总结与实践反思不断维系和拓展新闻价值体系的理论架构。

最后是数字新闻价值对主流话语的坚守。数字新闻生态中，新闻实践走向社会日常生活，传统新闻价值要素在被解构，但这并不意味着专业与职业新闻实践的虚无化。面对互联网突破传统职业化、工业化的生产逻辑边界，新闻成为全民性的日常生活经验，作为公共信息产品的新闻及其价值目标的实现更需要机构媒体与专业人士提供的实践经验支持，从而使新闻真正在人类发展、社会进步、人与社会的连接之中发挥中介性作用，履行其作为真相标识物、信息民主载体和公共文化档案的历史承诺，而非单纯用专业主义作为划定职业边界、彰显自身主导地位的策略性表演话语。[2]特别是在中国独特的政治文化语境下，我国主流媒体应面向社会主流人群、代表主流意识形态、传播重要公共信息，体现出公信力和影响力，自觉承担党性与人民性统一的职责，综合满足信息交互、社会治理和公共服务等需求。[3][4]质言之，新型主流媒体的建设需要契合新社会环境下公众的信息需求，适应新技术条件和传播环境，新闻价值范式与要素的变革是顺应数字新闻生态特征、建设新型主流媒体的必然之举。

新型主流媒体的建设也应以主流价值观为稳定的价值参照系，在社会多

---

[1] 赵云泽，曾雷霄．“网感”：网络时代下媒介内容价值要素分析[J]．当代传播，2023(6)．

[2] 常江，徐帅．数字新闻生态：概念基础与结构特征[J]．青年记者，2024(2)．

[3] 蔡雯．媒体融合进程中的“连接”与“开放”——兼论新型主流媒体建设的难点突破[J]．国际新闻界，2020，42(10)．

[4] 宋建武，张喆喆．媒介共享：人民性实现的新形态[J]．新闻与传播研究，2023，30(1)．

元价值观与复杂的社会空间中给予主流内容更高的内容可见度，彰显与引领主流价值观，通过重建信息秩序实现社会整合、参与社会治理。[1]不论是顺应数字时代潮流，形成面向受众的新闻实践观念和价值判断体系，还是坚守主流意识形态，确保信息真实、权威、准确、主流，新闻价值体系的维系与再造应始终面向受众，厚植人民性，专注受众对信息获取、社会交往的需求，从而发挥引领社会舆论、凝聚社会共识的建设性作用。

三、基于数字新闻价值的主流媒体受众观

数字新闻生态中，受众掌握比以往更多的选择权和主动权，主流媒体有时面临着公信力下降的危机，如何吸引受众、提升新闻传播效果成为主流媒体不得不考虑的问题。在新型主流媒体建设过程中，传统主流媒体在一定程度上摒弃了“生产者中心”的新闻实践理念，形成面向受众、考虑受众、重视受众的受众观，这一受众观的转变在新闻实践中体现为生态开放、时空贴近、情感共鸣、沉浸互动、专业权威五方面特征。

一是以生态开放为原则。在数字新闻生态中，普通的新闻受众作为数字新闻网络中关键节点/行动者的地位日益突出，专业新闻从业者不仅需要认识到受众的重要性，同时也要从概念、方法和规范层面重新考虑新闻受众，关注其“生产”维度。公民新闻、参与式新闻、众包新闻等新闻样态的演变呈现出新闻实践数字化过程中不断凸显的开放性特征——以往相对封闭的新闻生产过程逐步开放给普通民众，受众不再单纯被动接收新闻，而是直接参与设定新闻议程和赋予事件意义。在这一背景下，主流媒体在新闻生产实践中秉持生态性思维和开放性姿态，积极进行受众协同的资源配置，充分调动全社会的力量，拓展新闻报道的生产与传播方式，形成开放的新闻生产机制。例如，人民日报社新媒体中心曾在河南暴雨等重大突发新闻事件中上线求助

[1] 王斌，张雪．新型主流媒体建设：时代内涵、实践逻辑与价值旨归[J]．编辑之友，2023(11)．

通道，收集受众的求救和救助信息，汇总提交给职能部门，有效获取实时的第一手信息。开放性的新闻生产机制能够形成更具多样性的新闻内容和视角，更加贴近受众的日常生活实践和社会情绪，有助于实现理想的公共文化目标，进而促成社会合意。

二是以时空贴近为方式。除了“生产”维度，机构媒体和新闻生产者对受众的思考也应包括“消费”维度。越来越多的主流媒体从受众新闻消费方式的角度出发，重新评估和考虑新闻生产与传播的流程和机制，倡导新闻实践与受众的日常生活时空节奏紧密连接。在时间维度，互联网技术带来数字时间的延伸性，从事实发生、新闻生产和新闻消费三个维度形成全时化新闻时间观念，受众的新闻消费完全嵌入日常生活节奏，表现为一定的任意性和随机性，因此，新闻生产与传播的节奏也随之更新。当前，不少主流媒体的微信公众号每日推送十余次，推送次数越多，意味着提供的新闻越新鲜，公众号停留在受众订阅列表的机会也就更多，用户点击公众号的概率也相应更大。在空间维度，互联网平台生态系统作为基础设施深度参与人们的日常生活，也是受众获取新闻的主要渠道。因此主流媒体不仅自建平台，同时也入驻其他社交媒体、短视频等商业类平台，利用流量高地积极拓展接触受众的渠道，进行受众数量积累，并进一步将其引入自建平台，提升受众黏性，形成全方位媒体矩阵的受众覆盖效果。

三是以情感共鸣为导向。情感因素始终都是中国新闻业的“建设性”的组成部分，对于社会问题的揭露与批判、对先进人物或事迹的赞扬与宣传、对危难群体的支持与声援等都是具有情感色彩的新闻内容，其能够与受众产生情感共鸣，强化情感共同体内部的连接。[1]此外，数字新闻生态中的技术手段和参与主体更为多元，情感化策略也因而更为丰富。在文本表征层面，考虑受众的移动端新闻阅读习惯，使用具有接近性特征的人称代词打造对话感，

[1] 蔡雯，汪惠怡.新闻传播中的情感：辨析与思考[J].青年记者，2023(12).

讲述个人故事实现严肃新闻简单化；在叙事方式层面，追求与受众构建起情感关系，利用真实的音视频素材获取受众信任，设置持续性的、具有情感倾向报道不断激发受众情感体验，采取评论等方式与受众互动；在情感切口层面，注重对现代人情感底色的挖掘，通过选择奋斗、爱国等贴近当下生活与受众心理的情感角度，营造具备亲和力和人情味的场景，加强对受众情感的调度以实现凝聚共识和舆论引导。例如，今年“两会”期间，人民日报新媒体推出视频《献给春天的演讲·向前》，邀请资深演员、“济公”、“爷叔”的扮演者游本昌作为讲述人，以年代感的场景搭建、长辈交流般的内容安排和有感染力的个人故事讲述等方式，传达前进、奋斗的正能量情感，实现与青年群体情感的共鸣。

四是以沉浸互动为指征。数字技术的发展为新闻呈现与消费提供互动式、高仿真、多感官的多样化选择，受众能以交互的方式亲身参与或“融入”新闻作品的场景，全面、立体地了解新闻事件，感受新闻现场的氛围和情绪。在二维平面作品中，可缩放矢量图形（Scalable Vector Graphics，SVG）技术的互动性特征让受众参与新闻作品的呈现过程，如封面新闻《成都爬墙熊猫出逃了》等作品以富有情感性或趣味性的互动效果提升信息获得感和视觉层次感，增强内容传播力和受众感染力；在音视频作品中，全景声空间音频技术能全方位采集新闻现场的声音，还原真实空间的声场效果，新华社的《听见绿水青山》《沉浸式回顾“梦天”圆梦之旅》等作品利用该技术形成比传统音视频更真实、沉浸的音效体验，营造强烈的现场感；在立体空间之中，VR作品重塑场景体验，拓展受众的新闻消费界面，如新京报客户端的《转动中轴》打造360度VR全景视频，受众可以自行转动或滑动屏幕参观中轴线上的各个历史景点，享受丰富、沉浸的感官体验。

五是以专业权威为核心。数字技术打破了传统媒体时代专业记者对事件报道、意义阐释的垄断，大众媒体时代的任何目击者、在场者都能够通过移动设备拍摄、记录、上传新闻现场的图片和视频，第一时间发布最新消息；

不在场的自媒体也能够利用信息技术获取充足的资料，通过信息整理撰写出聚合类或评论类文章、视频。数智时代主流媒体受众观的转变突出表现为新闻实践的水平化传播架构，虽然水平化架构为民众提供了多元表达与发声的机会，但同时也给互联网信息空间带来了更多混乱和嘈杂：自媒体推动新闻事件进入公众视野，却只能提供碎片化、描述性内容，甚至是错误的、极端的信息；传统专业媒体的权威与地位可能衰退，同时新闻反转、虚假新闻、内容侵权以及“新黄色新闻”等现象不断出现，既危害社会秩序，也消解了主流价值观，对国家意识形态安全构成挑战。在这一背景下，公众对于专业主流媒体的高质量内容的要求越来越多、越来越高，主流媒体也及时回应了这一需求。面对重大突发事件，在主流媒体受众观的引领下，一方面，专业主流媒体第一时间进入现场，获取第一手画面和访谈资料，发挥专业能力进行资料分析、谣言诊断、事实揭露，甚至直接参与社会公共治理，倒逼有关部门的信息公开与问题处理。例如，在广东暴雨、甘孜火灾、巴以冲突等新闻事件现场，主流媒体记者在第一时间赶往现场，站在离新闻事实最近的地方传回报道，澎湃明查、新华社“求证”等事实核查平台围绕国际新闻、社会热点提供权威、真实、可靠的核查辟谣。另一方面，“党媒算法”肩负起主流媒体正向引导舆论、强化主流意识形态的社会责任，将主流价值观细化为可具体执行的规则参数，既以“千人千面”的形式缓解了信息过载和内容泛滥等问题，又符合主流价值观要求的算法逻辑，体现了党媒的公信力与权威性。

四、新质生产力驱动下主流媒体受众观的再造

党的二十大报告提出要加强全媒体传播体系建设，塑造主流舆论新格局，健全网络综合治理体系，推动形成良好网络生态，这阐明了主流舆论新格局建设的重要性，也为全媒体传播体系建设中的主流媒体受众观的再造提供了基本遵循。主流媒体受众观的维系和再造是顺应数字新闻生态的必然结果，

也是推动新型主流媒体建设、促进媒体深度融合、发展媒体新质生产力的重要动力。

基于数字新闻价值的判断，主流媒体的受众观再造倡导主流媒体在新闻实践与新闻价值体系层面均应体现出对智能应用、创意驱动、开放生产、人文关怀和社会责任的重视，这是媒体新质生产力高质量发展的核心路径。在内部结构层面，媒体新质生产力要求以内容建设为根本、先进技术为支撑、创新管理为保障；在外部功能层面，媒体新质生产力需要媒体与经济、社会、文化等重要命题相勾连，推进国家治理体系和治理能力现代化、铸牢中华民族共同体意识等社会行动。[1]国家制度的安排与社会发展的需要决定了我国主流媒体应站在中国现代传播体系建设的引领者位置上，这意味着主流媒体的受众观始终坚持以专业性维护权威性，特别是要在开放的数字新闻生态中找准并坚守自身独特定位，推动政治价值、文化价值与社会价值的实现。

在数字内容的价值尺度方面，当下平台新闻业的核心“产品”是数据而非传统意义上的新闻文本，这导致包括很多主流媒体在内的新闻媒体为了争夺受众注意力而生产猎奇、刺激的“网感”内容。“网感”本身可取，但高度同质化、娱乐化的“网感”叙事往往只能演变为单纯追逐受众注意力的数据指标竞赛，缺少新闻本身该具备的深厚意义。[2]因此在可计算的数据指标之外，主流媒体应在重视受众的同时不忘“主流”之初心，保持自身新闻品位，重视事实核查、解释性报道等更需要专业技能与组织形态的新闻类型，通过提供主流内容、主流观点、主流价值吸引受众。

在开放传播的渠道形态方面，平台逻辑对新闻业的渗透与改造使“量化受众”已建构成为一种新的合法性机制。但数据往往是平台中的一种算法构造，并不能准确、完全代表现实大众，若单纯依靠数据指标，则契合的是作

---

［1］强月新，胡阳．技术赋能与功能拓展：传媒新质生产力的理论阐释［J］．中国编辑，2024（5）．

［2］常江，罗雅琴．以品质对抗流量：在平台时代重顾新闻价值［J］．青年记者，2023（13）．

为“黑箱”的算法的要求，而非受众的真实看法。[1] 因此主流媒体的受众观再造应进一步强化对内容呈现与分发机制的优化，主流媒体要超越互联网平台的局限性，摆脱对算法推送机制的过度依赖，通过传播形式的创新，制造“信息偶遇”和新闻聚合订阅的场景，提供优质的信息环境。

总体而言，数字新闻价值视野下的主流媒体受众观旨在引导主流媒体在新闻实践与价值认知层面做出相应调适，但对专业性与权威性的坚守和维系始终是应有之义。面向未来，主流媒体的受众观再造既有助于夯实新闻业在历史中的合法性地位，也有助于更好地推进新型主流媒体建设、实现主流媒体新闻实践的高质量发展。主流媒体的受众观还应以更人本主义的态度理解和对待受众，从而在数字新闻生态中有效把握主流媒体与受众的关系，同时在更开放、广阔和社会化的新闻实践中发挥新闻业促进公共沟通与社会治理的积极作用。

[1] 陈龙，经羽伦．从热搜榜看平台算法传播公共性建构的三重困境[J]．南京社会科学，2023(9)．

新闻文化力：主流媒体践行新时代新的文化使命的意义、情境与路径

蔡　雯　伊俊铭

[摘　要] 本文系统探讨了主流媒体践行新的文化使命的意义、情境与路径。新闻是大众文化产品，同时又对文化建构具有重要反作用。深入学习贯彻习近平文化思想，积极践行新的文化使命是主流媒体融合转型实践的应有之义。为有效践行新的文化使命，主流媒体应精确把握新时代社会传播体系与宏观情境。网络化数字传播体系导致主流媒体传统文化代理人身份式微；国内外社会变革明晰主流媒体文化使命践行的新面向，即满足人民精神文化需求与提升国际传播能力。在具体践行路径层面，立足新背景，主流媒体应积极进行身份调适与实践探索，即从文化代理人转向以对话为核心的文化凝聚倡导者身份，并在新闻内容、数字资源以及国际传播三方面推进新闻实践变革，以更好地践行新的文化使命，赋能中国式现代化发展。

[关键词] 习近平文化思想；新的文化使命；主流媒体；新闻文化；舆论引导

一、引言

党的十八大以来，习近平总书记基于新的历史方位与发展阶段，对文化

[作者信息] 蔡雯，中国人民大学新闻与社会发展研究中心主任；伊俊铭，中国人民大学新闻学院博士生。

[基金项目] 高校人文社会科学重点研究基地重大项目课题“国家治理视域下的新型主流媒体建设研究”（22JJD860015）。

建设、宣传思想文化工作作出一系列顶层设计与战略部署。2023年6月，习近平总书记在文化传承发展座谈会上明晰新时代新的文化使命内涵，即“在新的起点上继续推动文化繁荣、建设文化强国、建设中华民族现代文明”。同年10月，全国宣传思想文化工作会议正式提出习近平文化思想，作为习近平新时代中国特色社会主义思想的文化篇，为社会主义文化建设提供了系统认识论与方法论指导。

主流媒体作为我国宣传思想文化工作的重要阵地，深入学习贯彻习近平文化思想，积极践行新的文化使命是其融合转型实践的应有之义。“加强全媒体传播体系建设，塑造主流舆论新格局”写入党的二十大报告，并纳入“推进文化自信自强，铸就社会主义文化新辉煌”篇章。我国主流媒体是新时代中国特色社会主义文化建设的重要主体。在当前融合发展过程中，主流媒体应充分发挥新闻的文化属性功能，精确把握新情境下文化建设与传播的具体挑战与变革，深入思考新闻业践行新的文化使命的角色身份与实践路径，更好地服务于宣传思想文化工作，赋能中国式现代化发展。

二、新闻的文化属性及其对文化建构的反作用力

文化在构筑人类精神生活、塑造主流价值以及指导社会实践等层面发挥着关键作用。明晰新闻作为文化的功能属性，以及现代新闻业在新闻文化实践中的身份与主体关系，既有助于阐明主流媒体践行新的文化使命的必要性与重要意义，也是进一步探讨主流媒体如何践行新的文化使命的理论前提。

新闻本质上是对特定社会时空范围内人类文化活动的具体表征。早在新闻业作为一种现代职业诞生以前，人类社会就存在广泛的新闻传播活动，而新闻最初的意义即对一个地方文化活动的收集与记录。20 世纪，中西方学界进一步关注到新闻的文化属性，并强调新闻对于文化建构的反作用力。一方面，新闻作为文化的一种形式，是特定社会时空范围内的文化产物，反映着一个地方长期形成并实践的习俗、常识等文化内容。另一方面，新闻作为文

化客体对社会存在反作用力，其核心是对特定世界观、共享信仰的建构与维系，深刻影响着地方文化与日常实践。简言之，新闻反映现实并建构现实。

自产业革命以来，新闻在很长一段时期内成为现代新闻业垄断生产的文化产物。新闻业通过合法性话语设置、组织体制机制建构等方式建构职业边界，成功地将新闻从人类日常实践中抽离出来。与此同时，随着现代社会实践范围的不断扩大，人们也开始主动借助并依赖新闻媒体获取社会新闻。在此背景下，通过对新闻的垄断生产，现代新闻业成为反映并建构特定历史阶段社会文化的核心主体。新闻业与公众之间形成文化代理人与文化接受者这一单向传受的二元垄断关系，公众对社会文化的感知与实践更多来源于被新闻业所中介化的新闻知识。源于此，传统媒体时代我国主流媒体在凝聚社会文化共识、塑造主流舆论格局等方面发挥着主导作用，在新闻事件价值定性等层面起到了一锤定音的强大效果。

综上所述，新闻是对特定时空内文化知识的具体生产表征，同时作为独立客体具有对文化的反作用力，或建构或维系着整个社会文化秩序。现代新闻业将新闻变为组织化垄断的文化产物，同时又让其对文化建设具有强大的反作用力，也正因如此，新闻媒体才成为影响现代社会文化秩序与主流价值舆论的核心机构。基于新闻文化属性功能与媒体文化代理人身份，在新时代背景下，充分发挥新闻对于文化的能动性作用以践行新的文化使命，成为我国主流媒体融合转型发展的必要之举与应有之义。

三、情境变革与时代任务：主流媒体践行新的文化使命的挑战与面向

以互联网为核心的数字技术颠覆了传统传播模式与权力格局，主流媒体面临全新数字传播生态与文化情境。与此同时，中国特色社会主义进入新时代，主流媒体在新的历史阶段须承担新的社会责任与任务。在此背景下，主流媒体有效践行新的文化使命，需明晰面临的挑战与任务。

（一）新情境中的挑战：传统文化代理人身份式微

数字技术作为基础设施，从底层逻辑上变革了整个社会信息传播结构。数字新闻业呈现液态特征，这既体现在新闻生产主体的大众化特征，也表现为新闻背后文化价值观念的多元化、冲突化等特点。

数字技术以其技术民主化属性在互联网空间中搭建起网络化社会传播体系格局，相应使得传播权力格局由传统媒体时代纵向结构转变为水平结构。在此背景下，主流媒体传统垄断地位被颠覆，在数字信息生态中不再具有先天主导地位优势，而是成为与其他信息生产主体地位相对平等的生产节点。相应地，新闻不再是由主流媒体垄断生产的文化产品，而是回归大众行列，成为人人可以参与生产传播的民主化产物。正如舍基所言，从现在开始，新闻可以甩开传统媒体，直接闯入公众意识。[1]

新闻作为文化产品，在生产主体不断多元化的背景下，其内涵价值意义也不再仅由新闻机构垄断界定，而是在主流媒体与公众集体协商乃至竞争诠释过程中不断被重塑。在此背景下，各类新闻生产主体基于不同文化价值起点展开新闻生产传播，导致互联网舆论场中新闻真相及其背后价值观念呈现多元化、复杂化乃至冲突化特征。对主流媒体而言，传统文化代理人身份式微，媒体与用户之间单向传受的二元垄断关系也相应转变为围绕文化话语权展开的竞合关系。

简言之，新闻作为一种文化形式，开始复归大众，成为公众共同参与生产、集体诠释价值的大众文化产物。在此背景下，主流媒体传统文化代理人身份与文化话语权式微，在一定程度上削弱了主流媒体对社会主流文化价值及舆论格局的引导与维系。这一现实挑战既是当前要求主流媒体践行新的文化使命的重要问题来源，也是主流媒体在具体实践过程中需积极克服的核心难题。

---

［1］ Shirky C. *Here Comes Everybody*：*the Power of Organizing without Organizations*［M］. New York：The Penguin Press，2008：64.

（二）新时代的面向：满足人民精神文化需求与提升国际传播能力

根据不同发展阶段与历史方位明确文化使命并为此接续奋斗，是中国共产党百余年来推动文化繁荣发展的基本经验。[1] 当前，习近平文化思想是对新时代党领导宣传思想文化工作建设经验的理论总结与升华。主流媒体作为新时代宣传思想文化工作的重要构成主体，理应深刻把握其具体内涵与核心任务。

首先，人民文化权益是习近平文化思想内涵的重要构成。[2] 中国特色社会主义进入新时代，我国社会主要矛盾已经转化为人民日益增长的美好生活需要和不平衡不充分的发展之间的矛盾。其中，人民美好生活需要不仅在于物质层面，更开始注重精神文化层面，即人民文化消费需求趋向更加广泛与多元化，对文化产品质量也提出了更高要求。对此，为充分保障人民文化权益，党的二十大报告指出，坚持以人民为中心的创作导向，推出更多增强人民精神力量的优秀作品。这相应为主流媒体日常新闻生产实践提出了更高要求。具体来讲，主流媒体应以保障人民文化权益为使命，坚持以服务人民为核心，把社会效益放在首位，充分满足人民精神文化需求。尤其是在信息泛滥、泥沙俱下的数字传播生态中，主流媒体应积极适应数字传播情境，加强新闻全时空覆盖，提升新闻产品质量，以人民欢迎、人民满意的优质新闻内容激浊扬清，满足大众日常信息需求，进一步提升全社会文化水平，增强人民精神力量，营造风清气正的主流舆论格局。

其次，加强国际传播能力建设，全面提升国际传播效能是习近平文化思想的重要发展方向。随着全球信息传播互动日益紧密，国际竞争呈现软对抗趋势，意识形态与文化价值成为重要竞争领域。习近平总书记精准把握新时代国际竞争变局及我国国际传播具体问题，将加强国际传播能力建设、促进

[1] 孙贺．新时代文化使命的出场逻辑、要义旨趣与实践进路［J］．求索，2023（6）．

[2] 赵卯生，陈滢，周芳．习近平文化思想的内涵、特征与核心要义［J］．新疆师范大学学报（哲学社会科学版），2024（1）．

文明交流互鉴作为新时代宣传思想文化工作的重要着力点，以此增进中西方之间友好对话与相互理解，最终推进构建人类命运共同体。其中，主流媒体作为我国国际传播的重要中介，代表着中国共产党和广大人民群众的声音。因此，如何在国际传播中讲好中国故事、传播好中国声音成为主流媒体践行新的文化使命的重要命题。

综上所述，当前我国新闻传播体系内外的变化构成了主流媒体践行新的文化使命的全新情境。一方面，主流媒体传统文化代理人身份式微，新闻成为大众文化产物。另一方面，主流媒体践行新的文化使命的核心体现在“人民精神文化需求”及“国际传播能力建设”两个面向。基于此，如何在新闻成为大众文化产物的背景下，有效满足人民精神文化需求、提升国际传播能力，就成为主流媒体践行新的文化使命需进一步深入思考的问题。

四、身份调适与实践路径：主流媒体践行新的文化使命的行动逻辑

作为推进中国式现代化的重要组成部分，主流媒体面临全新传播情境与现实要求，更应坚守并发挥新闻文化属性功能以促进社会主流文化价值建设。换言之，主流媒体在引导文化建设、传播主流价值、建构主流舆论格局等责任层面应一以贯之，坚持传播正向社会价值观念，塑造积极主流舆论环境，构建稳健主流舆论格局。

与此同时，在坚守文化责任不变的前提下，主流媒体还应深入学习贯彻习近平文化思想，根据当前现实传播新情境在实践层面继续推进融合转型变革，以更好地发挥新闻对文化建设的能动性，满足人民精神文化需求，并提升自身的国际传播能力。

（一）身份调适：以对话为核心的文化凝聚倡导者

正如上文所述，新闻复归为大众文化产物。去中心化数字传播情境打破了主流媒体在文化价值引领方面的垄断地位，各类新闻生产主体作为网络传

播节点，开始以相对平等的关系模式争夺文化话语权。在此过程中，主流媒体的声音有时不见得比其他生产主体更为响亮，网络意见撕裂、群体极化等现象偶有发生，即围绕同一热点事件往往会分裂出多种价值观念，而且多是一些相互冲突且不可调和的情绪化观点。

针对此类现象，主流媒体须在身份认知层面转变惯性思维，摒弃传统文化代理人身份，深刻意识到在当前舆情复杂、情绪主导、观点多元的网络空间中，单向说服已经不再是新时代宣传思想文化工作的有效举措。相应地，主流媒体应在角色身份上调适转变为以对话为核心的文化凝聚倡导者，即从单向说服走向双向沟通对话。这相应对主流媒体践行新的文化使命提出了新要求。

首先，在新闻生产过程中，主流媒体应加强与用户之间的数字联通，通过评论区互动、私信留言沟通、大数据舆情监测等方式与用户建立联系，深入了解广大群众的文化需求及价值观念。这不仅有利于主流媒体生产出用户真正喜闻乐见的新闻产品，充分满足人民群众精神文化需求，也能使主流媒体在多元观点交杂的舆论场中更有针对性地疏通与引导。

其次，新时代背景下主流媒体还应积极扩展文化服务功能。与传统媒体时代单一信息传播者角色不同，当前主流媒体若要转向文化凝聚倡导者，应将自身视为“表现社会文化、推进历史文明演化的主体力量”[1]。换言之，主流媒体应充分发挥组织机构能动性，以社会协调者身份积极参与现代公共文化服务体系建设。一方面，协调社会各方力量组织举办相关社会文化活动；另一方面，借助新闻资源报道相关文化活动、先进文化代表事迹，充分激发全社会文化创造活力，促进新时代中国特色社会主义文化传承发展。例如，山东省互联网传媒集团多年来深耕“新青年”音乐 IP 品牌，组织多场音乐节活动，成功借助音乐文化实现了与新时代青年同频共振，有效推进了主流价值传播与文化建设。

---

[1] 翁晓华 . 论媒体在新型社会治理中的功能与作用：以杭州电视台媒体实践为样本[J]. 当代电视，2020(11).

（二）实践路径：立足数字生态，致力于海内外文化传播建设

践行新的文化使命，不仅是主流媒体在知识文化生产中服务国家发展大局的应有之义，也是主流媒体寻求融合转型、发展壮大自身的重要契机。由此，在秉持以对话为核心的文化凝聚倡导者身份基础上，主流媒体应立足数字新闻生态变革，充分借助数字媒体资源以变革日常新闻生产等实践活动，有效满足人民精神文化需求，加强国际传播能力建设。

1.新闻内容：重塑文化话语权，弘扬主流文化价值

新闻内容是文化价值观念的核心载体，也是主流媒体践行新的文化使命的重要实践落脚点。主流媒体应在新闻内容生产中积极重塑文化话语权，弘扬中华优秀传统文化，创新新闻话语方式与叙事框架。

第一，提高新闻舆论传播力、引导力、影响力、公信力，营造风清气正的网络空间是我国宣传思想文化工作的重要任务。面对当前多元价值观交织冲突的网络舆论场，主流媒体应在新闻热点事件中“敢于发声”，及时跟进事件动态报道，抢占社会舆论制高点，弘扬传播主流价值、主流舆论与主流文化，充分体现主流媒体专业权威性，提升新闻内容的公信力与说服力。与此同时，主流媒体还应“善于发声”，即以对话者身份最大限度与公众沟通交流，找寻到热点事件背后最大的事实真相分歧点与价值观念冲突点，并通过事实报道、评论等形式积极引导、疏通矛盾点，在激浊扬清过程中推进主流价值声音最大化。

第二，中华优秀传统文化是中国特色社会主义的根脉。主流媒体应在新闻产品中广泛传承、弘扬中华优秀传统文化精髓，增强文化自信，激发大众对中华文明的认同感、归属感与文化创造活力。尤其是在数字时代，主流媒体可以充分借助数字技术丰富新闻表现形式，生产广大群众喜闻乐见的多媒体新闻产品，并通过不同形式的新闻产品最大覆盖面地满足不同用户新闻消费偏好与精神文化需求，进而助力中华优秀传统文化广泛传播与传承。

第三，新闻叙事是对新闻事件的符号化过程，也是通过符号向大众传递

特定价值意义的重要方式。在当前的宣传思想文化工作中，主流媒体应加强对新闻叙事逻辑及风格的重视，创新新闻话语方式。在新闻叙事逻辑层面，主流媒体应在习近平文化思想指引下建构叙事框架，弘扬社会主义核心价值观，增强社会主义意识形态引领力与凝聚力。在新闻叙事风格层面，为有效传递新闻的文化价值意义，主流媒体在叙事风格上应从传统媒体时期单一宏大的单向说教式风格转向微观细腻的对话沟通式叙事风格。具体来讲，随着互联网对用户主体性与个性的强调，主流媒体在叙事题材选取上应更加注重对普通大众日常生活的聚焦，即在具体叙事方式上以小见大，通过对个体价值、话语等的叙述展现中国式现代化发展成就。这一叙事风格从用户日常生活出发，在具体叙事中关注与用户的对话沟通，不仅能够拉近主流媒体与用户之间的距离，也有助于用户真切感受到新闻背后的主流价值观念并增强认同感与归属感。

2.数字资源：拓展传播渠道，丰富文化表现形式

数字资源是主流媒体践行新的文化使命的硬件基础设施，主要包含对数字平台与数字技术的应用。2019 年，习近平总书记在中共中央政治局第十二次集体学习时就强调，要运用信息革命成果，加快构建融为一体、合而为一的全媒体传播格局。其中，融合传播矩阵是全媒体传播格局建设的重要方向，也是主流媒体推进宣传思想文化工作的重要举措。主流媒体应充分借助数字平台资源积极打造新闻文化宣传矩阵。一方面，主流媒体可以发挥“借船出海”效用，在各类社交媒体平台等第三方端口广泛建立媒体账号，扩展新闻分销与用户连接渠道，努力打造数字账号森林矩阵，实现新闻信息及文化价值的全网覆盖传播。另一方面，在“借船出海”的同时，主流媒体还应注重“造船出海”，集中媒体资源全力打造独立自主可控的新闻客户端等新媒体平台。自主平台打造不仅有助于脱离第三方平台的逻辑限制与规制，提升主流媒体对文化话语权的掌控力，而且能够将分散于不同渠道的新闻产品集中于同一平台，充分发挥文化聚合效应以增强社会主流价值观的传播力与影响力。

近年来，增强现实、H5、人工智能等数字技术丰富和扩展了新闻生产与传播方式，实现了新闻信息的多元化、多样态传播，并产出了“H5 新闻”“新闻游戏”等各类新样态新闻产品。例如，在庆祝新中国成立 70 周年新闻策划中，人民日报社推出了包含视频、微电影、直播、H5、快闪、手游等多种形式的新闻产品矩阵，有效满足了不同用户的新闻消费偏好与需求，激发了广大群众的爱国情怀。其中，新闻H5产品“56 个民族服装任你选！快秀出你的爱国 Style”上线即成为爆款，吸引了大量用户广泛参与，取得了极好的传播效果。由此可见，当前主流媒体在践行新的文化使命过程中，应加强对数字技术的持续关注与应用，不断丰富新闻产品表现形式，生产出更多用户喜闻乐见的新闻产品，从而满足人民精神文化需求，有效赋能于宣传思想文化工作。

3.国际传播：讲好中国故事，推进文明交流互鉴

加强国际传播能力建设，全面提升国际传播效能作为主流媒体践行新的文化使命的重要面向，对主流媒体国际传播实践提出了新要求，核心表现在“推进中国故事走向海外”与“促进不同文明交流互鉴”两方面。

“讲好中国故事、传播好中国声音”被写入了党的二十大报告，是对增强中华文明传播力影响力的明确号召。因此，如何将中国故事与中国声音传递出去并传递得更有效，成为主流媒体践行新的文化使命、参与国际传播的首要命题。扩展海外传播渠道，扩大新闻产品海外覆盖范围是第一要义。主流媒体应充分借助国外社交媒体、电视频道、纸质媒体等各类媒介渠道，系统全面地搭建海外新闻传播矩阵与发行网络，确保中国故事与声音能够传播至海外并广泛被海外用户听闻。在此基础上，主流媒体还需进一步推进中国故事与中国声音深入人心，使其内涵价值能够被海外用户广泛接受乃至主动宣传。主流媒体可以加强与海外各类媒体的合作，借用外媒、外嘴、外脑传递中国故事与中国声音。这一行动策略的逻辑在于，一方面，海外媒体在叙事话语与框架上更加符合海外用户的文化价值思维与习惯；另一方面，当海外

用户接触他者文化时，海外媒体作为同一文化范围内的“自己人”，在传播效果上要远超于他者媒体。因此，主流媒体应注重对国际传播关系的建设与维系，发展更多能够为中国发声的媒体合作伙伴。除此之外，主流媒体还可以借助数字技术加强与海外用户之间的沟通对话，深耕海外用户社群，与海外用户建立强关系[1]，培养一批对中国文化及价值观念具有强烈认同感的忠实用户，并鼓励他们参与讲好中国故事传播活动，充分借助人际传播扩大并增强中国故事与声音的传播范围和效果。

加强世界各地文明交流互鉴不仅是提升我国文化软实力的重要举措，也是促进人类文明与世界和平发展的重要保障。因此，与西方世界以单向征服为目的的文化价值观相区别，我国主流媒体在国际传播实践中应坚持以对话为核心的文化凝聚倡导者身份，广泛弘扬、践行人类命运共同体理念，承认他者文化存在的合理性，积极向世界传递和谐共处、仁爱善良、包容开放的中华传统哲学思维与文明精髓，在求同存异原则上推进全球各地文明相互尊重、平等交流、包容互鉴，以此在国际传播场域中构建起以包容开放为核心的中国文化话语体系。

五、结语

新闻作为大众文化产品具有强大的文化建构反作用力，深刻影响并建构着社会舆论生态与社会文化秩序。对此，主流媒体作为新时代宣传思想文化工作的核心主体，应充分认识并积极发挥新闻对于社会主义文化建设的核心作用，立足于新传播情境与新时代需要，通过身份调适与实践变革更好地践行新的文化使命，有效满足人民精神文化需求，提升国际传播能力与传播效能，最终致力于在新的起点上继续推动文化繁荣、建设文化强国、建设中华民族现代文明。

[1] 张超. 主流媒体海外社交平台讲好中国故事的提升路径[J]. 中国编辑，2022(8).

我国新型主流媒体发展新质生产力的考察与辨析

韩逸伦　蔡　雯

［摘　要］发展新质生产力是推动高质量发展的内在要求和重要着力点，技术创新是重要催生因素之一。本文聚焦技术创新在新闻生产中的评价与应用过程，主张技术创新不等同于新近技术，成果是评判创新价值的关键指标，渐变性创新是创新发展常态。新闻生产是建立在技术之上的技艺，发展新质生产力更需转化应用创新成果，即围绕流程和业务，建构合适的技术体系，探索技术产品的灵活应用和收益提升，进而建立面向互联网的、充分开放的新型生产模式。

［关键词］新型主流媒体；新质生产力；技术；创新；人工智能

信息与通信技术（ICTs）的每一次重大发展对新闻传播业和整个社会都实际地或潜在地产生重大影响，导致几乎所有的行业都已成为信息和传播业。[1]自媒体融合概念提出以来，有关媒体内技术应用的讨论众说纷纭，总体上形成了技术深刻改变传播格局、技术创新引领新闻形态和生产创新、重视技术投入和学习促进融合创新等观点。[2]众多研究围绕着技术、经济、主体、

［作者信息］韩逸伦，中国人民大学新闻学院博士生；蔡雯，中国人民大学新闻与社会发展研究中心主任。

［基金项目］高校人文社会科学重点研究基地重大项目课题“国家治理视域下的新型主流媒体建设研究”（22JJD860015）。

［1］ 邓建国．新闻传播学为什么要以及如何关注新技术？［J］．当代传播，2024（2）．

［2］ 赵瑜，张婵，石梦欣，等．从技术转型到融合创新——基于全国地市级媒体从业者的实证研究［J］．新闻与传播研究，2023，30（11）．

内容、规范五个主要层面开展，其中技术不仅是媒体融合的核心动力，也是媒体融合的首要体现[1]；不同层面的研究也以技术形态、特征和发展趋势为重要讨论前提。

技术具有多种不同的表现形态，技术产品和抽象的技术概念是技术研究中主要的研究对象。提高优质产能成为媒体融合的关键问题，技术蝶变为产能问题的解决提供了新的契机[2]，一些研究注意到技术创新不等于产能提升，如“可及性”[3]“可供性”研究指出，技术的潜能对一切用户成立，可供性的实现则要看实践者是谁[4]。这也是中国式现代化进程中创新与生产力之间的重大关系问题，需要整体视角的宏观理论指导。

新质生产力的提出深化了对生产力发展规律的认识，最引人注目的是其“新质”概念。目前以新质生产力在新闻与传媒领域检索已经可以看到一些成果，但多局限于创新行动的案例描述与创新趋势的宽泛预测，将创新要素与新质生产力等同，用新质生产力概念包装传统的创新发展思路，或简单列举新的概念和技术。本文则以新质生产力概念探讨“如何理解和评价技术创新”与“如何将技术创新转化为先进生产力”两个过程，从而更好指导和促进新闻媒体的新质生产力发展。

一、相关研究简述

新质生产力提醒我们，要正确判断创新价值，更要高度关注创新转化为生产力的过程。这也是目前我国新型主流媒体建设过程中，在媒体深度融合阶段亟须实现的可持续发展、高质量发展的重要问题。

---

[1] 韦路 . 媒体融合的定义、层面与研究议题[J]. 新闻记者，2019(3).

[2] 胡翼青，黄悠然 . 生成式人工智能背景下的媒体融合——基于产能的视角[J]. 中国编辑，2024(5).

[3] 王晓红，郭海威 . 可及性：一个观察媒体融合的理论视角[J]. 新闻与写作，2023(11).

[4] 胡翼青，黄悠然 . 生成式人工智能背景下的媒体融合——基于产能的视角[J]. 中国编辑，2024(5).

（一）创新的特征及其扩散

新质生产力是创新起主导作用，摆脱传统经济增长方式、生产力发展路径，具有高科技、高效能、高质量的特征，符合新发展理念的先进生产力质态。[1]现有研究的一个重要切入口是创新得到认识和普及的过程，例如，创新扩散理论及其后续研究。罗杰斯探讨了大众传播和人际传播在技术革新的普及过程中发挥的不同作用，描绘了创新扩散的“S”形曲线。本土研究表明，以上级政府和龙头企业为代表的“高位推动”“知识溢出”[2]是主要路径，能够克服资源不足，实现快速推广；此外也有同级交流等较为缓慢的，有时必须得到高位推动触发的方式[3]。高位推动过程在农村互联网普及过程中尤其明显[4]，但在新一代媒介载体——移动互联网的使用上，同辈人际传播和青少年“数字反哺”现象突破以往规律[5]，在中老年群体知识水平更高的城镇中同样存在[6][7]，反映了互联网的解放性带来技术认识与采用路径的扩展。

新质生产力再次强调高科技、高效能、高质量的特征，这些或多或少在创新应用研究中有所涉及，反映了如何认识和评判创新的研究方向。一些咨询公司的研究值得重视，如Gartner“技术成熟度曲线”（又称“技术炒作周期

---

[1] 习近平在中共中央政治局第十一次集体学习时强调　加快发展新质生产力　扎实推进高质量发展[N].人民日报，2024-2-2（1）.

[2] 赵婷婷.中国产业集群对区域创新能力的影响研究[D].长春：吉林大学，2020.

[3] 徐换歌.中国城市电视问政创新扩散的多元路径分析——基于组态效应QCA方法的研究[J].公共管理评论，2020，2（3）.

[4] 郝晓鸣，赵靳秋.从农村互联网的推广看创新扩散理论的适用性[J].现代传播（中国传媒大学学报），2007（6）.

[5] 周裕琼.数字代沟与文化反哺：对家庭内“静悄悄的革命”的量化考察[J].现代传播（中国传媒大学学报），2014，36（2）.

[6] 朱秀凌.青少年的手机使用、数字代沟与文化反哺——基于对福建省漳州市中学生家庭的实证分析[J].新闻界，2015（11）.

[7] 安利利，王兆鑫.孝道与平权：数字鸿沟中的文化反哺与再哺育——大学生与父母在微信平台上的亲子关系研究[J].中国青年社会科学，2020，39（4）.

曲线”)，关注创新产生到落地扩散之间的过程[1]，在一定程度上解释了技术创新的关注度变化规律，发现众多新技术存在前后两个话题高峰的现象[2]。目前的研究中，这种现象表现为理论研究落后于创新发展[3]和过度夸大创新同步出现。

（二）创新转化为生产力的过程

新质生产力由技术革命性突破、生产要素创新性配置、产业深度转型升级而催生，以劳动者、劳动资料、劳动对象及其优化组合的跃升为基本内涵，以全要素生产率大幅提升为核心标志，特点是创新，关键在质优，本质是先进生产力。[4]这一部分阐释了新质生产力的萌芽和转化过程，相比过去的发展思想在系统化方面是最为深刻的部分。

在新闻生产的研究中，创新等一系列因素转化生产力的过程呈现出三大研究方向。一是高速度的新闻，如新闻加速、实时新闻等。二是高质量的新闻，如分发、互动和分析技术（算法推荐）、技术创新在重大活动报道中的应用等。三是多种来源的新闻，如“四全媒体”、平台化生产、新闻边界[5]等。如今机构媒体生产的不只是新闻，生产和传播新闻的也不再只有机构媒体，技术在创意内容生产（如综艺）和内容分发（如算法推送）等方面的进展比新闻生产显著得多。但是，传统的“硬”新闻对于整个社会的价值并未消解，

[1] 张学义，范阿翔．基于技术成熟度曲线的人工智能审视[J]．科学技术哲学研究，2019，36(2)．

[2] 2023 年 Gartner 新兴技术成熟度曲线公布最新技术趋势[EB/OL].Gartner 官网，https：//www.gartner.com/cn/information-technology/insights/2023-hype-cycle.

[3] 习近平在中共中央政治局第十一次集体学习时强调 加快发展新质生产力 扎实推进高质量发展[N]．人民日报，2024-2-2(1)．

[4] 习近平在中共中央政治局第十一次集体学习时强调 加快发展新质生产力 扎实推进高质量发展[N]．人民日报，2024-2-2(1)．

[5] 蔡雯，汪惠怡．发展新质生产力的中国媒体深度融合新命题——动态的专业边界调和与新闻资源配置[J]．当代传播，2024(3)．

时政新闻等领域有维系民族和国家认同感与国民自豪感的意义。[1]因此，本文将聚焦日常新闻内容生产[2]，使用新质生产力概念有关创新与多种因素相互作用，转化为生产力的系统化思想，统摄多种发展方向，探讨技术创新如何转化为新闻内容的生产力。

二、正确认识创新是发展新质生产力的首要条件

技术创新并非凭空产生，而是来源于已有技术的组合进化和新规律现象的整合利用。[3]对新闻生产主体而言，它们直接面对的是各种技术组合构建的整体——产品；复杂任务中零散的工具难以高效完成整体流程，组织机构需要多种技术产品连接成网络——系统集成或技术体系。技术的递归性由此展现，创新在其间不断发生，本层次本流程以外的创新也能带来新机遇，本层次的创新亦有可能因为与其他层次不兼容而最终无法转化为新质生产力。

笔者前后走访了广东、湖南、海南、河南、河北、新疆维吾尔自治区、内蒙古自治区的5家省级报业集团与14家市级报纸和县级融媒体中心，调研了2家央媒的新媒体部门和部分下属单位，接触了索尼、BMD、KAIVISION、壹唯视等品牌的代理商和多个系统集成商，实地参与和观察了数十次不同类型的新闻报道和活动实施过程。通过共计百余人的调研访谈，笔者将不同层级中技术的应用情况和媒体管理者、媒体一线工作者、技术产品供应商、系统集成商的话语综合归纳，显示出以下三条较为显著的创新认识。

第一，创新不能等同于技术出现的时间上的新近。来自其他领域和流程的“旧”应用的引入，也能带来生产力的提升和业务的扩展，新的技术概念

[1] 吕尚彬，黄泽文．族群性或公民性：时政新闻接触如何影响中国国家认同？[J]．当代传播，2024（3）．

[2] 杨保军，张博．论日常新闻的实质特征与功能意义[J]．西北师大学报（社会科学版），2024，61（4）．

[3] [美]布莱恩·阿瑟．技术的本质[M]．曹东溟，王健，译．杭州：浙江人民出版社，2018：209．

更常需等待成熟，才能大规模推广到新闻内容生产中。每个行业都有各自的技术集群，一般形成设备和方法的要素都来自这个范围，也被称作技术域。[1]当前，居于控制地位的数字技术不断跨域，成为众多解决方案的核心组分，英伟达公司称其为“仅靠3万亿美元的IT产业，创造出能够直接服务于100万亿美元产业的一切东西”[2]。经由数字技术改造与融合，行业内的技术重组和行业外部技术的跨域流动共同带来创新机遇，提供新质生产力的发展要素。

文化创意产品和部分新闻专题产品在此方面表现尤为突出。精心策划的叙事、相对较低的时效要求、比较充足的工期给技术提供了充分的发挥空间，日渐丰富的技术域也给构建解决方案的域定过程更多样的资源。河南卫视“唐宫夜宴”等产品将舞蹈艺术和视觉元素通过影视特效手段融合，超越舞台和场幕等时空结构，打造了一场“没有主持人的晚会”；总台《一馔千年》应用虚拟制片手段，使节目时空呈开放式存在，提升观众感知能力[3]。它们在新媒体平台传播，内容形式惊艳，远非传统舞台或广电技术所能完成，毫无疑问引入了“新”技术；但观其细节，最核心的技术来源于影视特效和商业显示行业，从全行业来看似“新”实“旧”，是成功跨域的技术继承、技术迁移而不是全新技术的独特产出。

技术从概念到成熟产品也需要发展。除了组织内部的兼容，还要考虑整个产业链的接纳情况，因此成熟技术的新引入也是创新的主要方式之一。在许多基层媒体，成本、收益、人才的考量让成熟技术引发的改变更加明显。兴和融媒介绍，2019年推进媒体深度融合的意见提出以来，县级融媒体全高清（1080P）制播的推广加快，该中心方才协调足够的资金改造和新建了播出

[1] [美]布莱恩·阿瑟.技术的本质[M].曹东溟，王健，译.杭州：浙江人民出版社，2018：209.

[2] NVIDIA CEO 黄仁勋 COMPUTEX 2024 开幕前主题演讲[EB/OL].哔哩哔哩弹幕视频网，https：//www.bilibili.com/video/BV1mm421N7iN.

[3] 丁慕涵.《一馔千年》“思想 + 艺术 + 技术”创新路径[J].电视研究，2023（3）.

机房、审片室、高清演播厅等设施，在过去已有摄像机、音频设备、现场制作设备的基础上最终实现完整的全高清制播。该中心还表示，基层媒体用户获取新闻产品的终端特征，让超高清（4K）建设在当前阶段对他们的意义十分有限；多个基层媒体也表达了对最新技术建设成本高昂、国产化率低的担忧，不少新技术新产品尚未达到成熟易用、成本合理的阶段。

这些案例并非否定前沿创新的应用，而是提醒媒体放宽视野，认识到并非只有最新出现的东西才是创新。其他领域的成熟技术、本领域过去已经成熟但尚未整合入流程的技术、已经引进但尚未充分利用的技术都属于技术创新的范畴，可能更符合日常新闻生产工作的需要，在改进内容生产、拓展业务范围等方面具有引发新质生产力发展的潜力。

第二，创新评价应采取生产成果导向标准。对广大媒体组织而言，关注技术创新是因为它被认为能有效地提高员工工作绩效以增强媒体竞争力[1]，新质生产力中对“以全要素生产率大幅提升为核心标志”的要求将这种认识进一步明确，即成果评价是创新评价的核心标准。成果源自生产实践，躬身入场方能带来真实的评价数据，是对技术创新带来的机遇和挑战的最好回应。[2]

当前阶段中被寄予厚望的生成式人工智能的讨论和争议中，中国主流媒体即通过大胆尝试、大力推广，证明了它在新闻生产中的可用性。虽然国内技术产品尚未全面达到世界顶尖水平，但在落地实践上通过以高位推动为主、模仿学习和自主探索相结合的模式，已经实现了多个成果上的“第一”，总台推出《中央广播电视总台人工智能使用规范》等鼓励人工智能创新应用、实行包容审慎和分级分类监管的举措受到广泛关注。目前AI生成内容以静态为主、动态片段为辅，用在解释说明的“资料”类场景中，如宣传海报、天气

---

[1] 赵瑜，张婵，石梦欣，等 . 从技术转型到融合创新——基于全国地市级媒体从业者的实证研究[J]. 新闻与传播研究，2023，30(11).

[2] 微信公众号“广电独家”. 又有新动作！广电机构加速布局 AIGC[EB/OL].https：//mp.weixin.qq.com/s/ESif5-dz-kAtGOljbOzjZA.

预警、新闻产品包装等事实风险低的内容。总体而言，AI比设想的更快被应用到了新闻生产当中[1]，逐渐改变了我国研究和应用均有所落后的局面[2]。

技术发展已经形成了两条路径：大众化的技术向着易用性、集成化、自动化发展，个人可完成相当多的内容生产工作，成本逐步降低；专业化的技术向着控制精细、分工明确、体系复杂迈进，技术产品促进了独特分工的产生[3]，扩展了新型劳动资料和劳动对象的范围[4]。两条路线差异不断增大，却又通过各种标准和最终产品形态而可以相互交融，实际应用中常有替代品。热度极高的网红"郭有才"，一方面使用BMD ATEM系列切换台、索尼电影摄影机等专业设备[5]，甚至由当地政府协调运营商保障网络；另一方面也使用旧药品包装做滤镜、数十元的圈灯进行补光等"廉价"方案。过去在两条技术路线都不发达，且新闻专业壁垒高耸的情况下，专业技术体系是专业内容生产的唯一选择；但随着双方在各自道路上的不断发展，二者既各成体系，又有产品互相替代与融合的机遇，实现这一过程的只能是掌握了内容、文化、创意的内容生产者、技术实践者。

从反面来看，商业营销噱头对实践活动和学术研究产生了一定影响。2017年Gartner发布的一份新型技术炒作的报告指出，大部分供应商都存在夸大产品创新价值和创新程度的情况，在当时以DL和ML为主，被称为"AI洗白"；2019年，West Monroe Partners对美国40家技术供应商的营销材料进行检查，发现技术能力的平均夸大程度超过30%；同期MMC研究了2830家号称AI

[1] 微信公众号"视智未来". James：平均两天一"官宣"，电视台们为了 AIGC"杀疯了"[EB/OL]. https://mp.weixin.qq.com/s/mqpDWwLKfkJm_ryernH4uQ.

[2] 方师师，贾梓晗 .AI 如何做新闻：基于全球 106 个案例的分析（2017—2022）[J]. 青年记者，2023（1）.

[3] Mari W. Technology in the Newsroom: Adoption of the Telephone and the Radio Car from c. 1920 to 1960[J]. *Journalism Studies*, 2018, 19(9).

[4] 黄楚新，王奕涵 . 以新质生产力推动新闻传播高质量发展进路[J]. 青年记者，2024（5）.

[5] 微信视频号"黑科技六哥". 郭有才新换的直播设备值多少钱 # 郭有才[EB/OL].

公司的企业，然而真实进行AI创新和应用的只有1580家，其中不乏以幕后人工服务和低水平自动化掩盖事实的举动。[1] 国内研究中,“元宇宙”（实质继承了“VR”话题）和“区块链”在2021—2022年讨论量暴增，国内核心期刊上从2023年开始发文有明显减少，其他期刊“元宇宙视角”等泛泛谈论的内容依然较多；除了少部分头部媒体应用此领域既有技术开展创作尝试，早期宣称的“传播新形态”“重塑新闻传播路径”等设想远未萌芽，仅有部分文旅作品得到大众肯定。

第三，技术的渐变发展才是常态。在重视“革命性”突破给新质生产力发展创造巨大机遇的同时，也要避免将这种突破局限为“多米诺骨牌”般的短时间整体范式转变，即动辄称技术能达成“范式转型”“体系重构”；每当有新的产品或设想面世，则主张媒体要大幅变更结构和生产流程以适应新技术，放大了技术要素在劳动者、劳动资料、劳动对象及其优化组合的跃升过程中的意义，从新质生产力概念来看是一种窄化。

技术创新让过去不能做的事情可以做了，或者让过去困难的事情变得简单了，这又伴随和受限于长远的社会过程。[2] 各种新形态技术产品，经常能够引起个别流程工作方式和条件的优化，依然属于“过去知道的事情”。由技术创新、技术普及、技术跨域和技术整合带来的成本降低、时间效率提升、人员需求减少、分工细化明确等看似“量变”的现象，从新闻时间、投入产出、人才运用等多方面实现了从做不了或者不划算到可以做甚至很划算的“质变”，这是新闻生产中最为常见的新质生产力发展样态。也有少数技术，彻底改变了某些采编活动的形态，形成全新的行动方式，是“过去无法预测的事情”。但从整个新闻生产发布的流程来看，这种改变需要与其他流程特别是非

[1] 微信公众号“量子位”. 离谱！AI超市“无人”收款，1000个印度人藏在背后……[EB/OL]. https：//mp.weixin.qq.com/s/5n8f1RBsnfemCOeuDqvSOg.

[2] [英]杰米·萨斯坎德. 算法的力量：人类如何共同生存？[M]. 李大白，译. 北京：北京日报出版社，2018：导论 11.

技术工作（如走访、联系专家等）互作，技术经新闻专业操作中介，导致剧变的渐变化。

新质生产力发展不是从天而降的创新一次颠覆整个行业，新闻业的文化、流程和意识形态要求更会推进这种转变；充分利用现有资源，不断引入创新要素进行的持续升级和实践转型过程符合矛盾运动规律的基本特征，理应是发展新质生产力的康庄大道。

三、创新融入流程是发展新质生产力的必要方式

新质生产力概念指出，要以重大科技创新为引领，推动创新链产业链资金链人才链深度融合，加快科技创新成果向现实生产力转化。[1]这一要求阐明了创新与生产力的转化关系，一方面明确了二者的区别性而非同一性，单一创新要素不能等同于新质生产力；另一方面也指出了多要素融合发展，共同推动创新在流程中转化为生产力的发展要义。

在实体经济领域，科学和技术创新转化为生产力的过程，即“理论”到“实验室”再到生产生活运用的过程是清晰明确的。在文化创意产品生产领域这种转化缓慢模糊，特别是生产、呈现技术和内容创作艺术紧密交融的新闻行业，技术与技艺分离的现象仍是制约创新向实践转化的核心要素。

这里的“技艺”与将新闻学视为一门“手艺”的历史传统相似。“手艺”强调新闻职业技能的实践知识特性，“技艺”则重视通过技术产品进行生产，同时承载“手艺”具有的传统和人类创意灵韵的内涵。创新融入流程，转化为生产力的过程，就是创新作为新的生产工具和思考方式，将客观产品和众多开发者编制的技术代码与使用者既有和新增的技术代码、工作流程和创意方向融合，意味着客观的物转化为人的主观思维和能动实践之手段。

技艺与技术是难以分离的。一般理解中的技术是机械客观的，熟练掌握

[1] 习近平在中共中央政治局第十一次集体学习时强调　加快发展新质生产力　扎实推进高质量发展[N].人民日报，2024-2-2(1).

技术就能产出特定的成果，如操作机床加工零件等。评价人的技术水平意味着对其的异化，因“工人的身体必须适应作为工具的机器”，机械的标准成为评价人的尺度，“人成了机器的附属品”[1]。“技艺”则意味着人——特别是用户和专家两个群体的主观判断，才是衡量成果的尺度，评价技艺的产出意味着评价其中的人性思考。技艺的展现需要具有技术设备（如拥有摄影机）、掌握技术代码（如了解摄影机功能），然后利用工具表达内容和创意（如构图和运镜），三者缺一不可，将其统合的是高素质的新型劳动力。

新闻资源的多寡、用户的关注程度、宣传工作的要求和从业者的新闻专业水平均会影响技术创新转化为新闻产品生产力的过程。深度融合过程中，应主要从三个维度着手，实现全链条的完整建设与生产要素融合，达到新闻生产技艺的总体提升。

第一，从新闻生产过程着手，改善工作流程。对于不同媒体，新闻工作的专业方向始终是相同的，追求新闻要素的目标不会变。但在达成这一目标的流程上，依据人力资源、报道规格的不同，新闻生产过程也会有明显的差异。

资源和分工有限的小型媒体中，记者独立完成所有新闻采编发工作的现象很普遍，“全媒体记者”“背包记者”“融媒体记者”[2]自提出以来得到了广泛的认可和实践[3]。此种媒体应鼓励个体化的技术探索，激励每个采编人员应用新技术创制新闻产品[4]，自下而上优化流程。这也是对“工具性收益，却抱持系统性风险观”[5]问题的实践解答。新闻媒体是流程清晰、把关严格的内

---

[1] 马克思恩格斯文集（第二卷）[M].北京：人民出版社，2009：38.

[2] 张蔚蔚.从文字记者转型“背包记者”[J].中国记者，2012（9）.

[3] 李玮.跨媒体·全媒体·融媒体——媒体融合相关概念变迁与实践演进[J].新闻与写作，2017（6）.

[4] 蔡雯，韩逸伦.新闻业务智能化趋势及其应对[J].当代传播，2023（3）.

[5] 李子甜.工具性收益与系统性风险：新闻从业者的人工智能新闻技术认知[J].新闻大学，2022（11）.

容发布单位，无论何种技术的产品，最终都经过内部审核得以发布，低质量或错误的内容本就不应流入传播环境。流程也是技术应用的桥梁，如新闻工作者需要多次反复与AI进行互动，探索和尝试不同输出，并将这些互动产出作为继续生产的素材使用[1]，即所谓“以终为始”[2]，方能达到“以量求质”状态。个人化的大众技术尝试和使用、同行间的交流分享可显著降本增效，创新经由流程加速促进新质生产力的发展。

大型媒体常策划实施体量庞大的报道项目，日常也有更大的更新动力和压力，因此需要高度分工、采编分离的流水线作业，采用项目制执行选题。在这种情况下，不同工种应了解其他岗位需要与产出的内容，无须担心其技术细节；组织通过必要的统一技术建设提供资源保障；关键节点则通过统一流程固化标准。由此，个体能发挥自身工作流程的灵活性，兼顾组织流程的严谨性，实现多元技术与流程融合，在多样化的创意间取得内容的一致性。这也就是通过人让技术互相兼容，再通过技术产出进一步优化整体流程，在恰当的时刻引发组织结构的转化，而不是无休止地让人去适应新技术，或令准备不足的技术使用者在陌生的流程和架构中探索技术。

不同的路径，本质上都是让技术充分发挥创作和思考工具的功能，利用数字技术相较于传统模式更为包容和便捷的特点[3]，在多样的流程中充分应用各种不同的技术创新。

第二，从媒体业务入手，形成技术体系。技术是一个有目的的系统。[4]业

[1] 周葆华，陆盈盈.生成式人工智能影响下的新闻生产创新：实践与挑战[J].青年记者，2024(3).

[2] 蒋婷婷，李磊.如何发力微短剧、布局新质生产力？这场万人规模大会说明白了[EB/OL].微信公众号“传媒茶话会”，https://mp.weixin.qq.com/s/wPE1-rooJ1UhtdrNXjTPtg.

[3] 高天赐，郭明哲.基于芬伯格技术批判理论的数字经济研究[J].合肥工业大学学报(社会科学版)，2023，37(2).

[4] [美]布莱恩·阿瑟.技术的本质[M].曹东溟，王健，译.杭州：浙江人民出版社，2018：209.

务是技术系统和工作流程的最终服务对象，也是成果评价的对象。许多媒体根据自身已有技艺要素，发掘新业务和改造旧业务，用业务发展中得到的经验推进思维转变和更多创新要素的引入。《法治时报》依托纸媒时代的平面设计团队，发展新媒体端的IP开发和政府宣传议题可视化业务，社会效益显著且大幅扩充经济收益；沈丘融媒则找准了台内资源积累和当地用户认可两个要素，在其他媒体扎堆做短视频时，选择于广播业务中引入诸多“微创新”，并取得不错的效果。各类媒体均须不断完善技术体系，让业务需要的各种生产要素在体系中得到保障，为引入创新要素充分发展新质生产力提供上下游支持。

技术体系描述了多种技术产品的结构与生态，理想情况下其中的每一种技术产品都可以通过多种方式与其他组分产生关联，共同导向最终业务目标。技术体系反映了生产力发展过程中的分工优化，技术的重组促进人的分工和专业化；同时技术体系也为人的创造和协作提供了条件，人通过技术实现工作有效协同，将重复信息经由体系传递，从而提升效率。例如，多机位制作时，用时码器同步时间码，后续就不需要重新对齐。创新的应用则意味着技术体系中某些组分的升级或转型，常伴随与其他组件的适配、使用者的技术学习或体系内结构、组成、连接方式和连接内容的改变。如总台IP化建设中，矩阵、切换台等现场制作设备均需更新，既有的讯道设备则通过转换器接入新流程[1]，新与旧的不断兼容是成熟技术体系运行经济、更新灵活的重要保障。

创新快速发展落地过程中，常常出现旧的资源与新的模式不兼容，或者新的建设对旧资源利用不充分，演变出“两套系统”甚至“两套班子”的情况。谢海翔提出，在“融”的过程当中，“如果电视台在体制上还有单独的网

---

[1] 陈辉．中央广播电视总台 4K/HD IP 化集群演播室视频系统技术特点综述［J］．现代电视技术，2022（5）：60–65.

络传媒中心，就说明没有真正融合，还是把新媒体当成另外一件事情”[1]。这样的局面意味着技术并没有真正融入媒体生产体系，媒体运行在零碎分散的体系之上。为了贯通体系间的壁垒，“新媒体中心未来应当发挥‘物业公司’职能”（郭志民语），相当于为整个媒体提供了一套灵活整合的技术体系，组织起技术、人才等资源，实现新质生产力概念中“促进各类先进优质生产要素向发展新质生产力顺畅流动”的要求，服务于各种不同的业务。还有一些新闻工作者主张，新闻是重要公共产品，生产过程应有所回报、得到支持，所以还需重视在新闻生产体系中引入原生的版权保护、流量跟踪等收益性技术要素，从回报端促进全体系生产力的提升。

新质生产力还提及共享生产要素等新模式，它能以较低成本弥补自身技术体系的不足，提升技术体系对业务的支持水平，减少重资产负担，更为开放融合的新型新闻生产提供机遇。

第三，保持开放态度，接纳互联网新型生产模式。新质生产力提出，要保证产业体系自主可控、安全可靠。[2]正确理解“自主可控”和“安全可靠”，需要结合实践分析。近年来，一些地方在“自主平台”上步伐迈得太快，提到“自主”便要求完全本地部署和运营完全由媒体控制的客户端，出现客户端扎堆但受众寥寥的局面。[3]在媒体内部，过分要求和误解“自主”还会带来高昂的成本。某省媒介绍，通过转移业务到省级运营商公有云，每年仅客户端网络费用相比同行即可节约数千万元。

互联网技术是当代对各行各业影响最为深刻的连接技术，它凭数据业务

---

［1］ 蒋婷婷，李磊．如何发力微短剧、布局新质生产力？这场万人规模大会说明白了［EB/OL］．微信公众号“传媒茶话会”，https：//mp.weixin.qq.com/s/wPE1-rooJ1UhtdrNXjTPtg.

［2］ 习近平在中共中央政治局第十一次集体学习时强调　加快发展新质生产力　扎实推进高质量发展［N］．人民日报，2024-2-2（1）．

［3］ 陈锐荣．地市主流媒体新闻客户端的困局与对策［J］．中国地市报人，2024（1）：76-78.

成为多种不同业务的“融合剂”[1]。在新闻媒体行业，公有云、多模态内容实时网络传输（如SDVoE、Dante）、跨平台应用等“软件定义功能”带来了前所未有的扩展性和连接能力，不断引发局部生产创新和体系升级。这就需要供应商发挥研发应用新型生产工具主力军的作用[2]，为基层媒体使用者降低技术引入和维护的成本，减少闲置、误用等情况。这一过程又有赖于媒体对新技术产品尝试、自身新闻生产流程和外部联系的开放态度，媒体需以开放促进产业链、人才链的融通。

互联网的格局还意味着新的内容扩散方式和收益模式。以商业平台为代表的产品和商业模式极大冲击了媒体传统的收益方式，作为公共产品的新闻需要新的转化手段来获得收益，这种模式只能是完全互联网化的、应用不断更新的技术实现的。

开放的同时，也需考虑媒体的整体体系之于国家总体安全的地位。对总台、新华社、人民日报等一批肩负国家权威信息发布的中央级主流媒体的核心内容生产发布部门而言，自主可控和安全可靠的要求就不仅是对内容、工具、渠道的完全控制，还需要在技术系统采用、技术代码创制和技术标准形成方面给予完全自主国产的部分更多机遇和关注。长期来看，国内媒体产业链的发展必须依靠本国媒体在自主技术体系和技术标准上的持续支持，没有需求和消费的市场无法令创新的源泉充分涌流。

[1] 习近平经济思想研究中心.新质生产力的内涵特征和发展重点（深入学习贯彻习近平新时代中国特色社会主义思想）[EB/OL].人民网，http://opinion.people.com.cn/n1/2024/0301/c1003-40186428.html.

[2] 习近平经济思想研究中心.新质生产力的内涵特征和发展重点（深入学习贯彻习近平新时代中国特色社会主义思想）[EB/OL].人民网，http://opinion.people.com.cn/n1/2024/0301/c1003-40186428.html.

四、总结

新质生产力不仅把创新摆在最为优先的位置上，重视“0→1”的原创性突破[1]，而且更关注体系的作用，反复强调要建立和优化多种体系，把握好众多要素之间的矛盾运动关系，让创新有生发的土壤和作用的空间，从而确保创新转化为实践，实践引领有效创新。新质生产力不再以孤立静止的方式看待生产要素的革新，而是在实践和社会动态中进行综合考虑，既考虑创新的直接价值，又考虑在更大系统中创新转化的效果，关注新型劳动者、生产资料和劳动对象在创新应用中的地位。

媒体在参照新质生产力标准进行建设时，不仅要重视创新，也要谨慎地审视创新的意义；不仅要重视对新技术的追逐，也要重视如何将新技术、新生产要素融合到媒体生产流程当中，高效率地使用各种生产要素，建设开放包容的技术体系，同时还为技术进步提供资源。

[1] 微信公众号“浙江宣传”.0 → 1 [EB/OL].https：//mp.weixin.qq.com/s/0MraLwfsAIy3O2qnTPugrw.

出版业在发展新质生产力中的功能及实现路径

周蔚华　熊小明

［摘　要］新质生产力的本质是先进生产力，科学技术、知识和数据是新质生产力重要的生产要素。出版业在体系化的知识和数据生产中居于主导地位，凭借规范性推动知识生产与传播，通过数据要素对劳动者、劳动资料和劳动对象进行智能化改造等途径，将对新质生产力的发展产生重大影响。面对人工智能技术潮流，出版业实现高质量发展也需要因地制宜发展自身新质生产力，在资源端、生产端、消费端和治理端进行体系创新。

［关键词］出版业；新质生产力；精神生产；知识服务；数据要素

党的十八大以来，习近平总书记反复强调科技创新在整个社会生产中的引领作用，指出科技是第一生产力、人才是第一资源、创新是第一动力。2023年9月，习近平总书记在黑龙江考察调研期间首次提出要加快形成新质生产力。[1]作为新的生产力理论，新质生产力的提出有其特殊的历史逻辑、理论逻辑和实践逻辑。它是党中央在我国经济社会进入新发展阶段，并将实现高质量发展作为核心任务和要求背景下提出的又一重大战略部署。它也是通过

［作者信息］周蔚华，中国人民大学新闻与社会发展研究中心主任；熊小明，中国人民大学新闻学院博士生。

［基金项目］教育部高校人文社会科学重点研究基地中国人民大学新闻与社会发展研究中心重大项目“国家治理现代化视角下的舆论生态及其治理研究”（22JJD860019）。

［1］ 习近平主持召开新时代推动东北全面振兴座谈会强调　牢牢把握东北的重要使命　奋力谱写东北全面振兴新篇章［N］. 人民日报，2023-9-10（1）.

科技创新激活数据等新兴生产要素的价值和潜能并由此带来整个生产力系统发生根本性革命的一种新的生产力质态。出版是打造社会知识基座的精神生产活动，其生产的体系化的知识和数据产品通过外溢效应作用于整个生产力系统。出版业也只有通过新质生产力的赋能，应用前沿科技，改变传统质态，才能强化自身的核心功能，彰显核心价值。在这一过程中，出版系统和新质生产力系统形成了一种相互影响、相互作用的耦合关系，本文将分析这种关系的具体表现及出版业如何利用这一关系实现高质量发展。

一、新质生产力的本质及知识、数据在其中的作用

在马克思看来，生产力具有历史性和阶段性。新质生产力是生产力发展的最新阶段，反映的是数字经济时代的生产实践成果。在这一新的质态下，生产力的增长方式从量的积累转向质的跃升，意味着传统生产方式、生产关系和生产组织都将发生变革。[1]在数字化时代，生产力变革的最显著的特征即知识和数据等精神生产要素在生产力系统中的牵引作用日益突出。

（一）生产力既包括物质生产力，也包括精神生产力

马克思、恩格斯在《德意志意识形态》中阐述了精神生产与物质生产的关系问题，指出："人们的想象、思维、精神交往在这里还是人们物质行动的直接产物。表现在某一民族的政治、法律、道德、宗教、形而上学等的语言中的精神生产也是这样。""人们是现实的、从事活动的人们，他们受自己的生产力和与之相适应的交往的一定发展——直到交往的最遥远的形态——所制约。"[2]精神生产的外在表现形式主要是文化及知识的生产，涉及科学技术和文化艺术等诸多方面，从事这些方面的创作和生产的能力可归入精神生产力。精神生产力反映的是人们改造精神世界的能力，具有相对独立性，但又

[1] 王炎龙，黄婧，王子睿 . 新质生产力赋能出版业的质态、要素与体系研究[J]. 中国编辑，2024(4).

[2] 马克思恩格斯文集(第一卷)[M]. 北京：人民出版社，2009：524–525.

需要依托一定的物质，因此精神生产力和物质生产力是相互影响、相互促进的关系。

生产力的发展主要是人类智力发展的结果，而人类智力发展的核心体现即科学技术的进步。与传统生产力以工业技术为基础并依靠大量资源与能源的投入实现增长不同，新质生产力主要依托先进智能技术和信息技术，并借助数据这一具有可复用性的生产资料，通过重新组合生产要素提升劳动生产率。[1]颠覆性的核心技术催生从“0”到“1”的重大产业突破，通用技术的普及则不断实现从“1”到“N”的差异化创新。新质生产力离不开高素质的劳动者、先进且智能的劳动资料和更广领域的劳动对象。在发展新质生产力背景下，不同于体力经济和思维经济的情感经济将会崛起，横向和纵向的产业融合趋势将进一步强化，创意产业在国民经济体系中的重要性将显著提高。总之，新质生产力大力发展阶段将是精神生产异常发达的阶段，精神生产尤其是科学技术的发展将在社会生产中扮演关键性角色，成为推动社会总体生产力不断飞速进步的动力源泉。

（二）知识和数据在新质生产力中占据重要地位

控制论创始人诺伯特·维纳区分了信息与物质和能量的差别，指出信息就是信息，不是物质，也不是能量。[2]由此，物质、能量和信息被公认为人类凭以创造价值的三大资源。其中，信息作为事物及其运动状态和规律的反映，可以脱离原来的物质、能量而相对独立地被人们摄取、传递、加工和处理。在信息社会，信息将成为比物质和能量更为重要的资源。从信息科学角度而言，信息的表现形式十分宽泛，包括消息、信号、数据、情报和知识等。[3]其中，数据是通过声音、语言、视频等方式反映的认识论信息，知识则是系统

---

[1] 姜奇平．新质生产力：核心要素与逻辑结构［J］．探索与争鸣，2024（1）．

[2] ［美］诺伯特·维纳．控制论：或关于在动物和机器中控制和通信的科学［M］．郝季仁，译．北京：北京大学出版社，2007：109．

[3] 孙建军．信息资源管理概论：第2版［M］．南京：东南大学出版社，2008：1．

化、有价值的信息。[1]数据又可进一步细分为有意义、有价值、有关联的数据和无意义、无价值、无关联的数据，从这个角度而言，数据和知识存在交叉关系。不过，总体而言，数据和知识都是信息的子集概念，具有信息的无形性、外部经济性等一般特征，在生产活动中可以单独或通过影响其他要素对生产力施加影响。

新质生产力的“新”意味着生产力发展需要在物质、能量和信息三个领域开拓新的资源，包括新材料、新能源、新知识和新数据等。其中，新知识不仅是之前科学技术等成果的反映，它一经形成和传播又能够成为引领新科学、产生新技术的源泉，而且能够作用于物质与能量两大资源，为现代产业发展提供支撑。新知识也能帮助市场主体产生新的认知和信念，提升信息辨析能力，推动在“质”上做优做强。新数据则将新质生产力与数字经济进行结合，不仅能够增加新的劳动对象，直接创造新的劳动价值，而且通过与其他生产要素进行结合、融合，形成高效协同，提升全要素生产率。更为重要的是，当数据要素与具体行业、企业和商业应用相结合时，能够极大地赋能实体经济，盘活传统行业的沉淀资源，丰富企业的资产类型，增加资产收益，并创造新的商业模式。

二、出版业对新质生产力发展的重要影响

陆费逵认为，书业虽然是较小的行业，但是与国家社会的关系却比任何行业都大些。[2]出版系统是社会整体系统的子系统，出版活动通过其特殊产品和技术能力对社会整体系统的生产力水平产生能动作用。具体而言，出版业主要通过体系化的知识和数据的生产、开发和利用成为发展新质生产力的助推器。

---

[1] 叶继元，陈铭，谢欢，等 . 数据与信息之间逻辑关系的探讨：兼及 DIKW 概念链模式［J］. 中国图书馆学报，2017（3）.

[2] 陆费逵 . 陆费逵文选［M］. 北京：中华书局，2011：335–336.

（一）出版业推动知识生产和传播，服务于生产力的发展

精神生产是出版业的本质，核心产品即“知识”。不同于一般意义上的知识，出版业生产的知识具有自身显著的特征，即通过深思熟虑的、处理过的或系统化的。[1]这些特征也反映了出版业的独特功能和价值，其中，“深思熟虑”“处理过”或者说“验证为真”[2]主要指向出版的内容审核功能，通过“把关”杜绝错误思想和知识的社会化传播，确立了其自身知识权威的地位，并为科学研究和知识生产树立一系列重要标准和规范。知识的系统化、规范化则将出版行业提供的知识和一般日常生活常识、感性知识、经验知识等区分开来。在这一本质基础上，出版作为一种中介力量，将知识生产与传播同生产力发展之间的联系建立起来。

一是出版业生产知识，推动技术进步。科学的本质是对自然界和人类社会运行规律的探索。在长期的生产活动过程中，科学逐渐独立并成为以知识作为主要产品的部门，技术则指向具体的工艺。英国哲学家弗兰西斯·培根所说的“知识就是力量”正是科学知识可以转化为技术，再通过技术改进生产工具，提高劳动生产率和促进生产力发展。经济学与历史学教授乔尔·莫基尔创造了“工业启蒙”的概念并借此建立起科学革命与产业革命之间的关联。他认为科学的发展对工业启蒙的贡献主要体现在三方面——科学方法、科学精神和科学文化，在此过程中科学全面渗透进技术活动中。[3]当然，科学不仅包括自然科学，也包括哲学社会科学。自然科学可以直接引起技术革命，哲学社会科学则主要通过影响人的认知和观念、经营管理、分工协作等间接转化为生产力。新质生产力离不开关键核心技术的突破，这有赖于自然科学

---

［1］［英］彼得·伯克.知识社会史（上卷）：从古登堡到狄德罗［M］.陈志宏，王婉旎，译.杭州：浙江大学出版社，2016：12.

［2］李频.历史与逻辑的统一：数字时代编辑出版理论的基本向度［J］.华中师范大学学报（人文社会科学版），2021（3）.

［3］［美］乔尔·莫基尔.雅典娜的礼物：知识经济的历史起源［M］.段异兵，唐乐，译.北京：科学出版社，2011：37.

的发展，而思想的启蒙、观念的革新以及生产关系的调整则需要哲学社会科学的繁荣。

二是出版业规范知识，建立有效创新的验证机制。在长期的发展过程中，出版业的职业化、专业化使其形成了自身行业惯习，这种惯习树立了知识生产的标准和规范，确保了知识市场的开放有序。在19世纪的英国，词典和百科全书成功普及了知识标准，科学期刊成为经科学从业者提出、讨论并最终制定科学研究规范的平台。[1]我国《中国大百科全书》《辞海》等大型辞书和工具书的出版也体现了政府对知识生产标准的建构。出版界始终致力于建立学术出版规范和伦理体系以保证科学研究的规范性和专业性。新质生产力需要能够带来产业变革的科技创新，其前提是存在具有创新价值并能够进行落地转化的研究成果，而出版业的筛选和验证机制在其中发挥着至关重要的作用。

三是出版业解放知识，推动基础研究公共物品化。马克思曾高度评价印刷术变成科学复兴的手段，变成对精神发展创造必要前提的最强大的杠杆[2]，由此可以窥见出版技术的进步对降低知识生产成本、促进知识普及的重要意义。根据版权法相关理论，一般性知识和特定的技术知识应当被加以区分，前者属于版权法意义上的“思想”而不是“表达”，不应当被排他性地授予专有权利。从经济学角度而言，一般性知识或者说基础研究属于公共物品，应当允许所有人“搭便车”。但这类知识的普及之路并非一帆风顺，在印刷技术尚不发达的古代中国，多数士人将书籍视为社会与经济地位的特殊象征，坚决拒绝外借私人藏书，严重制约了知识的交换和知识共同体的建立。只有在出版业真正发展起来之后，知识的自由流动才成为可能。在新质生产力发展的新阶段，出版业在坚持把社会效益放在首位、社会效益和经济效益相统一

---

[1] [美]梅林达·鲍德温．铸造《自然》：顶级科学杂志的演进历程[M]．黎雪清，译．重庆：重庆大学出版社，2018：2.

[2] 马克思恩格斯文集（第八卷）[M]．北京：人民出版社，2009：338.

的原则下，在学术出版领域加强开放获取，促进公共知识服务平台建设，将有助于推动作为公共物品的基础知识的公开化、大众化。

（二）出版业以数据为媒介，推动生产力系统的更新

在数字化时代，新质生产力的发展离不开数字赋能，而数据要素是数字经济深化发展的核心引擎。数据对提高生产效率的乘数作用不断凸显，成为最具时代特征的生产要素。数智化转型深刻改变了出版业的生产方式、产品形态和服务模式，而出版业的一个功能是提供海量的数据要素，体系化的、基于知识的专业数据成为出版业的主要生产内容，并衍生出丰富的产品形态。内容生产主体由专家扩大到用户和智能机器。知识服务走向深度智能，出版平台成长为重要的数字化知识基础设施。以数据这一新的产品作为媒介，以及技术和产品的持续开发，出版业对生产力系统的影响更加深入。

一是出版业促进人的全面发展，提升劳动者的新技能。以网络知识社区为代表的数字出版形态让知识生产者和消费者实现了“产消合一”，普通用户转变为创作者，进而成为社区网络的重要中介节点。[1]这种互动式的知识生产让用户在隐性知识显性化的同时完善自身知识结构。融媒体出版物成功整合了人类的各种感官需要，完成了对过往出版媒介功能的叠加，增强用户的沉浸感、参与感和获得感。智能化的知识服务通过延伸人的大脑，实现主体和客体的统一，使人们从程序性工作中解放出来投入更多创造性劳动。如果未来出版业涉足脑机接口、知识芯片等业务，将进一步降低劳动者掌握新知识和新技能的门槛。

二是出版业依托平台和技术的深度开发，创造新的劳动资料。随着生产工具智能化、生产工序自动化和体系化，虚拟化交换平台逐步成为社会生产

[1] 张慧，杜骏飞.新知识人群体：基于网络知识社区核心创作者的考察[J].新闻与写作，2024(3).

不可或缺的物质条件。[1]数智化改造后的出版单位逐渐转型为集数据、用户和场景于一体的智慧服务平台，通过人工智能技术调用专业内容资源转化的优质语料，为用户提供个性化的专业服务。出版单位还可以利用数据集和人工智能技术进一步夯实自身的技术储备，并为出版业及其他行业提供新的技术支持和生产工具，包括古籍整理、智能翻译、图书防伪等诸多领域。

三是出版业围绕数据开发新型产品，贡献新的劳动对象。在技术赋能下，面对一个文本，出版单位将不再只以纸质出版物的形式进行呈现，而是利用技术对其进行文字、图像、声音和视频等多模态的产品开发，形成多元化的数据产品。书籍、期刊将不再只是一个知识单元，而是可以被分解为若干数据单元，进行单独或组合售卖。这些数据还能够成为其他行业人工智能大模型预训练的“养料”。数据的融通性也将进一步孵化出新的服务形态和产业类型，包括元宇宙出版、虚拟数字人、智能伴读、智慧机器人等。

四是出版业是数字产业化的有机组成部分，并对其他产业的数字化起到一定支撑作用。2022年1月，国务院发布了《“十四五”数字经济发展规划》（以下简称《规划》），其中特别指出，数字经济是以数据资源为关键要素，以现代信息网络为主要载体，以信息通信技术融合应用、全要素数字化转型为重要推动力，促进公平与效率更加统一的新经济形态。《规划》还提出了要强化高质量数据要素供给、大力推进产业数字化转型、加快推动数字产业化等举措，而其中的数据标注、采集、聚合、分析等环节，扩大优质数字资源供给，数据价值产品化、服务化，数据服务专业化、个性化，都与出版密切相关，出版业的信息、知识要素是优质的数据要素，与数字经济、数字产业具有先天的契合性。而《规划》中提出的“鼓励发展新型研发机构、企业创新联合体等新型创新主体，打造多元化参与、网络化协同、市场化运作的创新生态体系”，“完善多元价值传递和贡献分配体系，有序引导多样化社交、短

[1] 何爱平，徐艳．劳动资料数字化发展背景下资本主义劳动关系的新变化：基于马克思主义政治经济学视角的分析[J]．经济纵横，2021（11）．

视频、知识分享等新型就业创业平台发展”，也是近年来出版融合的主要发展方向。因此，出版业不仅为数字经济发展提供了优质数据要素支撑，而且数字出版本身也是数字经济不可分割的一部分。

三、出版业发展新质生产力务求因地制宜

出版业在促进新质生产力发展方面具有重大影响，但这并不意味着出版业在发展新质生产力方面要大干快上、一哄而上，而是要按照习近平总书记在参加十四届全国人大二次会议江苏代表团审议时强调的，因地制宜发展新质生产力。在国家文化数字化战略加速推进的背景下，出版单位应当结合自身技术条件、资源禀赋和市场环境等，坚定不移地依托人工智能等新兴技术推动数据资源的产业化和出版产业的智能化。为此，本文从资源端、生产端、消费端和治理端四方面就出版业如何因地制宜发展新质生产力提出建议。

（一）资源端：推进数据标准化和一体化建设，提升数据质量

数据要素在新质生产力发展中居于生产要素的核心地位。兼具科学性、专业性和规范性的内容资源是出版业的核心竞争力。在新旧产业形态转换过程中，出版活动产生的内容不会自动转化为数据资源，更不会升级为数据资产和数据要素，只有经过采集、传输、计算、存储和分析等过程，并且经过确权、定价和交易，才能转化为具有效用的数据资产和数据要素，才能在内部经营管理和外部业务开拓方面发挥作用。

标准统一是交易的前提，但目前出版业的数据存在格式不统一、主体分散和数据孤岛等现象。我国出版业前期的数字化过程主要由各个出版单位各自完成纸质资源的数字化，或者由数据运营商统一对合作出版单位的内容资源进行数字化转换。这导致出版业的数据呈现类型多样、单个主体数据量有限、数据运营商通过格式壁垒进行不正当竞争等状况，阻碍了统一的出版数据市场的形成。此外，出版单位仍然没有在理念上重视数据建设，存在数据

制作落后于内容生产、线上落后于线下的不同步现象。

首先，为提升数据的可交易性，行业内部应当形成数据的统一格式和标准，具体可由部分出版单位内部达成小范围共识，通过先行先试发挥示范作用。其次，为方便交易和分配利益，数据的权属关系应当得到明确，交易主体及其交易标的应被赋予唯一的关联标识符。最后，为丰富数据集，出版单位可根据实际情况，通过生成式人工智能等技术加强对公共数据的收集和清洗，与已有数据形成配套。

（二）生产端：利用人工智能技术对出版流程进行数智化改造

管理学上的研究已经表明，流程再造能够显著提升企业绩效。为发展新质生产力，出版单位可根据实际情况对传统出版流程进行局部智能化改造，也可以直接实现出版全流程的智能化改造。

对传统出版流程的局部智能化改造主要依托人工智能技术提升选题策划、内容生产、审校、排版、印刷、营销、版权运营等子系统和企业整体经营与管理系统的运作效率，减少人力资源的投入。例如，通过智能出版分析系统进行市场热点和读者兴趣数据的追踪和分析，辅助编辑进行选题决策；智能内容创作系统可以在专业生成内容和用户生成内容以外新增人工智能协助/辅助/自主生成内容模式；智能机器翻译系统提升翻译效率等。在这些系统之外，再通过智慧一体化的运维管理平台，从运营和管理上提升企业内部的协作效率。

出版全流程的智能化改造的核心是打造技术中台和数据中台。在这个过程中，人工智能和机器将自动完成大部分工作，人发挥关键性辅助功能。数据将成为系统中唯一流动的要素，也是出版主体决策和行动的根本依据。出版流程将形成内容策划与生产、编辑加工与审核、市场分析与推广、用户服务与反馈的闭环。在内容策划与生产环节，将以人工智能生成内容作为基础，辅以编辑的调整和完善。在编辑加工与审核环节，依然需要编辑和人工智能协作对内容进行审读和把关，确保其质量和可读性。在市场分析与推广环节，主要由系统分析用户偏好和市场趋势等数据，并进行精准营销。在用户服务与反馈环节，主要是根据用户需要开展个性化服务和定制化服务，完成内容与场景的适配。所有环节形成的交互数据都将被系统自动留存并重新导入内容生产模型，进一步完善内容生产的机制和算法。

（三）消费端：以用户为中心，实现数据消费场景化

只有同场景结合才能实现数据价值。出版业应根据不同的消费场景形成知识服务、数据交易和版权合作等多种消费模式，并在每一种模式下根据用户需要进行数据调整。随着专业语料库和垂直类大模型的建立，出版单位的知识服务将由单一的内容检索向数据驱动的个性化智慧解决方案转型。其他行业通用大语言模型对出版专业数据的需求，催生了以使用和调用为主的出版业与其他行业之间的数据交易模式。同时，出版单位还可以在版权合作领域有更多的发挥空间。

出版单位通过对存量内容数据进行全方位的开发，形成自己的专业语料库和数据集，辅以机器学习、自然语言处理等智能技术，就可以开发自动响应和满足用户个性化需求的相关产品。随着数据质量的提升、算法的优化和算力的增强，出版单位构建的垂直类大模型具备了类似人脑自动学习、理解和推理数据的能力，在被动响应的基础上开始主动辅助人类决策，甚至直接参与和代替人类决策，成为生产活动中的重要行动者。

出版单位掌握的数据以内容数据为主，较少涉及个人隐私，因此在交易、交割和交付上具有天然的优势。出版单位为实现数据资产价值，可以让自身的数据进入“数据超市”进行相应的交易，与其他单位或行业数据进行关联和重构组成新的数字文化内容。随着北京互联网法院首次认可自然人对其利用人工智能绘画大模型生成图片在符合一定条件下享有著作权，出版单位可以通过人工智能技术创新产品形态，成为大量作品的著作权人，进而极大地

丰富自身版权库，为版权合作提供多种可能。当然，围绕数据产生的权益远不止版权，在风险可控的前提下，出版单位应当充分进行产业化运作，提升数据的附加值。

（四）治理端：加强制度创新，打造新质产业生态

促进生产力的发展，需要与生产力发展水平相适应的生产关系，发展新质生产力背景下的出版业需要拥有相应的制度体系与之配套。为适应人工智能对出版业日益深入的渗透，出版单位在内外部制度上需要重构与更新。

出版单位的内部经营方式需要重构。随着人工智能的操作者对人工智能生成作品享有著作权判例的出现，出版单位利用已有作品数据生成新的作品将可能自动拥有著作权，这将引发与作者之间的著作权纠纷，因此在出版合同中应当提前进行约定。鉴于接收到的生成式人工智能单独或协助原创者创作的作品将呈上升之势，出版单位应建立对出版伦理和著作权方面更为严格的审查制度以维护出版内容的权威准确性。出版业内部简单重复性的工作将可能直接被人工智能所取代，出版单位对员工在策划能力、运营能力和营销能力等方面的培训应得到强化。随着产品形态的多样化和产业融合趋势的加强，出版单位应进一步完善意识形态工作责任制，在业务范围内坚持正确的政治方向、出版导向和价值取向。

出版单位的外部合作模式需要更新。人工智能大大降低了知识生产的成本，并提高了传播效率，科技公司对出版业务的介入将进一步挤压传统出版业的商业模式，在数字化转型过程中，拥有内容资源但分散弱小的出版单位又不得不与拥有技术和平台优势的科技公司进行合作。对科技公司而言，随着其对高质量语料需求的不断增加，它们也越来越依赖出版业产生的大量专业数据。在这一背景下，除了数据交易和版权合作，双方也亟须寻找新的商业模式以实现利益平衡和良性发展。

四、结语

技术革命性突破、生产要素创新性配置、产业深度转型升级是新质生产力的三大核心表征。其中，技术革命是最基础的，它依赖于科学革命，科学革命则离不开科学知识的创新与突破；生产要素创新性配置和产业深度转型升级则需要数据这一新的生产要素发挥独特作用。出版业是知识产业，也是数据产业，出版业的高质量发展将从根本上影响新质生产力的发展速度与质量。

出版业高质量发展同样需要培育自身的新质生产力，也需要借助出版行业内部知识、数据和文化的创新。乔尔·莫基尔在《增长的文化：现代经济的起源》一书中试图勾连起文化与经济和技术发展的关系，并将启蒙运动这一文化现象的出现视为产业革命后西方经济和技术奇迹发生的主要动因。这一创见对于我们今天看待新质生产力的形成发展以及出版业在其中应当居于何种地位颇有启发。从这个角度而言，作为精神文化塑造者的出版业如何营造激励知识创新和技术进步的文化、理念和制度氛围，可能比生产的知识和数据本身在新质生产力发展中更为重要。

连接媒体与用户：主流媒体平台扩大影响力的行动策略与难点

——基于对三个央媒平台账号体系的考察

汪惠怡　蔡　雯

［摘　要］持续吸引用户是新型主流媒体提高社会影响力的基础。本研究旨在考察三个中央级主流媒体自主可控平台在账号体系建设中扩大影响力的行动策略、局限性与解决思路。研究发现，平台秉持动态平衡的思维与用户建立连接，以反向压缩可见性与正向激发能动性相结合的方式提高生产型用户的活力，通过制作原创内容吸引消费型用户并回应社会关切。目前仍存在的问题是开放度与安全性的张力限制新闻业务发展、媒资系统封闭性导致数据难以跨平台比较且数据科学性弱。新型主流媒体平台还需在开展用户体验调研的基础上建设智能媒体技术体系、向公众开放的沟通论坛，正视媒体与社会之间的嵌入关系。

［关键词］新型主流媒体；平台；账号体系；影响力；用户

在深度媒介化环境下，网络化逻辑使传播活动中的关系联结成为新的权力来源。新闻媒体作为整个社会传播网络中的一个节点，对其新闻业务水平进行衡量的标准不仅是新闻的独家性或制作能力，还包括其在整个社会网络中与其他节点的连接数量，以及转化数据的能力，甚至后两者在实际传播效

［作者信息］汪惠怡，中国人民大学新闻学院博士生；蔡雯，中国人民大学新闻与社会发展研究中心主任。

［基金项目］高校人文社会科学重点研究基地重大项目“国家治理视域下的新型主流媒体建设研究”课题（22JJD860015）。

果中更加重要。由于平台在传播环境中的影响越来越显著，因此部分新闻媒体致力于把自己变成平台。[1] 主流媒体在从入驻第三方社交媒体平台到建设自主可控平台的过程中，不断调试着自身工作策略、话语表达以及与用户的关系。

为考察新型主流媒体自主可控平台的用户体系建设现状，笔者对中央级主流媒体平台进行历时比较研究。以人民日报客户端——人民号、央视频客户端——央视频号、新华网客户端——新华号这三个平台的账号体系为研究对象，以数据分析与深度访谈资料互为印证，分析中央级主流媒体平台以账号体系为抓手提高影响力的行动策略以及当前难点。

一、媒体—平台张力下主流媒体平台的实践

自2015年起，传统媒体开发的新闻客户端大量出现[2]，人民日报社率先在2014年6月上线了人民日报客户端，并于2018年6月开通了内置于客户端的人民号平台。2015年6月、2019年11月、2022年12月新华社客户端、央视频客户端、人民日报视频客户端“视界”分别上线，中央级主流媒体客户端体系逐步形成。笔者在梳理文献、观察业界实践的过程中感知到，中央级主流媒体在自建客户端的过程中，从通过母媒体自有栏目来充实客户端内容，发展为开展自建平台以吸纳机构或自媒体用户加入平台分发内容，再到与外部机构或个人合作共创内容。这些观察所得的特点，需要科学合理的数据调查来佐证。

（一）主流媒体自建平台的现有实践与研究

随着数字化、网络化新兴媒体的出现与发展，广大用户获取信息与满足

[1] Jääskeläinen A., Yanatma S., & Ritala P. How Does an Incumbent News Media Organization Become a Platform? Employing Intra-firm Synergies to Launch the Platform Business Model in a News Agency [J]. *Journalism Studies*, 2021 (15).

[2] 清博大数据新媒体指数团队. 中国传统媒体新闻客户端发展报告 [J]. 青年记者，2016 (4).

服务需求的中介逐渐从以特定硬件为介质的传统主流媒体、具体办事机构转向集成于智能手机中的数字客户端或网站。在用户媒介使用习惯发生变化的背景下，我国以报业为代表的传统媒体从2004年开始出现普遍衰落[1]，互联网在2008年成为我国主要的媒介渠道[2]，年青一代更是将互联网作为获取信息的主要途径[3]。2015年12月，习近平总书记指出："读者在哪里，受众在哪里，宣传报道的触角就要伸向哪里。"找到并有效吸引用户是新型主流媒体的工作目标，用户需求的变化也是新型主流媒体在进行新闻业务决策时需要追踪并考虑的重要依据。

中央级主流媒体建设自主可控的新闻客户端，并将其发展为集新闻生产与传播、政务与社会治理服务、商务服务于一体的媒体平台。有研究者在2016年对国内110家主流媒体"两微一端"进行调研后提出，主流媒体平台因内容质量把关不足而削弱了主流媒体品牌权威性。[4]此后，主流媒体平台在部分吸纳社会化平台所具有的开放性的基础上[5]，不单纯强调信息的分发和利用效率，在公共属性和服务属性的驱动下，由后台人工编辑为用户推送资讯信息[6]。前述2016年的调查还发现，受限于媒体运营团队的人力，媒体平台很难与用户进行及时、一对一的交互。[7]而笔者认为这种以媒体为中心的设想，与平台的开放性、无边界、多元连接的特点相悖，如何构建媒体—用户的关系

---

[1] 喻国明."拐点"的到来意味着什么——兼论中国传媒业的发展契机[J].中国记者，2005(10).

[2] 方兴东，陈帅.中国互联网25年[J].现代传播(中国传媒大学学报)，2019，41(4).

[3] 刘奇葆.加快推动传统媒体和新兴媒体融合发展[N].人民日报，2014-4-23(6).

[4] 向安玲，沈阳，罗茜.媒体两微一端融合策略研究——基于国内110家主流媒体的调查分析[J].现代传播(中国传媒大学学报)，2016，38(4).

[5] 权玺.平台媒体：构建平台化的自组织在线社会信息传播系统[J].当代传播，2017(6).

[6] 陈阳，李宛真.主流媒体平台化建设中"信息偶遇"的应用[J].青年记者，2022(5).

[7] 向安玲，沈阳，罗茜.媒体两微一端融合策略研究——基于国内110家主流媒体的调查分析[J].现代传播(中国传媒大学学报)，2016，38(4).

值得思考。充实并把控自建客户端中的内容、通过优质内容和传播网络关系聚拢用户是主流媒体的两大目标，两者的实现过程也是互相嵌入的。主流媒体编辑把关的业务实践，为塑造平台调性而服务，并使平台产生较好的传播效果[1]。

（二）研究问题与方法

主流媒体自主可控平台用户活跃度不足、平台开放度有限等短板[2]限制了其在公共生活中产生影响力。本研究想要探究的是，主流媒体自主可控平台采取了哪些行动策略以解决前述问题，并进一步分析这些现有行动策略的局限性与解决思路。

笔者在2020年11月所做主流媒体平台化研究的基础上，于2022年2月通过自建的Python脚本采集了人民号、央视频号、新华号中的生产型用户数据，包括账号类型、粉丝数、发文数。通过间隔一年的数据对比，分析生产型用户与上一年相比的数据表现差异，特别关注新增用户的所属类别，并据此分析主流媒体平台的新生力量之源。为了补充外部数据仅可做内容分析的局限性，笔者与人民号、央视频号、新华号的编辑人员进行了深度访谈，通过分析编辑所表述的具体行动与业务思考，提炼主流媒体平台的行动策略与发展瓶颈所在。

将布尔迪厄基于法国社会情况所提出的场域理论迁移到中国语境中使用时，需要注意因社会政治制度的不同所带来的新闻场域的差异。布尔迪厄认为场域内行动者之间的关系（支配或屈从）取决于各自的资本规模。资本主

[1] 蔡雯，葛书润．协同与博弈：媒体型平台上的外部内容创作者——基于澎湃号、新京号与南方号的考察[J]．新闻记者，2021(2)．

[2] 蔡雯，汪惠怡．主流媒体平台建设的优势与短板——从三大央媒的平台实践看深化媒体融合[J]．编辑之友，2021(5)．

要包括经济资本、文化资本、社会资本[1]，在社会主义民主国家，政治资本构成特殊的社会资本。我国的新闻业兼具事业属性和市场属性，但从根本上来说，我国的新闻业是党、政府和人民创办的事业，新闻工作是党的事业的一部分。[2]因此，中国新闻场域的合法性来源于国家权力的确认，由国家权力赋予的政治资本是行动者在场域内得以生存的根本要素。笔者在场域理论对新闻场域半自主的属性、场域内资本可相互转化这两个判断的基础上，对主流媒体的平台化实践进行分析。

二、主流媒体平台连接用户的行动策略

所得数据的整体情况如下，共获得人民号、央视频号、新华号的数量分别是：23150个、7381个、2813个。与2020年11月相比，人民号平台、央视频号平台新增账号的数量分别是：4951个、1401个。三个平台中生产型用户的平均发布量类似，均为350～550条，具体而言，人民号平均发布量518.82篇、央视频号455.82篇、新华号390.55篇。笔者将从平台中各类账号的占比、账号粉丝量和发文数位列前100的账号类型、新增账号的类型等维度展开分析。

（一）生产型用户数据表现：基本达到平台的预期定位

通过对三家央媒平台生产型用户的数据表现进行分析，发现各平台中各类型账号的占比、账号粉丝量位于前列的账号类型基本符合平台定位。国家机构与媒体是主流媒体平台的主要信息来源。三家央媒平台之间的差异化定位是与各自母媒体原有资源优势相结合的结果。主流媒体的价值定位、聚合平台的功能定位是三个平台的共同属性，三者在内容的价值取向上略有差异。发布具有公信力和影响力的优质内容是新华号、人民号平台的共同目标，央

[1] [法]皮埃尔·布尔迪厄.文化资本与社会炼金术　布尔迪厄访谈录[M].包亚明，译.上海：上海人民出版社，1997：166.

[2] 邓绍根."党媒姓党"的理论根基、历史渊源和现实逻辑[J].新闻与传播研究，2016，23(8).转引自：穆青.新闻散论[M].北京：新闻出版社，1996：355.

视频号平台则旨在以视频社交媒体的调性发布泛文体、泛资讯、泛知识的内容。

人民号所有账号中各类别[1]的占比与2020年11月基本持平。粉丝量排名前100位的账号类型主要是政务（77个）、媒体（11个），可见消费型用户主要想从该平台中获取权威信息。人民号将自身定位于“着力打造中国移动互联网上最具公信力和影响力的聚合平台”，粉丝量数据在一定程度上反映了用户对于该平台有着与之相符的期待。发布量排名前100位的账号类型主要是媒体（93个）、政务（3个），可见媒体是该平台的主要内容供给者，与平台“构建兼具主流价值和创新活力的内容生态”的主流价值取向相符。

央视频平台的定位是“有品质的视频社交媒体”。央视频号的编辑表示，号主大部分是台内中心及栏目账号、有证照的媒体、县域挂牌的融媒体中心、事业单位、央企国企、各地方政务系统等单位主体，由这些号主为平台供给“有品质的内容”。粉丝量前100位的账号以教育（17个）、综艺（13个）、文史（11个）、体育（9个）、民生（8个）、社会（8个）、科技（5个）、青少年（5个）等类型为主，可见消费型用户在此平台主要关注的内容亦与央视频泛文体、泛资讯和泛知识的内容定位相符。

新华号定位于“权威资讯和原创优质内容，向优质内容创作者开放”。各类账号占比按照媒体、个人、国家机构、其他组织、企业的顺序依次递减。[2]发布量排名前100位的账号中，媒体类账号最多（78个），国家机构类账号次

[1] 账号类别参见客户端账号展示界面，这是由三个平台自定的类别，并非笔者主观分类。

[2] 笔者于2022年1月29日与新华号编辑进行深度访谈，在访谈中得知新闻业界将新华网客户端的新华号平台与人民日报客户端的人民号平台视为同类同水平的账号体系平台，而新华社客户端内的新华号均为社内子栏目账号，与主流媒体平台建设的当前发展状态存在差异。故笔者在本次研究中，选择新华网客户端作为新华社体系的平台代表。在2021年5月发表的前序研究中，暂未介绍新华网内新华号体系的账号分类，此处为补充。新华号平台内账号类别是：①国家机构：国家行政部门及其子部门。②媒体：具有采编资质的媒体单位。③个人：知名人物、自媒体账号。④其他组织：公司、出版社、高校、NGO等社会组织。⑤企业：销售类商业机构。

之（12个），可见这两类生产型用户是为该平台提供内容的主力，符合新华号“权威资讯和原创优质内容”的平台定位。粉丝量排名前100位的账号中，媒体类账号最多（57个），国家机构类账号次之（23个），且粉丝量排名前10位的账号中有8个是媒体类账号，可见消费型用户在新华号平台中所关注的是权威资讯。个人类账号数量多，但在发布量、粉丝量方面数据表现不如其他类别，这与新华号“向优质内容创作者开放”的目标还有差距。

（二）平台行动策略：安全性—活跃度的动态平衡

主流媒体自建平台作为平台与媒体的嫁接产物，在保持媒体自主性的基础上，让平台的活力为媒体所用。为了提高平台开放性，主流媒体自建平台通过新增用户所具有的特点来强化平台定位，并通过多元手段验证用户安全性。为了提升生产型用户的活跃度，这些媒体平台实施了反向压缩可见性与正向激发能动性相结合的行动策略。另外，这些媒体平台还通过制作原创内容、回应社会关切的业务实践，提高消费型用户的活跃度。

（1）吸纳符合平台调性且安全性高的生产型用户以提高平台开放性。目前主流媒体平台扩大开放度的方式是扩充生产型用户范围，通过新增生产型用户具有的特质强化平台调性，且新增者以自媒体、体制内细分部门为主，同时丰富验证用户安全性的手段。概括来讲，对号主安全性的验证方式从一事一议的体制内单位背书扩充为同级别或同类业务的单位集体入驻、与平台官方有过合作经历、社会团体与商业公司的背书等，第三项具体表现为MCN机构为“李子柒”等具有影响力的个人品牌提供机构化背书。

人民号平台与2020年11月相比新增4951个账号，各类数量降序为：自媒体（1859个，37.55%）、矩阵号（1556个，31.43%）、政务（694个，14.02%）、媒体（673个，13.59%）、机构（113个，2.28%）、学校（52个，1.05%）、消防（3个，0.06%）、名人（1个，0.02%）。其中超过三分之一均为自媒体，可以看出自媒体是主流媒体平台广泛的潜在生产型用户。“矩阵号”包括电影号2个、预警号1554个，后者在平台中的账号简介均为“国家预警信息发布中心下属账号”，这体现出依托政府力量而组织某一级别的各地基层行政部门的集体入驻是主流媒体的重要扩张方式。集体入驻的方式在自媒体类别中也有体现，新增号主中包括集体入驻的122位星联CSVA旗下摄影师。

央视频号平台与2020年11月相比新增1401个账号，其中综艺（第3位，87个，6.21%）、体育（第4位，74个，5.28%）以及法治（第6位，63个，4.50%）、财经（第7位，62个，4.43%）这四个类别的新增数量占比高于其在本次账号总数中的占比，前两者与后两者分别反映了央视频平台对泛文体、泛知识领域的强调。

新华号平台也通过邀请全国两会代表、外交部各司局、山东省政法部门等集体入驻的方式扩充生产型用户的类型和数量。新华号编辑表示，其中两会代表集体入驻“当时发动了全国分公司，整个新华网同时在做这个事”，这种基于中央级媒体分支机构遍布各地的社会资源优势，与社会其他系统产生连接的行动策略是主流媒体依托政治资本扩大平台影响力的做法之一。

新闻场域内的行动者通过资本类型的转换来保证资本的再生产[1]，并凭借所拥有的资本总量及其合理的结构而在场域内占据优势位置[2]。人民号平台通过寻找具有特定所长的自媒体博主，如手绘、民乐等文化资本特长，以配合人民日报新媒体中心完成内容生产。人民号平台还会邀请与之合作过的自媒体博主开设人民号，如“柳青瑶”“知识嗑儿”等，并在年终优质账号评选中将其列入榜单中。媒体平台通过赋予号主与主流媒体合作的经历与被主流媒体认可的名誉，换得号主即自媒体创作者个人及其团队的文化资本，这也减轻了媒体与外包制作团队合作所支出的经济资本。

---

[1] 罗德尼·本森，韩纲．比较语境中的场域理论：媒介研究的新范式［J］．新闻与传播研究，2003（1）．

[2] ［法］皮埃尔·布尔迪厄．文化资本与社会炼金术　布尔迪厄访谈录［M］．包亚明，译．上海：上海人民出版社，1997：209–210．

（2）正向激发生产型用户能动性与反向压缩其可见性并行。第一，平台通过压缩生产型用户在平台中的可见性，倒逼其进行内容合规且优质、数量合理的内容生产。新华号编辑表示，在发文频率上，“由技术系统自动检索，最后发文之日起半年内没发文的号主，我们就给冻结了”。账号被冻结后，账号及其过往文章都会被隐藏，相关内容将无法被消费型用户看到。时任人民号编辑表示，“结合媒体的基因，再去做平台”，主流媒体平台依据媒体的内容标准对号主所发内容进行评估，如标题字数、封面图、内容优质等。新华号编辑表示，“总是发一些没有价值的内容，我们就会对账号进行降权，比如限制发文数量”。也会对内容违规者进行封号处理，如超过互联网信息服务管理规定的许可范畴发布了新闻信息、推广软文，或超领域、超地域[1]发布等。只有那些如布尔迪厄所说的“完全内化了该领域的内部价值观和原则”[2]的行动者才最有可能被他们的同行认为是合法的。号主作为主流媒体平台内的新行动者，逐渐了解并适应编辑主导的媒体逻辑，采用混合模式在媒体平台确立位置，即首先做到“符合新闻伦理和法律要求”，随后“以数字媒体和社交化的风格”开展新闻活动。[3]时任人民号编辑表示：“到真正大浪淘沙之后下来，剩下符合你调性的群体会越来越稳定。”

第二，平台通过编辑主导的生产，向生产型用户投入专题策划等智力资源、荣誉评选等文化背书，通过活动与项目吸引生产型用户进行内容生产。媒体编辑的策划能力也是媒体平台优于商业化平台的文化资本。

媒体平台吸引生产型用户在本平台内围绕平台所设定的议题进行同题异作的生产，随后通过合集页面或线下活动的方式形成对外曝光的合力。央视频号编辑表示，新闻客户端直接与用户接触的“版面依然是有限的”。对于

---

[1] 孟超．主流媒体“号平台”聚合优质内容新路径[J]．青年记者，2021(20)．

[2] Bourdieu P. *On Television*[M]. New York：New Press，1998：70.

[3] Lewis S. C. The Tension between Professional Control and Open Participation[J]. *Information*，*Communication & Society*，2012，15(6).

push弹窗消息、头条、前几屏等可见性较高的位置，平台编辑依据“满屏皆精品”的编辑原则，以最早发布、敏感内容的权威性、与其他账号相比内容独家或更优等判断准则，选择性展示平台内媒体账号所提交的作品。

（3）为消费型用户供给回应社会关切的原创内容。央视频号编辑表示：“光靠入驻账号发内容还是比较‘散’，需要平台做优质原创内容……直播观看量最初只有十多个人，这还包括我们编辑在里面，现在好的直播能超过百万观看。”主流媒体平台在PUGC的定位之下，人民号编辑表示，通过原创IP打造本平台的品牌，以优质、独家的内容吸引消费型用户。

2020年初新冠疫情暴发，影响了社会正常运行，央视频在2020年3月初即推出“春暖花开，国聘行动”就业招聘直播。央视频通过入驻平台的国资委等部委和央企账号来盘活资源，央视频编辑表示，在国家“就业是最大的民生”的背景下“和账号们一拍即合”，“特事特办赶紧上线，第一场直播甚至是用手机做的”。央视频将央企、国企、知名民企的岗位资源与求职学生对接起来，通过云招聘回应了应届生的就业需要，缓解了他们的焦虑。“国聘行动”现已发展为央视频的固定节目。

在2023年初中国对新型冠状病毒感染实施“乙类乙管”管理方案后，主流媒体平台中的自有媒体账号发布具有医学权威性的图文与视频信息，回应用户对于居家诊疗、用药安全、就医资源获取等需要。央视频将大屏节目关键信息切条（如“焦点访谈”《除了接种疫苗，老年人还有哪些新冠防护措施》）、媒体账号所发医学科普（“荔直播”《注意！辅酶Q10并不能预防心肌炎》）等精华内容，投放在客户端首页“健康”栏目中的首页轮播图、信息流前几屏的位置。

三、主流媒体平台用户建设的现实局限

作为嫁接产物的主流媒体自建平台，在兼备媒体、平台双重优势的同时，也因为两者之间的张力而出现了在发展方向、实践做法上的摇摆。具体而言，

这种困境表现为开放度与安全性的张力限制业务发展，系统封闭性导致数据难以跨平台比较，后者也导致主流媒体平台与其他平台之间的互通合作受限。

（一）开放度与安全性的张力限制业务发展

平台型媒体自身存在的矛盾是开放度与安全性之间的矛盾。这也是自主场域与社会场域互动时产生的边界拉扯。

首先，在平台对号主入驻资质进行考察的层面，母媒体自有媒体账号入驻、社会机构集体入驻的做法具有不可持续性。时任人民号编辑表示，“用户吸纳的曲线会趋于平缓，因为市面上的创作者可能也就那么多”。通过集体入驻的方式可扩大平台中生产型用户的领域覆盖面及绝对数量，而政务、媒体机构等机构型用户数量是有限的，自媒体是新增用户的主要来源和可持续来源。逐个邀请优质自媒体账号、实行一事一议的人工审核方式，与平台的技术运作逻辑所需的算力和运行速度之间存在差距，阻碍了主流媒体平台用户数量的增长。

其次，媒体平台对于号主共享媒体品牌资源对媒体造成潜在危险的自律防范，以及政府出于网络信息安全考虑的他律规范，均让平台开放的边界缓慢扩张又时常回缩。新华号编辑表示：“个人账号在我们平台发内容，就会说是得到了新华社认可，所以我们审得比较谨慎。”平台对生产型用户所发内容进行严格审核，以防出现账号借用主流媒体品牌、消解主流媒体平台公信力的风险。此外，“新媒体端的安审要求比大屏端还严格，不仅是按台里大屏的标准，还要过网信办的审核，相当于双重的”。为了保障舆论安全，主流媒体在新媒体端的内容生产、评论区生态受到国家机构的直接监管，在政府入场对新闻场域进行管理的现状下，主流媒体在网络环境中的自主性进一步减弱。

（二）系统封闭性导致数据难以跨平台比较

数据化让媒体平台得以展示实时数据、分析历史数据、预测数据趋势。有了直观的数据展示，媒体平台扩展了受欢迎的定义，阅读量、点赞量、在看量等指标直观地展示了传播效果。

然而，主流媒体平台的评价系统具有封闭性。数值加权（如用户的一次点击被算作多次阅读量）、自建数据指标等做法，使主流媒体平台的数据与各个互联网社交平台的数据之间进行比较分析的可能性较小。无加权的原始数据在基础量级上与商业平台有差距而不被生产型用户所采用，“（我们的）数据没有一点水分，可能不好看，号主更愿意把其他平台的数据写到年度报告里”。自建平台的数据规则不透明，跨平台数据对比的参考价值有限。媒体平台数据指标算法的不透明甚至还导致平台出现了流量虚高的乱象。在这种情况下，跟帖是自建平台中相对具有真实性的参考指标，以无加权放大处理的状态反映了有多少用户、对内容进行了何种评价。整体来看，媒体平台尚未有机嵌入社会传播网络的评价体系中。

四、新型主流媒体平台的优化策略

智能媒体技术与用户调研方法的精进，为新型主流媒体自建平台发展带来新的契机。人工智能生成内容有望辅助主流媒体平台开发出标准化的智能媒体技术体系。在技术进步的基础上建设让用户能动参与的信息交互空间，是主流媒体平台从内容发布平台发展为信息互动与信息服务平台的可行做法。平台硬件与软件系统的优化，增强了用户与主流媒体平台之间的互联程度，有助于让主流媒体逐渐与社会系统互融，进而由多家媒体联合构建与社会同构的现代化新闻传播体系。

（一）设计AIGC辅助下的标准化智能媒体技术体系

范・迪克认为，算法、数据、平台不能被看作单一的实体，而是一个连续的过程。[1]2023年初，人工智能生成内容的发展使前述三种要素可在脱离人工干预的前提下，自我生产内容并建设共生关系。新型主流媒体平台的发展

[1] 何塞・范・迪克，张志安，陶禹舟.平台社会中的新闻业：算法透明性与公共价值——对话荷兰乌德勒支大学杰出教授何塞・范・迪克教授[J].新闻界，2022，353(8).

也需要关注前述三个要素之间的关联。主流媒体从人机交互设计的视角出发，通过技术手段满足在用户调研中了解到的用户需求，包括在保证内容安全性的基础上灵活运用AIGC提供面向生产者的内容服务，在保持数据透明性的基础上提高用户行为监测的精确性。

第一，人机交互设计中的可用性目标中，首先是使用的有效性、高效率。[1]央视频号编辑表示，在生产型用户操作系统建设方面，目前中央级主流媒体平台的发稿后台只有PC端入口，生产型用户无法在手机端完成稿件剪辑、上传等业务，这从硬件设备上给他们造成了使用限制。主流媒体平台需加强移动端的技术建设，在保障安全性的基础上提高移动端可用性，满足用户的发稿、数据分析、流量规则的现实需求。具体而言，以ChatGPT为例的人工智能应用通过自我监督与生成性的机制，根据一组规则、模式或数据输入生成原创性的输出，使AI从信息检索、搬运和呈现者变为创作者的合作者。[2]值得注意的是，这并不意味着无须人工编辑的介入，对于AIGC的使用依然需要编辑人员主动输入即发出需求指令，随后使AI按照脚本单向传播的文字特征进行运作并输出结果。AIGC将在媒体内容生产中发挥前期资料收集、稿件预处理的作用，媒体编辑人员还需对AIGC的结果进行审核以保障新闻真实，避免产生虚假新闻。主流媒体平台未来还可以将发稿系统建设为以AI为底层驱动逻辑的媒体数字资源系统，增设集成化功能模块等，让操作系统的使用环境更加友好。

第二，在个人信息数据保护条例许可的范围内，提高对消费型用户使用行为监测的精确性，并注重用户时间—空间—界面多维数据的耦合分析。通过用户行为与需求反推选题策划的方向、新媒体版面编排等。同时，在技术

[1] Preece J., Sharp H., & Rogers Y. *Interaction Design: Beyond Human-computer Interaction*[M]. Hoboken: John Wiley & Sons, 2015: 18–19.

[2] 邓建国.ChatGPT或将我们带入更高阶的后人类时代[EB/OL]. http://www.cssn.cn/xwcbx/rdjj/202304/t20230406_5618205.shtml.

建设不断加强的过程中，形成一系列标准化技术指标，如总体技术规范、数据规范、接口规范、网络安全防护规范等，让新型主流媒体的技术建设更具有严谨性和可推广性。在多维数据耦合系统的建设过程中也要保持数据透明性，即让用户知道新闻是如何生产和处理的。

（二）搭建用户能动参与的信息交互空间

平台具有市场效益导向与注重技术保密的双重基因：平台成为经济集会场所，处于社会与技术之间的位置，突出了平台的社会计算属性，同时用户在其中进行数据和商品的沟通，这体现了平台的政治经济属性。用户在平台中的沟通是被结构化的，用户在多大程度上可以自由、独立地使用某个系统受到平台既有技术可供性的制约，而这些架构选择是由商业系统或者国家系统集中设计的。[1]

交互层是客户端功能的考察指标之一，是指用户对客户端推送资讯和服务质量的主观感受和使用体验，这有助于增强客户端黏性，最快速聚集高端使用人群，形成客户端核心用户圈。[2]主流媒体平台需要通过技术与制度建设为用户提供与媒体、与其他用户交互的界面，进而提高用户在平台中的参与能动性。主流媒体平台要逐步向消费型用户开放，一种兼具用户参与度与主流安全性的设想是将消费型用户作为社会信息的最基层信源，允许用户向媒体平台提供线索，反映其观察到的社会问题。一方面，让主流媒体听到基层声音，发现问题并调度资源请责任方解决社会问题；另一方面，也让消费型用户表达了不满、疏解了压抑情绪，避免其以不理性的方式表达诉求而导致的舆论风险。主流媒体由此成为社会信息传播、意见表达和情绪宣泄的协调

[1] 何塞·范·迪克，孙少晶，陶禹舟.平台化逻辑与平台社会——对话前荷兰皇家艺术和科学院主席何塞·范·迪克[J].国际新闻界，2021，43(9).

[2] 清博大数据新媒体指数团队.中国传统媒体新闻客户端发展报告[J].青年记者，2016(4).

者和平衡者。[1]

相比于回应新闻评论区的用户留言，中央级媒体更倾向于主动设置讨论话题以形成垂直内容的话题广场。[2]新华社客户端“全民拍”由媒体设定议题、聚合用户展开讨论。“全民拍”主页定期发布话题，如2023年初“我心中的春运铁路守护人”等，消费型用户均可参与投稿，其内容经平台审核后在“全民拍”主页展示。更进一步来看，主流媒体可以尝试的做法是从以议题为聚合牵引的中心化信息圈，发展为基于趣缘而形成的互动论坛。央视频平台依据话题开设“央友圈”，如“立杆见赢”台球央友圈、“央视文艺圈”央友圈，鼓励消费型用户加入圈子、“修改昵称为‘昵称—坐标—职业’，不强制”并在其中发布消息，尝试建设主流人群的贴吧。[3]

（三）建设媒体嵌入社会的现代化新闻传播体系

在新型主流媒体建设中，媒体需要适当修正媒体中心论思维，重新认识社会与媒体的关系。主流媒体在现代化进程中的融合创新实践以资源配置的方式为标志，涉及媒体、媒体使用者、跨行业合作主体及其他社会行动者。主流媒体在建设平台的过程中要进一步突破媒体封闭性，利用制度优势调用资源。[4]在媒体融入社会系统的节点性的相互嵌入关系之下，扩充媒体所能触达的主流价值引领的关系网络。

在用传播逻辑来重构社会的过程中，主流媒体所面临的任务是将非内容的各类要素导入传播机制中，实现社会要素的连接与整合。[5]因此在重塑影响

---

[1] 喻国明 . 新型主流媒体：不做平台型媒体做什么？——关于媒体融合实践中一个顶级问题的探讨[J]. 编辑之友，2021(5).

[2] 曾祥敏，刘日亮 .“生态构建”：媒体深度融合发展的纵深进路[J]. 现代出版，2022(1).

[3] 笔者深度访谈，央视频号编辑，2023 年 1 月 12 日。

[4] 蔡雯 . 主流媒体引领中国式新闻传播现代化的实践探索[J]. 编辑之友，2023(1).

[5] 喻国明 . 新型主流媒体：不做平台型媒体做什么？——关于媒体融合实践中一个顶级问题的探讨[J]. 编辑之友，2021(5).

力的过程中，中央级媒体自主可控平台的建设需要从账号体系走向内容体系，进而走向生态体系。以人民号平台为例，从平台周年活动的主题标语可以看出平台所处的发展程度与未来诉求。人民号从2020年“汇聚好内容，发现新价值”强调对内容的汇聚以及用主流价值引领平台价值观的内容实践，发展为2022年“聚力向新，共联未来”，在汇聚各方力量的基础上强调与社会各系统的连接关系。

主流媒体在参与负责任的平台化社会建设时，依然需要落实准确性和可靠性的公共价值。以媒体独有的智力资源做强内容、策划、运营等业务，提高主流媒体的内容感召力与品牌价值。在主流媒体平台建成以来所不断积累的基础内容池基础上，提高对多模态内容以及用户行为数据的分析能力，建成主流价值观驱动的主流算法，也在技术层面建立起本平台具有公信力的数据体系。在媒体逻辑与平台逻辑的结合下，新型主流媒体平台将建成账号内容—品牌价值—数据评价的影响力体系。

复杂现代性视角下中国式数字空间治理的新特征

李　彪　高琳轩

[摘　要]作为一项重要的政治议程，数字空间治理受国家社会实践影响，既有研究多借助微观现象的分析加深人们的表层认知，难以廓清数字空间治理的本质。揭示中国式数字空间治理的主题，应回归对“数字空间”的关注，追寻其赖以发生的三大现实张力。基于此，中国式数字空间治理应构建复杂现代性观念治理核心价值逻辑，形成以中国式现代化思想为基本价值起点、以世界经验为实践方法落点的数字空间治理生态体系，承担推动中国式现代化高质量发展的重要保障职能。

[关键词]数字空间治理；复杂现代性；中国式现代化；数字空间生态

自20世纪末互联网在全球广泛扩展以来，由互联网构建的数字空间深度变革了媒介信息传播、商业生产结构、社会日常生活等全方位领域，逐步形成了技术、人、社会与国家之间连接关系的新形态。新形态的形成带来了新的治理领域，数字空间治理现代化逐步成为国家治理体系与能力现代化的新课题。数字空间治理具体内容林林总总，涵盖从技术标准到公共政策多个层面，总体来看，其中心任务是应对数字空间带来的负面风险，通过技术、政府、企业等多行动者的良性互动循环，构建一个兼具发展活力与社会价值秩

[作者信息]李彪，中国人民大学新闻与社会发展研究中心副主任；高琳轩，中国人民大学新闻学院博士生。

[基金项目]国家社科基金重大项目“健全重大突发事件舆论引导机制与提升中国国际话语权研究”(20&ZD319)。

序的数字空间。就中国而言，作为世界上唯一建立了与美国匹敌的数字空间生态系统的国家[1]，无论是数字空间环境的复杂性，抑或治理经验的复杂性，均使得中国式数字空间治理成为全球数字空间治理至关重要的地方性知识。

以对数字空间的复杂问题认知为基点，我国数字空间治理建立在中国式现代化道路的多样探索之上。中国式现代化道路开放性、包容性、系统性的总体方案推动我国数字空间治理渐次摒弃原本孤立讨论片面化、表面化、单一线性治理的状况，转而系统倡导“人的价值”回归，探寻中国现实下数字空间治理背后的复杂现代性价值追求与愿景，即在肯定“现代性”的普遍性、共性和相对确定性的基础上，强调“现代性”在空间、时间和内在结构上的特殊性、多样性和实现过程中的不确定性，强调自身理念演化和表达形式的多样化。[2]通过复杂现代性观念的引导，新时代中国式数字空间治理实践在凝聚和维护数字空间基本价值的基础上，尊重多样价值追求，在含纳各国数字空间治理一般性特征的同时，兼顾中国国情特色、优势与历史传统，遵循“核心价值逻辑—制度践行规范—生态体系建设”的治理路径，构建中国共产党领导的、以治理共同体为主要目标，以人为本的科学化、制度化、合作化、国际化的平衡之道。

一、多向度张力：中国式数字空间治理现代化的复杂历史锚点

数字空间治理作为一项重要的政治议程，从政治视角出发，党和国家多是以具体解决最关心、最现实的社会问题为目标进行治理体系建构。这种方式深刻塑造了当前数字空间治理的学术议程，即以“治理”为逻辑起点，“目标导向”行为与结构的阐释，多借助微观现象加深表面认知，难以真正廓清

[1] 苗伟山，蒋敏，庞云黠.中国互联网治理的历史进程——基于网络政策（1994—2017）的元分析[J].新闻知识，2022（3）.

[2] 冯平，汪行福，王金林，等.“复杂现代性”框架下的核心价值建构[J].中国社会科学，2013（7）.

数字空间治理的本质，从而极易陷入认知与实践的错位与失焦。因此，揭示中国式数字空间治理的主题应回归“问题意识”，复返对“数字空间”的关注，立足于时代去解决特定时代问题，才能推动这个时代的现代化进步。[1]当下中国数字空间正处于互联网前时代与平台时代的叠加状态中，未完善的前时代结构裹挟着平台时代的崭新问题形成的“发展与公平”“垄断性与公共性”“全球化与地缘政治竞争”三大张力制约着数字空间良性发展。如何释放三大张力潜能，促进数字空间现代化程度长足提升，成为当下中国式数字空间治理赖以发生的现实动力，也是理解中国式数字空间治理的逻辑端点。

（一）发展与公平的张力

我国所处的历史坐标与实现中华民族伟大复兴的最终目标决定了“发展”是现代化中的核心环节。数字基础设施进步带来的覆盖范围扩展、使用成本降低的数字空间，通过联结普遍群体，推动价值转化、工作机会创造、社会融入强化，促进网络效应驱动，助力现代化发展。《数字中国发展报告（2022）》显示，2022年，我国数字经济规模达50.2万亿元，占GDP比重提升至41.5%，成为经济稳增长促转型的重要引擎。[2]同时，数字空间的广博边界使得信息流动触及了社会的各个角落，将原本位于社会边缘的群体重新拉入国家现代化发展的整体进程中，为现代化发展增添了社会结构的驱动力。

但数字空间积极效应产生的发展与不对称关系交织在一起，公平成为发展背后的重要隐忧。尽管网络效应是普遍、低成本发展利益的主要来源，但这一结构形态可能塑造关键信息节点的强势地位，由此导致赢者通吃的分配局面，即利益的产出由少数权力集中者主导，多数弱势使用者难以获得普惠价值。这一状况既体现为国内大型互联网商业主体无序扩张的事态与社会边缘群体虽被卷入但难以参与的窘境，又体现为国际数字空间场域中发达国家

[1] 习近平．之江新语［M］．杭州：浙江人民出版社，2007.

[2] 新华社．逐浪“数字蓝海”构筑竞争新优势——第六届数字中国建设峰会观察［EB/OL］．http：//www.cac.gov.cn/2023-04/29/c_1684419311033441.htm.

与全球南方国家之间逐渐加深的数字鸿沟。

发展与公平两者是相辅相成的。一方面，发展是公平的原动力，为公平分配关系建立提供基础，公平是发展的稳定器，保障发展的可持续性。但另一方面，两者又是存在矛盾的。发展所依仗的大量资源势必导致生产力投入不平衡，从而造成与公平关系的紧张甚至冲突。从这一关系来看，张力的存在本质上是我国赶超型现代化条件下的特殊表现[1]，既不是纯粹的发展问题，也不是纯然的公平问题，而是一个如何协调两种现代化目标，避免顾此失彼的问题。

（二）垄断性与公共性的张力

垄断性与公共性的张力则是发展与公平张力进入平台时代后的重要表现。平台作为数字空间生态系统中的集散纽带，其创造价值的核心逻辑是对社会经济的原子化解构与重组，通过对既有活动进行网络化切割，而后重新“连接”与“聚合”，降低平台参与者的交易成本，发挥整合效应。[2]这一核心价值逻辑的实现建立在对数据的控制及连接关系的构建之上。对强大的数据控制力、信息关系、用户资源的高度需求使得垄断作为打破场域内壁垒，推动场域内各类资源要素流动的重要方式，成为平台自发性发展的底层逻辑与必然结果。为获得垄断权益，互联网平台对数字空间核心资源——数据采取了私有化行为，通过一系列遮蔽合谋、主动博取等措施，海量数据被收集、整合和储存在平台的私有数据库中。平台对数据的私有化使其站在了数字空间生态系统中的顶端与核心位置，奠定了平台根茎式连接扩张的基础。利益相关方，如较小平台、非政府公共机构等，与顶端平台形成了不对称依赖关系，数据生产、传播与使用受到中心节点制约，并被逐步囊括进平台的垄断版图。

随着垄断版图对社会生活的渗透，平台逐渐发展为中心化数字基础设施，

[1] 冯仕政．发展、秩序、现代化：转型悖论与当代中国社会治理的主题［J］．中国人民大学学报，2021（1）．

[2] 张晨颖．公共性视角下的互联网平台反垄断规制［J］．法学研究，2021（4）．

一方面为社会主体的日常生活提供基础服务，另一方面成为传统公共基础设施领域数字化的重要驱动力与技术支撑，以其价值观深刻影响了依附平台主体的利益结构与行为方式，呈现显著的公共性特征。但数字空间平台化并没有将权力真正转移到公共空间中，而是转移给了强大的平台公司。在平台资本的掌控下，公共性让位于垄断性需求，甚至异化为平台私利的捆绑物，利用对公共性的表面化追求，模糊平台自身垄断性生产运作模式以及获取利益时需承担的责任，加剧了竞争的扭曲化，严重影响了市场公平。

在高度连接的数字平台时代，平台的垄断性越来越活跃，垄断性竞争越来越激烈，与此同时，社会对平台数字基础设施公共性的潜在需求也越来越强烈，但开放、中立、共享的公共性组织越来越艰难。这实际意味着解构与整合、发展与公平的张力不断扩大。应对这一张力的原则在于问责制、社会责任和信任问题[1]，原则的实现则必须仰赖于国家干预。在国家干预之下，怎样实现垄断性与公共性的整合，实现从斗争到合作的良性递归，是这一阶段中国式数字空间治理的根本挑战。

（三）全球化与地缘政治竞争的张力

数字空间本质上是一个全球性的跨国界的“网中网”（Network of Networks），是由众多个体、组织或国家拥有的千万个相对独立且遵守共同网络协议的小型网络连接而成的。[2]虽然随着互联网自治的衰微，曾蓬勃发展于初期互联网时代的数字空间全球一体化的想象逐渐消退，但数字空间全球化的特征及影响力并未减弱。一方面，大型跨国互联网企业在世界范围内的影响力不断增强，它们通过垄断世界各地的海量用户和数据掌握了相当的全球数字空间话语权和规则定义权、裁量权、解释权，所形成的“超国家权力”造成了一系列操纵舆论、破坏社会稳定的问题。另一方面，以全球数字空间

[1] 特里·弗卢.互联网治理的未来：新全球化、后全球化还是民族民粹主义？[J].全球传媒学刊，2022(5).

[2] 郑文明.互联网治理的进程、模式争议与未来走向[J].新闻与传播评论，2020(2).

为场域，跨国网络犯罪正在蔓延至各国。数据泄露、黑客攻击、勒索软件、在线诈骗等借助虚拟货币、元宇宙等新数字技术应用，攻击成本不断下降，攻击方式更加多样，攻击隐蔽性不断增强。在新的数字空间生态系统扩展的同时，属于数字空间“暗之面”的全球网络犯罪生态系统也在悄然滋生。尽管物理层面的数字空间由于数字技术的基础设施化产生了边界，但在虚拟世界中，各国数字空间的联通性仍使治理难度持续提升，仅靠单独国家或单独组织难以应对数字空间全球迭代导致的负面效应，全球数字空间治理合作开展依然至关重要。

与全球化相反相成的是，主权国家在数字空间治理中角色重要性的提升，正在使数字空间治理向巴尔干化（Balkanization）方向发展。随着数字空间在各国利益比重的增加，数字空间及其相关权利、权力成为国家间体制、价值观、意识形态争夺的新场景。为最大限度争夺这一虚拟空间发展的主导权与话语权，主权国家在数字空间中的“自我”“他者”身份意识塑造日益强化，越发从本国实力和利益出发，采取普遍单边规则行使数字空间治理权利。国家间地缘政治的博弈使得单边规则的行使增大了不同国家间数字空间治理的冲突可能性。在单边规则约束之下，各国间的网络基础架构、数据及技术应用走向本地化，数据共享与合作难度进一步提升。同时，利益相近国家间开始达成区域或集团数字空间治理共同协定，如《美墨加协定》《区域全面经济伙伴关系协定》等，区域内数字空间治理得以协调合作，但“碎片式”地增加了不同立场间国家及集团的分歧，阻碍了全球数字空间治理共识的凝聚。

数字空间并非一个庞大不可分割的系统，而是由独立又相互联系的技术和众多参与者组成的多层次马赛克式拼图。[1]数字空间治理全球化与巴尔干化的张力实质上是主权国家作为世界上具有最高权威和行动能力的行动者对国

[1] Dutton W. Multistakeholder Internet Governance? Retrieved May 17, 2023 from https://thedocs.worldbank.org/en/doc/591571452529901419005002 2016/original/WDR16BPMultistakeholderDutton.pdf. 2016.

际社会共同利益与本国权益及安全的权衡。从长远来看，如何在日益激烈的地缘竞争中，通过数字空间治理使得其变得更加开放、安全、包容，兼具各国共同受益，是维系我国数字空间存续和根本性质的焦点问题。

二、复杂现代性理念：中国式数字空间治理现代化发展的逻辑源流

面对全球数字空间波诡云谲的复杂环境，中国数字空间治理现代化的核心价值逻辑在于中国要以一种怎样的治理现代性理念构建数字空间现代化治理体系。脱离中国社会现实“绝对主义”地认为数字空间治理只有跟随西方治理现代化一条路径，以及剥离世界发展趋势“相对主义”地认为地方性治理经验不可通约的两种观点，都属于单一线性的现代化发展观点。这些均不能使我国从容应对数字技术革新带来的现代化转型问题。无论是从世界进程出发，还是以中国改革开放40余年的经验为观照，现代化问题的核心不是所谓的普遍性和特殊性之间的关系问题，而是现代性观念的简单性和复杂性之间对立的问题。[1]构建具有复杂现代性观念的现代化发展核心价值逻辑，弥合规范与现实张力，成为中国式数字空间治理解题的关键思路。符合中国当下数字空间治理时代的复杂现代性观念主要包含三个维度：一是普遍、确实、积极的且与中国社会主义恰合的现代性价值，如开放、联结、公平、理性等；二是现代性发展规范对中国丰厚社会历史传统思想的价值转化；三是他者经验对现代性理念的补充诠释。强调现代性的复杂维度，才能让我国数字空间治理在庞杂的力量和关系构成的场域中避免过度理想化争论，立足脚下，切实探索适应中国国情又兼具国际视野的现代化道路。

[1] 冯平，汪行福，王金林，等.“复杂现代性”框架下的核心价值建构[J].中国社会科学，2013(7).

（一）本质意涵：以“人的现代化”为本质的社会主义现代化价值逻辑

中国式现代化建设从“人的社会”语境出发，既体现了中国地方的现代性特征，又契合了共时性的现代性价值。它本质上创新性地突破了西方以资本工具为主要驱动的现代化模式，通过人作为支配主体在现代性观念中的复归，创造了包容开放的人类文明新形态，也为数字空间治理现代化提供了方向性指导。

与现代性伊始——启蒙时期呼唤“人性”，追求主体性精神契合，面对西方现代化导致的对人主观价值的去除，中国式现代化的本质是实现人的现代化。[1]人的现代化一方面是人作为社会结构主体的整体现代化，另一方面是个体层面的现代化，是建立在社会主义现代化基础上的更为深层、全面的现代性建构。其实现的根本保障是要做到“发展为了人民、发展依靠人民、发展成果由人民共享”。中国的“领导层（中国共产党代表人民）—社会层（人民拥护中国共产党）—个体层（人民获得发展）”的现代社会结构，将政党、社会和个人利益聚合为国家共同目标，实现了政党、国家、社会和个人目标的一致。[2]

（二）历史之基：秩序认同与重民为义贯穿始终

现代性的规范通常来源于对传统文化的重新审视、反思和扬弃。如习近平总书记强调，中国特色社会主义制度和国家治理体系具有深厚的历史底蕴。[3]任何社会价值系统的构建本质上都是价值的自我转化过程，其构建都必须依赖这一社会已有的思想和文化资源。[4]从当下经验出发，蕴含在中华传统历史

---

［1］ 习近平关于社会主义经济建设论述摘编［M］. 北京：中央文献出版社，2017：164.

［2］ 赵义良 . 中国式现代化与中国道路的现代性特征［J］. 中国社会科学，2023（3）.

［3］ 习近平 . 坚持和完善中国特色社会主义制度　推进国家治理体系和治理能力现代化［J］. 求是，2020（1）.

［4］ 冯平，汪行福，王金林，等 .“复杂现代性”框架下的核心价值建构［J］. 中国社会科学，2013（7）.

文化中的以“道”为先、“重民为义”的价值基因仍以多样形式渗透、贯彻于数字空间治理演进的制度设计中，成为治理现代化之路不脱轨于中国社会现实的重要价值支柱。

以“道”为先，即从社会整体架构层面对宏观秩序认同的一种推崇。自商周始，“天道”“天命”便为中国传统道德、政治及社会思想的逻辑起点[1]。“道”的本义虽复杂且多随时事变动，但其在社会治理方面的具象规范通常强调以伦理道德为核心，以民意、民心为阐释载体，与治理者与社会、政府与民众的协同关系相关联，所谓“天视自我民视，天听自我民听”，这种“顺应天道，合于天道”的终极追求使得不同社会基础结构获得了共意达成的思想来源，在一定程度上调和了价值矛盾，并最终形成了超越朝代演进的基础价值秩序认同。价值理性诉求成为我国一以贯之的治理逻辑惯性，深刻影响了我国数字空间治理现代化中主流意识形态的关键定位。

在以“道”为先的秩序认同下，民作为“道”的重要承载主体，重民发展为我国古代朴素治理观的重要面向。最具代表性的是荀子提出的“君者，舟也；庶人者，水也。水则载舟，水则覆舟”[2]。民心在一定程度上即为舆论的观点是战国时期儒家民本思想的生动体现。这一民本思想深深影响了后世，尤其是汉武帝“罢黜百家，独尊儒术”之后的封建社会。这种重民思想，经过近代与西方现代化思想的交锋，并与一系列现代性社会实践相结合，开始从追索“天道”“天理”的朴素治理价值观，向以民众、人民为中心的现代治理价值逻辑转变，最终发展为中国共产党的根本宗旨“全心全意为人民服务”，成为我国数字空间治理现代化发展的根本原则。

（三）他山之石：多利益攸关方模式下权力与权利平衡的路径差异

数字空间治理逻辑与模式处于日新月异的变革过程中，普遍性的国家实

[1] 胡百精．中国舆论观的近代转型及其困境[J]．中国社会科学，2020(11)．

[2] 荀况．荀子·哀公[M]．上海：上海古籍出版社，2014：370．

践为我国治理现代化贡献了一般性范式遵循与丰富的他者经验参照。国家对数字空间治理的路径取舍本质上是对权力与权利的制衡，即对本国数字资源、技术、基础设施发展产生权力的主导地位与各类主体在数字空间中自由活动、不受随意干涉的权利保证及其平衡把握。在此原则下，受到思想、利益、体制等制约，全球逐渐细化出三种较为典型的数字治理模式：美国的平台治理模式、欧盟的监管治理模式、中国的管理治理模式。[1]

与工业现代化进程类似，处于“先发”地位的美国、欧盟等在数字空间治理领域以“网络自治—国家治理”二元秩序为基础展开了自下而上的现代化体系构建，建立起“由政府、私营部门、民间团体和国际组织等全面参与”[2]的多利益攸关方治理模式（Multistakeholder Model）。在这一治理模式中，互联网治理权力属于参与互联网治理的所有利益相关者，各行动者地位平等。但在不同的治理传统与数字空间权力不对等的影响下，美国与欧盟对国家主体在这一治理模式中的作用路径选择迥异。

美国作为互联网的发源地与当今数字空间的主要优势主导者，由于扩张领导力的核心逻辑、崇尚自由市场的经济原则与自互联网诞生以来的自治传统，非政府组织（如The Internet Corporation for Assigned Names and Numbers，ICANN）与私人企业在治理中发挥更为显著的作用。以政府为代表的国家力量通过与其他利益攸关方的契约更为隐蔽地对数字空间治理施加影响。这种隐蔽性影响力主要通过限制与规制两种方式形成。限制依靠非政府互联网治理机构中的“国家存在”，如以ICANN为例，美国政府在其中设有“政府咨询委员会”（Governmental Advisory Committee，GAC），虽不具备表决权与约束

[1] O' Hara K., & Hall W.Four Internets: The geopolitics of digital governance (No. 206). Retrieved May 10, 2023 from https: //www. cigionline.org/publications/four-internets-geopolitics-digital-governance/. 2018.

[2] Jean-Marie C., Roxana R., & Weber R. *The Evolution of Global Internet Governance: Principles and Policies in the Making*[M]. Berlin: Springer-Verlag Berlin Heidelberg, 2014.

力，但在公共政策方面拥有强大的协商话语权，使得该机构无论在合约规定还是政治上都需对美国政府负责。[1]规制则依赖制度化的宏观法律框架。与欧洲更为严格、细致的强制措施不同，面对具有超国家权力的本土互联网企业，美国联邦法律主要以规制市场行为、限定大型互联网企业在国内的影响范围，促使企业改变商业模式解决监管结构性困境为目的。由此，针对四家"守门人"（gatekeeper）头部企业[2]，美国颁布了《终止平台垄断法》《平台竞争与机会法案》《美国选择和创新在线法案》《ACCESS法案》《并购申请费现代化法案》五项反垄断法案，凭借制度化框架构建数字空间中私人企业主体的行动边界，也为私人企业主体自治理提供了更具权威性的规则对照。

欧盟对网络安全的忧虑及其在当前互联网浪潮中的稍弱位置，使得国家力量在数字空间治理中拥有了更为强势的地位。为进一步减少对美国头部互联网企业的依赖，培育欧盟自身"安全、高性能且可持续"的数字基础设施[3]，欧盟颁布了一系列带有"保护主义"色彩的强制数字空间治理措施，以国家联合力量与美国的巨无霸企业博弈。对内，为集中治理权力，欧盟一方面在各成员国多层级治理的基础上，设立了"数字市场咨询委员会"这一统一的监管机构，并由欧盟委员会集中执法；另一方面先后出台《隐私和数据保护法》《通用数据保护条例》等联盟法律，设置数据流动的统一标准，保障数据资源安全，保持欧盟作为独立数字空间主体的权威性。对外，为约束外来互联网企业行为，欧盟在颁布《数字市场法》以事前规制企业行为，并以此为依据对多家企业采取罚款、拆分、进驻监管等强制手段的同时，各成员国开始征收数字税。目前从全球来看，法国是最早发起并实施数字税的国家，

---

[1] [美]弥尔顿·穆勒．网络与国家：互联网治理的全球政治学[M]．周程，鲁锐，夏雪，郑凯伦，译．上海：上海交通大学出版社，2015：73

[2] 四家"守门人"互联网企业即谷歌（Google）、苹果（Apple）、脸书（Facebook）、亚马逊（Amazon），简称GAFA。

[3] 申琦．是非"守门人"：国际互联网超大型平台治理的实践与困境[J]．湖南师范大学社会科学学报，2023（1）．

英国、意大利、奥地利等欧盟国家紧随其后，以强化对本国数字空间及市场的保护与监管。

美国与欧盟的路径选择实质上反映了在互联网负面效应日益显现，数字空间自治理效果有限的状况下，以国家为重要推力的治理逻辑正在逐渐成为全球数字空间治理的共识。二者的持续发展对我国兼顾国内、国际，掌握权力与权利平衡的核心价值逻辑，加快形成具有中国特色的数字空间治理主张起到了积极借鉴作用。

三、边发展边治理：新时代中国式数字空间治理的现代化实践探索

相较于拥有先发优势的欧美国家自下而上建立的以风险规避、利益平衡为先的数字空间治理逻辑，作为后发的现代化转型国家，“边发展边治理”成为我国权衡权力与权利关系的重要元模式，即在重视数字空间带给社会积极影响的前提下，强化政府主导、多元共治的监管模式，在发展中寻求互联网公司社会责任的均衡。

基于对复杂现代性观念治理核心价值逻辑的辩证理解，我国逐渐形成以中国式现代化思想为基本价值起点，以世界经验为实践方法落点的统率式数字空间治理生态体系，重点关注以谁治理、以何治理、为何治理的治理合法性与效能性建构过程，即突出党在数字空间治理中的领导地位，在中心网络型治理组织架构的基础上，构建统一领导、价值制度化、能动调和的多元共治数字空间治理生态。

（一）以谁治理：突出党的核心领导地位，确立中心性治理网络

在以重发展为主要原则的治理阶段（2000—2012年），我国逐步围绕“先发展，后治理”的元模式在国家治理结构层面构建出了“九龙治水”多口径交叉治理的模式，其本质是治理权力分散于多个部门、以问题为导向的去中

心化碎片治理体系。[1]但随着互联网向平台化演进，数字空间权力日趋中心化，垄断与基础设施化成为互联网行业发展新的内在特性，原本顺应彼时互联网行业去中心化、高速变动的分布式权力治理模式面临“政出多门”导致的权责不一、调度不畅、效能受制等问题。在此背景下，整合治理权力中心，强化治理结构性统率力成为新时代国家数字空间治理应对功能性困局的关键思路。作为统率式治理生态体系的基础架构，这种中心性治理网络的建构通过意识形态、组织层面，即对党作为核心领导者与引领者的强调及对治理权力的归口整合两方面展开，以“一核固本，多线并进”的结构，调适搭建出新时代中国式数字空间治理的行动场域。

对数字空间治理而言，治理意识形态是治理体系构建的核心导向，引导组织结构、体制政策等具体治理格局的设计走向，是确保数字空间治理体系现代化的关键。新时代以来，以习近平同志为核心的党中央秉持人民利益与战略布局，以推动中国式现代化事业稳步发展为根本出发点，高度重视数字空间治理意识形态的现代化建设，主要包含“一个核心，一个根本，一个统一”三个要点。“一个核心”为坚持党的领导。党的十九大报告明确提出要“坚持党对一切工作的领导”[2]。“一个根本”为坚持马克思主义在意识形态领域指导地位的根本制度。习近平总书记强调，“要巩固马克思主义在意识形态领域的指导地位，巩固全党全国人民团结奋斗的共同思想基础”。“一个统一”为坚持党性与人民性统一。数字空间治理工作要将“以人民为中心”作为工作导向，充分保证共享治理成果，把保障网络空间良序发展和增进人民福祉

[1] 方兴东．中国互联网治理模式的演进与创新——兼论“九龙治水”模式作为互联网治理制度的重要意义[J]．人民论坛·学术前沿，2016(6)．

[2] 习近平．决胜全面建成小康社会　夺取新时代中国特色社会主义伟大胜利——在中国共产党第十九次全国代表大会上的报告[EB/OL]．http://www.gov.cn/zhuanti/2017-10/27/content_5234876.htm．

作为治理的出发点和落脚点。[1]治理意识形态的三要点凸显了新时代数字空间治理生态体系建设工作中党的中心地位，以党的领导为原点辐射治理多向领域，稳固治理的根本之基，体现了中国特色社会主义发展逻辑与数字空间发展逻辑的辩证统一。

治理意识形态对党的中心地位的强调推动了数字空间治理在组织结构层面的转变。"统一领导，归口管理"，成为增强顶层结构统率力，强化治理各方联结关系的重要关节。中央层面，成立于2014年2月的中央网络安全和信息化领导小组，依托数字空间治理现代化的时代任务组建。在中央小组的领导下，原有多口径交叉治理的权责模式开启调整。一方面，数字空间领域间的权责划分更为明晰，工业和信息化部负责行业管理、公安部负责网络安全、网信办负责信息内容监管的"多线条"格局展开；另一方面，以信息内容监管为重心、以中央网信办为主体的更具系统性、整体性的数字空间线上监管组织架构建立。通过部门间相近机构合并、信息内容管理权转移、数字空间监管权集中等方式，中央网信办逐渐承担起数字空间线上监管的主要职责，涵盖信息技术发展、网络信息安全、意识形态工作等核心职能。地方层面，在与中央保持一致，按照规定设置网络安全和信息化领导小组的基础上，各地党委和政府也以地方实际为起点因地制宜内设差异化机构。归口管理建立的"小组体系"，深化了党与政府治理机构之间的关系网络，弥补了碎片化治理结构存在的弊端。

（二）以何治理：融入主流价值导向，筑牢生态治理的价值制度屏障

数字空间治理基础架构向中心性网络现代化模式的演进，重塑了国家数字空间治理机制原则，对数字空间工具价值的重点考量逐渐转变为对价值理性的思考。对价值理性的重视，本质上是在治理过程中关注掩藏在数字空间

[1] 罗理章．新时代我国网络意识形态治理的基本遵循［EB/OL］. https：//m.gmw.cn/baijia/2022-05/07/35715353.html.

技术背后人的价值观念的变动，将社会主义核心价值体系树立为数字空间的主流价值导向。就新时代数字空间治理语境而言，社群传播时代带来的隐匿性、封闭性、情感性的圈层式舆论生态，推动了社会价值观念的多样化发展。主流价值观的引领与内化则为人们在这样纷乱的价值环境中树立了评判事物的标杆，既从社会价值认同方面根本保障了数字空间治理成果，又转化为推动数字空间治理持续现代化创新的内在动力。

作为社会规范体系，制度是社会主义核心价值体系根植数字空间治理并被社会基本结构具象获取的重要载体。主流价值导向制度体系包含两个重要的建章立制过程，分别为约束作用的具体规章制度（法治化建设）与规范作用的奖惩机制（策略性治理行动开展）。价值观念的外化必须有与之相适应的规章制度，让人们的行为有据可依。[1]法律即为明确、普遍、不受个别影响的规范。我国初步形成了相对完备的覆盖经济、文化、网络安全等较为全面领域的网络法律体系，先后制定了《中华人民共和国网络安全法》《中华人民共和国电子商务法》《中华人民共和国数据安全法》《中华人民共和国个人信息保护法》《中华人民共和国反电信网络诈骗法》五部上位基本法，共同构成了针对数字空间治理重点领域的传统基础法律规范网络，也构建了法律层面主流价值观念对数字空间发展的社会底线。同时，为适应数字空间发展时移世易、异地而易的特征，相关职能治理行动者根据治理领域、治理地点等出台了系列行政法规，如《计算机信息系统安全保护条例》《信息网络传播权保护条例》等，以及地方性法规，如《广东省数字经济促进条例》《贵州省政府数据共享开放条例》等，细化、补充基础法律执行，将宏观法律框架在社会中更为细致地落实。

在规章制度为数字空间行为框定主流价值底线之外，策略性治理行动作为奖惩机制将道德激励与成文处罚相结合，进一步强化巩固了行为目标与实

[1] 喻文德.论社会主义核心价值观的制度化建设[J].中国特色社会主义研究，2016(2).

现路径，以“思考—行动”的行为链条反哺主流社会价值。针对数字空间治理中高关注、高影响、高危害的问题展开的突击性专项整治行动（如主要针对内容治理领域的“清朗”系列行动、针对数据治理领域的APP违法违规收集使用个人信息专项治理工作等），作为策略性治理行动的代表，以灵活的方式，推动国家高效实现特定情境的治理目标[1]，为后续立法立规工作开展提供充足制度转化经验的同时，也有效震慑了违背社会公序良俗与主流价值观念的违法违规行为。

立法立规与治理行动并举的制度体系，以主流价值观诉求为起点，体现了新时代数字空间治理规范性与能动性相结合的特点，稳固了数字空间治理秩序。两者相互支撑、相互促进，以价值理性维度破解过度工具性带来的治理异化，彰显出数字空间治理机制现代化建设中“以人为本”的中国准则与中国方法。

（三）为何治理：优化多元参与的治理共同体建设

治理机制原则的革新推动了作为治理主导力量的国家与其他治理行动者间的关系转换。面对复杂社会主体的多元价值追求，相较于以功能性被动纳入国家治理体制，主观能动性被束缚，借用平台化发展逻辑，以国家为高维衔接平台，赋权并整合平台、社会组织、主流媒体等多元社会主体内部自治理力量，推动多元治理行动者积极责任体系构建，成为新时代生态治理体系现代化的重要目标。相较于对单一行动者点式数字空间行为的规制，治理关注点逐渐转移到数字空间场域内多元行动者合作、谈判、协调、对话的“关系结构化互动”上来。数字空间的关系结构化互动，一方面以更为开放、包容的制度自信提升了互联网行业自我调适的动能，以多面向参与经验为抓手进一步拓展了数字空间治理机制的触及深度，为凝聚数字空间治理合法性社会共识和政治认同夯实基础；另一方面也为中国在区域乃至全球范围内积极

[1] 张志安，冉桢．中国互联网平台治理：路径、效果与特征[J]．新闻与写作，2022(5)．

参与数字空间治理规则建设，倡导以多边主义、开放合作、公平正义等为主要内容的“网络空间命运共同体”理念提供了实践经验与发展“蓝本”。

数字空间平台是积极责任体系的主要承担者。在当前数字空间社会结构中，平台重组了信息系统的搭建结构，位于信息集散的枢纽位置使其获得了对其他关联行动者（如用户、服务供应商等）的优势，从而在平台场域内生成了具有实际支配地位的“私权力”（Private Power）[1]，并由此派生出它在该场域内较为集中的规制与治理影响力。出于维护自身建构起的连接性、开放性、生态性社区的需要，平台拥有了内部治理的自我意识，通过协调关系、维持互动、整序规则等自组织方式保障自身“私权力”的权威。在侧重价值理性的治理原则影响下，一方面，平台方主动调整自身发展策略，积极承担社会责任，依靠信息集散与中介的技术功能优势，融入国家重大发展战略（如阿里巴巴的“助力共同富裕十大行动”、腾讯的“共同富裕专项计划”、抖音的非遗传承项目推广活动等），借助国家统合之力，在基础设施化程度不断加深的过程中，突出社会价值，服务于社会，构建兼具发展逻辑与社会逻辑的运行机制；另一方面，以中国互联网协会、中国计算机协会等为代表的行业性社会组织约束行业行为、督促行业自律、动员行业回应社会关切，如针对国家信息数据安全的《中国互联网协会漏洞信息披露和处置自律公约》、针对平台垄断的《互联网平台经营者反垄断自律公约》、针对个人信息数据安全的《移动互联网环境下促进个人数据有序流动、合规共享自律公约》等，发挥了更为显著的作用，使平台竞争更为规范，数字空间发展的整体生态更为优化。

主流媒体则是积极责任体系的系统勾连者，既连接了国家与互联网平台之间的资源通道，又沟通了基层社会结构之间的信息传播关系。通过主流媒体的主动嵌入与自主平台化进程，媒体融合促进了国家治理体系对数字空间平台治理责任的纳入与协同。利用内容质量与用户引力优势，主流媒体有的

[1] Latham E. Commonwealth of the Corporation [J]. *Northwestern University Law Review*, 1966(55).

放矢地调动自身资源，多平台布局嵌入互联网平台信息生产及传播系统。组合而成的跨平台全媒体传播矩阵在增强对平台内容把控力，将其纳入政治传播议程设置环节的同时[1]，也依靠互动形态与数据资源，成为国家感知舆论场变动的“风向标”，搭建了国家与其他行动者间更为即时的沟通桥梁。而就处于互联网平台辐射之外的基层社会结构来说，以县级融媒体平台为代表的主流媒体自主平台在填补数字空间平台触达空隙的基础上，重塑了被互联网平台打散的基层信息网络。[2]

积极责任体系的逐步完善彰显了中国式数字空间治理超越平台与国家、发展与安全、竞争与公共的二元对立，兼顾多方价值张力，实现数字空间价值普惠共享的本质特征。中国式数字空间治理兼具发展性、安全性与现代化的地方性经验，为面对数字空间霸权主义造成的“存续性威胁”，以发展、稳定为第一要务的全球南方国家提供了丰富的国家认识论与方法论。基于这一中国特色体系，与全球数字空间治理趋势结合，中国提出了“网络空间命运共同体”理念，并以此理念为框架展开一系列由中国主导的国际数字空间治理规则建设与交流，如《全球数据安全倡议》，同阿拉伯国家联盟、中亚五国发表《中阿数据安全合作倡议》《“中国+中亚五国”数据安全合作倡议》等，为构建与中国国际地位相匹配的全球数字领导力，打破欧美主导的国际数字空间治理范式垄断，反哺国内数字空间治理体系现代化发展贡献了可持续发展动力。

四、结语

数字空间经过数十年的演进不再是一个纯然、简约、客观的独立虚拟空间，业已嵌入不同国家、不同民族、不同社会制度的普遍社会网络中，既为

[1] 姬德强.“困在系统”之外：一个数字平台研究的国家理论[J].编辑之友，2022(10).
[2] 熊阿俊.平台化：党领导基层社会治理的新方略[J].中共福建省委党校(福建行政学院)学报，2020(5).

多种复杂张力的互动搭建了宽广场域，其自身活动的结果影响也镶嵌其中。从实践中看，新时代中国式数字空间治理不需要亦步亦趋地学习西方，我国始终以与时俱进的精神，保持有效的张力和动力，以切实可行的地方性发展经验回答现代化的人民之问、中国之问、世界之问、历史之问。复杂现代性的视角则彰显了在西方原初现代性参照之外，现代性内涵及其实现道路的多样化。这一视角为中国式数字空间治理现代化转型，也为更广泛的治理现代化发展提供了扎根现实的评判标准，即摆脱墨守成规的工具性现代化标准束缚，转而考量治理现代化能够在特定时代的中国场域内多大程度释放数字空间的潜力与可能性，从而促进社会进步与人的自由全面发展价值的统一实现。

生成式人工智能视域下虚假信息的层级化运作机理与治理

周　妍　沈天健

[摘　要] 生成式人工智能在信息生产和传播中的应用促使信息秩序发生变迁，极大地便利了虚假信息的生成与传播。文章聚焦生成式人工智能视域下虚假信息的运行机理，主张对其实施层级化精准治理，即在创设层注重把关，以链式监测、分级管理的数据准入制度，共创新型把关进路，将虚假信息抑制在源头；在撒播层注重研判，消除对话界面所置入的虚假信息落点，并对创设层中浮现的虚假信息进行信息标签的显性呈现与数字水印的隐性嵌入，将虚假信息困囚于对话界面之中，形成扩散阻碍；在流通层注重处置，消除虚假信息的可见性，优化算法对虚假信息的自动化决策过程，借助政府、媒体等公共力量，释放真实透明的媒介信息，形成机动化的虚假信息遮蔽机制，强化信息治理效能。

[关键词] 生成式人工智能；虚假信息；信息治理；Sora

一、生成式人工智能视域下虚假信息对信息格局的深刻介入

互联网是人类生成、交互和存储信息的核心场域，媒介技术的深入发展

[作者信息] 周妍，山东大学文化传播学院副教授；沈天健，山东大学文化传播学院新闻传播研究所助理研究员。

[基金项目] 山东省社科规划项目“网络叙事的底层群体主体化及其对互联网舆论的影响研究”(23CXWJ07)、教育部人文社会科学重点研究基地重大项目“国家治理体系现代化中的传媒治理研究”(22JJD860016)。

使得线上与线下趋于融合、现实与虚拟交织纠缠、虚假信息在网络场域中裂变生产、扩散传播。与之相应，规制虚假信息的生产、传播与消费成为全球信息治理的重要着力点。

当前，学界对虚假信息、误导信息、谣言等异质性信息的概念界定较为混杂，本文出于论述简便性，不做复杂辨析，均使用“虚假信息”概念展开探究。虚假信息是信息的否定形式，意味着“信息完整性的断裂”[1]，从生成式人工智能论域下进行观照，虚假信息包含技术性、导向性、建构性三个层面的完整意义，即在技术性层面，虚假信息由数据与算法架构而生，在组合信息真实性的过程中出现技术性断裂；在导向性层面，虚假信息的文本意义导向了错误的现实与偏误的认知；在建构性层面，信息与真实之间建构起错误的联系导致虚假性的生发，错误的建构断裂了虚假信息的意义真实性。

当生成式人工智能深嵌于智能传播格局之中，互联网信息秩序在技术促动下发生巨大转向，对信息传播全过程产生颠覆性影响[2]，对于生成式人工智能行为意义的探赜成为智能传播时代传播学研究的新问题。与之相应，虚假信息的传播面向呈现出新情境——虚假信息的生成传播主体由以真实人类用户为主导者转向智能技术深度介入下的行动者，机器由媒介而升格为重要传播者，人工信息的生产与分发在生成式人工智能浪潮下彻底失去支配地位。

有学者将生成式人工智能引发的虚假信息风险分为积极生成型风险、消极生成型风险和人为操纵型风险三种，认为生成式人工智能引发虚假信息危害的因素极为复杂。[3]生成式人工智能在技术性层面会将偏见认知与经验隐入

---

[1] Tudjman M., & Mikelic N. Information Science: Science about Information, Misinformation and Disinformation[J]. *Proceedings of Informing Science + Information Technology Education*, 2003(3).

[2] 张文祥，沈天健，孙熙遥.从失序到再序：生成式人工智能下的信息秩序变局与治理[J].新闻界，2023(10).

[3] 朱嘉珺.生成式人工智能虚假有害信息规制的挑战与应对——以ChatGPT的应用为引[J].比较法研究，2023(5).

数据集和数据奖励模型之中，具有引导使用者将虚假、错误甚至带有隐性价值偏向的信息视为客观真实信息的能力。同时，生成式人工智能的高技术生产使得虚假信息的生成内容、数量与传播效率都超越了以往任何一种信息传播模式。不论是语言处理模型还是图像生成模型，生成式人工智能均以语言文本、图像、视频等内容为基质创造新信息，任何用户都能极其方便地参与到生成式人工智能辅助下的内容生产中，在此过程中可能成为海量虚假信息的制造者与辅助者。可见，由生成式人工智能所生成的虚假信息已迥异于以往任何一种虚假信息形态，具有了特殊的信息形态分野。

有鉴于此，本文对生成式人工智能虚假信息作出如下界定：经由生成式人工智能大模型生产的，文本真实性遭到技术性操纵并对社会公序具有危害性的信息。生成式人工智能生产虚假信息的速度远超法律法规与道德规范的完善速度，多元主体信息权利边界已难以界定，信息失范行为的生发风险呈指数级增加。智能技术尤其是2024年初出现的Sora，其对视觉场景的超高逼真模拟，使得虚假信息愈加难以辨别，可能比事实本身更为逼真，且更符合公众的情感价值判断，促逼公众逐渐习惯没有确定性的生存方式，解构社会的真相共识与机制。学界目前对于生成式人工智能虚假信息问题的探讨主要集中在内容特征、风险诱因、技术逻辑、科技伦理等方面，且主要放置于生成式人工智能信息格局中进行局部关切。尽管有的研究提出了相关措施建议，但并未将治理问题与生成传播的现象联系起来，缺乏精确化、层级化、遏制生成式人工智能虚假信息的目标导向，对虚假信息生产、传播与接收的全过程缺乏针对性、系统性分析。基于此，本文对生成式人工智能视域下虚假信息的源发与传播的全过程进行探赜，明晰每一阶段发挥作用的行动主体与信息运作的逻辑机理，并对生成式人工智能虚假信息的治理路径与范式做出思考。

二、生成式人工智能视域下虚假信息的层级化运作机理

生成式人工智能的技术革新喻示着技术物的自主性正在不断增强，作为

机器技术的生成式人工智能与人类社会的互动需要得到新的理论关切。1994年，克利夫·纳斯等结合心理学与社会学研究方法，通过实验证明了人对计算机的社会化反应，提出“计算机为社会行动者”（CASA）范式，证明了人与计算机的交互本质上是社会性的，“个体对于计算机的社会性反应非常普遍，而且是自发的、下意识的”[1]。1996年，李维斯与纳斯将CASA范式纳入《媒体等同》一书中，指出媒体与现实生活等同，媒体会被视为现实生活中的人和场所，人与新媒体的互动与现实生活一致，是社会的、自然的，该观点被总结为媒体等同理论。[2]4年后，纳斯等从心理学角度继续推进媒体等同理论的研究，将计算机被视为社会行动者的现象纳入无意识行为的范畴。

社会行动者概念源于社会学，意指在能动性前提下从事社会行动的人，在媒介环境学派的媒介观与社会学的双重影响下，媒体等同理论中的CASA范式将计算机视为社会行动者。[3]本文并不探讨媒体等同理论与CASA范式的得失，而是因其在当今仍具有“较高的理论解释力与启发性”[4]，故将其纳入生成式人工智能同人类个体和社会的信息互动视野中。生成式人工智能在数据与算法的加持下，深度介入当今的信息秩序与传播格局中，并具备了与人类进行社会性互动的可能。因此，生成式人工智能应被视为社会行动者之一，在虚假信息的创设、撒播与流通的全层级中发挥主体作用。

（一）创设层：生成式人工智能虚假信息的产生

创设层是生成式人工智能视域下虚假信息传播全过程的第一个层级，是

---

[1] 徐琦．超越“计算机为社会行动者”范式：智媒时代人机传播理论创新的突破点［J］．现代传播（中国传媒大学学报），2023，45（6）．

[2] Reeves B., & Nass C. *The Media Equation: How People Treat Computers, Television, and New Media Like Real People*［M］. London: Cambridge University Press, 1996: 10.

[3] 申琦．服务、合作与复刻：媒体等同理论视阈下的人机交互［J］．西北师大学报（社会科学版），2022，59（3）．

[4] 徐琦．超越“计算机为社会行动者”范式：智媒时代人机传播理论创新的突破点［J］．现代传播（中国传媒大学学报），2023，45（6）．

虚假信息得以产生的基底。创设意为开创条件，对于虚假信息的产生机制，本文在此不使用“生成”等更具鲜明意义的词汇，而是使用“创设”一词，指虚假信息的产生层级，意即说明在生成式人工智能的新技术语境下，开创的一种虚假信息的全新生成模式和全新生产条件，虚假信息生成的速度与形态都在彰显创设性。

媒介和人类社会的历史进程有着密切的关系，二者相互融合，彼此借势。在人类的信息传播史中，存在着多种创设媒介，促成了人类信息传播的革命性跨越。口语媒介开创了人际传播的新格局，文字媒介使传播得以在时间性中无限延展，互联网媒介使得信息传播的损耗度大幅降低，而信息文本的存储容量与传播外延却大幅增加，创设了网络传播的新时代。平台型媒介的出现使人类社会信息内容生产实现了从以专业生产（PGC）为主到以用户生产（UGC）为主的革命性转变。随着生成式人工智能横空出世，人工智能在信息传播中对人类完成全过程替代，创设出以新智能媒介为基础的智能传播格局，带来文本、图像、音视频等内容生成的信息革命，将信息生产转向人工智能内容生成（AIGC）的全新秩序。

创设层中的社会行动者包括用户以及在CASA范式下具备主体性和社会性的生成式人工智能。生成式人工智能可以分解为多个行动要素，即通用大模型与数据界面，二者和用户共同构成创设层的社会行动者。通用大模型是生成式人工智能信息生产的“心脏”。目前，多数生成式人工智能采用大规模生成式预训练语言模型（Generative Language Model，GLM）作为产制逻辑。作为一种自然语言处理技术，大规模生成式预训练语言模型能够通过大规模的文本数据进行自监督学习，使模型学习到语言的潜在结构、语法规则和语义关系，将语言由静态表示升格为上下文感知的动态表示，使自身具备情景化生成能力，即能够根据上下文提示生成信息。通用大模型的塑造通常需要经过三个阶段：第一阶段是大模型训练，使大模型学习人类的语料文本，使其中的数据蕴含参数化、概率化；第二阶段是指令学习，使大模型具备完成任务的能力，能够根据指示进行信息的运算输出；第三阶段是价值观念的习得，养成价值判断与价值对齐的能力。生成式人工智能需要通过通用大模型才能生成信息，因此大模型在虚假信息创设层中处于核心的行动者位置，其能够将源数据进行情景化生成，通过自身内置的深度学习能力，在某种价值判断取向下赋予信息虚假性。即使源数据并非虚假数据，但通用大模型本身并不具备辨别能力，因此可能会在数据文本嫁接拼合的过程中将真实信息糅合并消解本身的整体真实意义；创设层中所提取的数据多有时间限制，可能导致生成式人工智能的内容生产无法与人类语料同步更新，由此导致信息严谨性缺失[1]，损害文本的真实性。

由上文可知，在信息生产方面，生成式人工智能主要以自然语言处理为核心机制，以转换器为通用模块/接口，将外界数据吸收至模型中不断训练，以此进行深度学习，进而具备输出信息的能力。而全新的视频生成模型Sora更是在转换器架构的基础上升维为具备多维度采样能力的扩散转换器，使其能够依托数据与算法生成长时间且高逼真的视觉影像。生成式人工智能信息生产的原始材料是网络空间存有的各类数据，通用大模型创设作用的发挥需要依靠这些源数据，而源数据的提供者则是活跃于网络空间的各类用户与群体，他们创造或上传的信息内容都有可能被纳入生成式人工智能的训练体系。这些用以训练的数据并非以碎片化、零散化的形式置入训练结构之中，而是以界面的形式实施整体化置入与学习。在传播学意义上，界面是内容得以呈现的平面，始终贯穿于传播过程和主体的传播实践之中。[2]界面是一个技术、社会与文化过程高度相关的交汇处，创造出行动主体与环境之间的一种特殊的

[1] 金雪涛，周也馨 . 从 ChatGPT 火爆看智能生成内容的风险及治理［J］. 编辑之友，2023（11）.

[2] 胡翼青，姚文苑 . 重新理解媒介：论界面、内容、物质的三位一体［J］. 新闻与写作，2022（8）.

参与方式。[1]界面既存有外在物理时空，又存有内在意义时空，能够通过创建场景实现主客体间的深度交互。[2]

从这个意义上来说，生成式人工智能内置的语言模型与外界海量的数据间存在一种数据界面。通用大模型的信息生成有赖于各种分散于网络空间的数据对模型本身施加的单向传播，即将自身所蕴含的参数、文本与知识结构单向“饲喂”于模型内供其学习感知。在此过程中，分散的数据会首先被后台技术整合创设为一个统一的数据界面，再传导至大模型中进行信息生成。这是因为大模型的信息生成需要调动后台内置的海量数据，需要共时性而非历时性地撷取数据进行感知输出，对数据界面上的各种数据进行编码，按照自身技术逻辑生成信息内容。质言之，数据界面就是对分布于网络场域内的各种蕴含社会认知与文化意义的数据集进行整合的场景，为通用大模型与外界数据环境构建了便捷交互的桥梁。在此过程中，如果通用大模型在数据界面中“吞咽”了虚假数据，或者被具有扰乱社会信息真实目的的用户或训练人员在数据界面以虚假数据“喂养”，就会在自身技术逻辑和价值观念的推导下生成虚假信息，阻滞真实信息的传递。

由此可见，创设层中的社会行动者（通用大模型、数据界面与用户）会通过虚假数据界面置入、错误技术逻辑转译、真实信息虚假编码等方式生成虚假信息，以生成式人工智能为代表的一系列通用人工智能技术（AGI），如PaLM-E等具身多模态语言模型和Sora等视频生成模型，使创设虚假信息生产全面AGI化，将信息秩序带入全新的智能治理图景中。

（二）撒播层：生成式人工智能虚假信息的显现

当前，学界对生成式人工智能的信息生成机制的分析通常基于“数据收

---

[1] 朱亚希．从移动界面出发理解传播：论新媒介时代移动界面传播的三重属性[J]．新闻界，2020(9)．

[2] 胡翼青，王沐之．发现界面：审视媒介的新路径[J]．湖南师范大学社会科学学报，2022，51(6)．

集—信息制造—内容传播”的逻辑，即强调“创设—流通”的顺承关系。然而，这种看法忽视了逻辑的中介性，也就是在创设层与流通层之间存有一个信息转换的重要枢纽，即生成式人工智能对用户主体的信息撒播。

彼得斯在《对空言说：传播的观念史》中提出的两种传播模式成为理解生成式人工智能视域下虚假信息撒播层机理的重要方式。第一种是交流传播模式，以交流为媒介进行双向交互传播，交流主体以对话的形式抵达灵魂的交融与真理的同一。第二种是撒播传播模式，该模式不区分传播对象，也不在乎传播对象是否能够成功理解传播内容，而追求通过单向度的传播使受众聆听和领悟“圣言”，是一种单向的、不平等的媒介传播。[1]

在生成式人工智能使用中，人们往往会忽视撒播的存在，这主要是因为生成式人工智能语境下的人机互动具有一定的迷惑性。人机互动的过程看似用户在通过对话界面与生成式人工智能进行平等对话，践行交流传播模式，但实际上，生成式人工智能对创设层所生成信息的传播是撒播的，用户所得到的回复不过是生成式人工智能对此前众多相同或相似问题所运算而出的“经验”[2]，用户所期望的同声相应的人机交流亦不可能在生成式人工智能的技术逻辑下实现。生成式人工智能依然占据着人机互动的高位，看似让渡了交流的权利，其实仍隐蔽地向用户主体施加着技术权威，粗暴地通过撒播的方式回应用户的话语或指令，通过麻痹用户来实现创设层信息的撒播与注入。

在撒播层的连接过程中，主要的社会行动者是对话界面与用户间的二元关系，虚假信息可通过对话界面进入众多用户的认知结构中。列夫·马诺维奇认为，人与机器之间的界面是一种“发展出自身组织信息、向用户展示信息、将空间和时间联系起来、在获取信息的过程中构建人类经验的独特方

[1] Deng J. Translation as A Problem of Communication：Some Reflections on Translating Speaking into the Air[J]. *Media Theory*, 2022(2).

[2] 张文祥，沈天健，孙熙遥. 从失序到再序：生成式人工智能下的信息秩序变局与治理[J]. 新闻界，2023(10).

式”[1]。当通用大模型运用数据界面的数据生成信息后，即会通过对话界面向用户呈现所生成的信息。在用户的视角下，与生成式人工智能进行互动的对话界面能够“通过模拟现实交往、实时生成的方式，从系统中任意调取出千变万化的‘现实图景’和‘虚拟图景’，直接接入人们的观念世界”[2]，但实质上，对话界面只是媒介，交流式传播只是表象，本质仍是通用大模型通过数据界面习得的价值观念与用户的认知结构发生作用并进行撒播。与之相应，用户也可将对话界面中用户的指令性内容进行解码与转译并传导至通用大模型，大模型即会调用数据界面来生成信息文本并再次经过转译后置入对话界面，实现同用户的信息交互。

由此可见，生成式人工智能的撒播层具有超越性，超越了彼得斯的撒播范式。彼得斯认为，传播者如果完全不考虑受众的差别而进行单向的撒播，对用户如何解码以及其交流期望能否得到满足并不在意，则很难达到良好的传播效果。然而，生成式人工智能的撒播却以用户的主动提问为前提，以交流的表象为纽带，通过对话界面进行信息输出。用户的主动提问或指令发出意味着自身认知结构与价值立场的预设，向生成式人工智能求取信息的行为本身即带有服从于技术权威的潜在偏向，对生成式人工智能置于对话界面的信息的接受程度将大幅提高。从这个意义上看，生成式人工智能的信息撒播不再是单向的“圣言传递”，而是变成了某种反馈机制——用户主动伸出求取撒播的“橄榄枝”，生成式人工智能的撒播因而具有了针对性，即使不考虑用户的解码效果，也能够通过交流纽带与界面传递实现传播效果。可以说，生成式人工智能的信息撒播是一种“超越撒播的撒播”。

更进一步来说，用户的指令性内容可能是虚假的，或直截了当在对话界

---

[1] [俄]列夫·马诺维奇 . 新媒体的语言[M]. 车琳，译 . 贵阳：贵州人民出版社，2020：73.

[2] 胡翼青，王沐之 . 发现界面：审视媒介的新路径[J]. 湖南师范大学社会科学学报，2022，51(6).

面要求生成式人工智能生成某种虚假信息，生成式人工智能撒播的传播效果即具备了某种必然性。当生成式人工智能将对话界面的指令置入大模型，转译后的信息内容仍是虚假的，而用户或许会欣然接受。以Sora为例，其根据用户的指令文本生成的视觉影像已具备超拟真度，经过用户话语引导所生成的场景，可能会被用于虚假新闻制作、负性情感煽动等偏颇行动。用户于对话界面所放置的指令性内容也可能具有真实性，但生成式人工智能根据传受双方指令所置入的信息具有极大的不确定性，存在错误解读用户指令、错误撷取数据文本的可能，大模型可能会在数据界面提取到虚假数据进行嫁接，或由于自身技术逻辑的运作偏误而产出虚假信息，从而稀释对话界面的信息真实性。

生成式人工智能在创设层具有内置的语言训练模型，导致其因自身技术逻辑的框限，只能根据大规模接收到的数据价值取向与认知偏好在对话界面置入用以撒播的信息。因此，当具有非正当目的的用户在对话界面持续密集地发出虚假指令或置入虚假语料时，生成式人工智能就可能在自身无法判断前台指令和语料合理性的前提下将生成的虚假信息呈现于对话界面，并根据技术逻辑的惯性将类似的虚假信息撒播至与其他用户的对话界面之中。从这个意义上说，生成式人工智能可能被用于深度伪造，根据用户在对话界面频繁发出的指令，持续优化自身所生成的文本、图像、视频等内容，以用户指令为导向不断增加信息的虚假意义。深度伪造的内容将在更大程度上消解新闻的真实性，在对话界面指令的不断规训中将这些刻意输送的用户对话内容当作人类的真实反馈，由对话界面渗入创设层之中，甚至进行自我调整与引导。自此，越来越多的深度伪造信息将不断被置入对话界面，以撒播态势供用户摄取，在更大维度内隐匿信息的真实性。

在撒播的过程中，部分用户或能辨别出对话界面中信息的虚假性，而更多的用户可能赋予虚假信息想象的真实，从而接受虚假信息的撒播，为虚假信息的流通创造条件。同时，具备不良意图的用户也会以此方式攫取撒播层中的虚假信息，并试图将其置入公共空间的信息管道中进行流通，对话界面和用户在撒播层共同构成传播虚假信息的协作式社会行动者。

（三）流通层：生成式人工智能下虚假信息的传播

虚假信息经过撒播层后进入流通层，并在流通层渗入社会传播机理之中。大范围的信息撒播使虚假信息必然会流通于信息管道，通过平台与算法的运作进一步呈现在网络公共空间，导致信息秩序的失衡。

流通层的社会行动者是多元而复杂的，包括人类行动者与非人类行动者。撒播层中的部分虚假信息进入流通层，会被人类行动者传播。首先表现为人际传播与较为松散的群体传播。个体用户在无法辨别信息真伪时，会无意将虚假信息传播给其他个体用户，或者在网络社交媒体、线下群聚活动中，对其他个体进行较为松散的虚假信息传播。其他个体接收到虚假信息时，可能会因其缺乏判断力、信息契应自身情感属性等，向更多的个体和更大的群体传播虚假信息，实现虚假信息在网络公共空间的扩散。部分社会组织与机构出于营销等目的，亦会参与生成式人工智能视域下的虚假信息传播。这些虚假信息将深刻影响信息秩序的真实性意义，混淆人们对世界图景的真实认知。

生成式人工智能虚假信息的传播主体还包括CASA范式下的其他非人类的社会行动者。有学者以传染病学视角将虚假信息视为病原体，将网络平台视为有利的滋生环境，将媒介素养较低的受众视为易感宿主，三者在交互作用中助推虚假信息生发病毒式传播。[1]生成式人工智能虚假信息将通过用户的网络身份流入互联网平台之中。平台的技术赋权给予虚假信息传播的可能性，由算法的运作机制所生发的“信息茧房”与“回声室”效应会加剧用户社群的分化与极化，使虚假信息对用户认知结构深度介入的可能性大幅增加。由于用户自身的专业知识面向有差异，对专业化信息与视像存在复杂认知，而

[1] Rubin V. L. Disinformation and Misinformation Triangle: A Conceptual Model for “Fake News” Epidemic, Causal Factors and Interventions[J]. *Journal of Documentation*, 2019, 75(5).

用户赋权又挤占了传统媒体与学者专家的话语权，平台媒介上公共话语的式微为虚假信息的传播提供了温床。平台使用户得以联结并组成圈层，使偏好性虚假信息在被算法识别之后，精准推荐至特定圈层，生成式人工智能视域下的虚假信息以更符合圈层用户情感与认知的方式被分发投放，在圈层传播中发挥更大影响，而每个圈层又同其他圈层间存在人员交叠，生成式人工智能下的虚假信息得以在平台上突破圈层壁垒，获得更为广泛的传播。

在平台与算法的加持下，社交机器人作为重要的非人类社会行动者，对受众的思考惯习和认知机制施加影响，人的主体性遭遇挑战并可能沦为机器与人，甚至是机器与机器之间连接的工具性介质。[1]在此意义上，生成式人工智能视域下的虚假信息或能够凭借社交机器人进一步放大声量，甚至直接在撒播层与社交机器人对接，将社交机器人架构为流通层的代言人。社交机器人则能够通过虚假信息来干扰网络话语和公共视听，并伪装为用户积极参与媒介行动，以扩散虚假信息。生成式人工智能与社交机器人的联结，能够以机器间性提高虚假信息在网络平台的传播范围与影响，营造非真实的意见气候，动摇真实用户的思维认知。在非人类社会行动者发挥机器间性重构网络空间的信息秩序与网络用户的认知图景时，真实用户也可能成为AGI背景下虚假信息传播的助推手，互联网的内容真实性将被进一步削弱。

生成式人工智能下虚假信息在流通层的深度传播将带来后事实世界体验，即用户对于真实性的感知并不依靠某事物的客观性，而是基于看起来或感觉起来怎么样[2]，即便信源的可信度存疑，但重复暴露的虚假信息将使人更容易感受到信息的真实性。尤其是Sora出现后，接收生成式人工智能虚假信息时将会有更多的感官被置入Sora所建构的场景中，通过情感与体验感的补偿对虚假情境产生真实化的偏向。观点与事实之间的界限趋于模糊，价值观念与情感

[1] 漆亚林，王钰涵. 社交机器人：数字用户的建构逻辑与智能陷阱的治理路向[J]. 新闻与传播研究，2022，29(9).

[2] 谢进川，唐恩思. 深度伪造的社会伤害与治理争议[J]. 新闻与写作，2023(4).

经验在流通层内的影响力持续增加，使权威机构的受信任度不断降低，虚假信息在流通层扰动信息秩序并混淆视听的可能性进一步增强。

综上所述，生成式人工智能虚假信息的生成与传播在信息秩序中经历了三个层级的运作：在创设层，通用大模型与数据界面相联结，潜隐生成虚假信息的可能性；在撒播层，用户通过对话界面与创设层实施偏误的互动，虚假信息的生成与撒播成为事实；在流通层，原处于撒播层的虚假信息被置入信息管道并由多元行动者扩散至公共空间，渗入社会机理和认知图景之中。由人类行动者与非人类行动者所解码传播的虚假信息将在互联网场域中重新被吸纳到数据界面以待再次创设，实现层级闭环（见图1）。

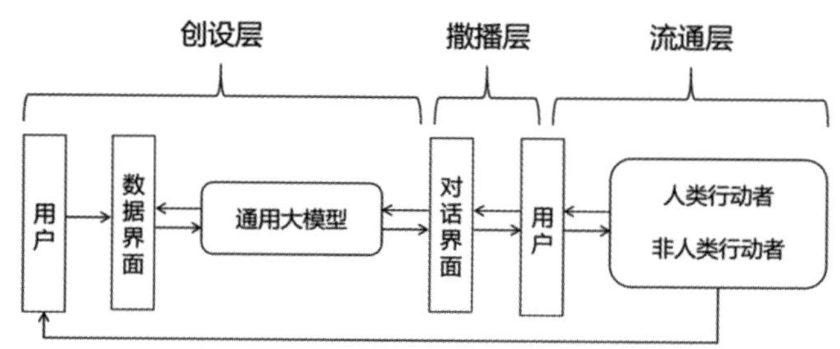

图1　生成式人工智能虚假信息的层级化运作机理示意图

三、生成式人工智能视域下虚假信息的层级化治理

在层级化运作机理下，生成式人工智能视域下的虚假信息对信息秩序产生深刻影响，对虚假信息的治理成为全球关注的重要问题。本文不采用宏观视野对生成式人工智能视域下虚假信息进行整体施治，而是追求精准治理、强效治理，即针对创设层、撒播层与流通层分别提出把关、研判、处置的具有侧重性的治理方案，分别采取抑制、困囚、遮蔽的治理层次，使其上下联通，彼此嵌套，实现覆盖全生命周期的层级化治理。

（一）创设层把关：建立链式监测、分级管理的数据准入制度

在人机交互的过程中，用户看似获得了一种操控和改变界面的现实感，但实质上只是一种幻觉——人机交互界面让内容真正的生产者（计算机系统）变得不可见，在技术编码中以选择的逻辑悄无声息地替换了用户的主观意识。[1]对话界面所置入的信息看似由用户的主观性提问凝结而成，实际上却蕴含着创设层的运行机制。作为虚假信息生产的重要层级，创设层中的虚假信息并没有连接传播渠道，未作用于任何行动者的认知结构或技术逻辑。因此，对创设层的虚假信息治理重在把关，将虚假信息扼制在摇篮中，从源头消除撒播层中用户产生幻觉的可能性。通过对进入创设层的原始数据进行规范，在数据界面遏制能够产制虚假信息的语料文本，在通用大模型中削弱虚假信息技术生成逻辑的自洽性。

当前，生成式人工智能创设层中所吸纳的数据存在不合规性与冲突性。在信息空间，生成式人工智能可能在未告知原始数据所有者的情况下便对其持有的数据进行采集，在数据界面所存有的部分数据具有不合规性。当信息空间内其他数据所有者意识到生成式人工智能的不合规采集行为时，则可能通过IP封禁、动态密钥、账号封禁等反采集措施阻断机器人自动采集，但在维护自身数据安全与权利的同时阻断了有益数据的流通共享，数据供需间发生冲突。基于此，学界对生成式人工智能数据采集问题的探讨多集中于如何抑制数据泄露、防止数据不当使用等，倾向于对信息空间中各主体所持有的数据进行控制，以躲避生成式人工智能的不合规采集。然而，伴随着生成式人工智能技术的快速迭代，海量的信息与纷杂的主体使得生成式人工智能数据采集的可控性大幅降低，其通过大模型生成虚假信息的能力已难以从外部进行管控。传统的控制模式既难以维护数据安全，也无法促进数据发展。有鉴于此，创设层的治理应从数据控制的静态视角转向数据准入的动态视角，

[1] 胡翼青．西方媒介学名著导读［M］．北京：北京大学出版社，2023：202.

侧重于对进入数据的把关而非对外部数据的整体治理。

生成式人工智能创设层的数据准入制度建设的本意并非探讨生成式人工智能数据访问与使用的权责边界，而是以原始数据转换为虚假信息的可能性为评判标准，重点规制数据利用行为，在数据界面建立把关制度。当数据进入数据界面时，不论该数据是否侵夺数据持有者的权益，数据获取行为已经发生，所要强调的即转变为该数据对内容生成与信息秩序将产生何种影响。因此，数据准入制度应以链式监测、分级管理为主要治理点。

链式监测旨在利用技术手段与人工手段相结合的方式对创设层的数据进行监测。对已经置入数据界面的数据进行实时监测与管理。一方面，这种监测必须设定虚假数据的技术监测装置，该装置应与公共辟谣平台、虚假信息数据库等信息设施连接，为技术监测提供丰富的文本规范与监测标准。同时，吸纳学习政府开放的公共数据，将其中所蕴含的公共价值理念与信息文本意义转化为技术性监测标准，强化技术消解虚假性的能力。另一方面，人工应发挥纠偏与完善作用，对技术监测装置所生发的监测失误和模糊之处进行检查修正，提高真实数据的通过率与虚假数据的清除率，并对具有代表意义的虚假数据进行标记，将其通过链接反馈给各类打击虚假信息的信息设施，形成虚假信息治理的有益循环。质言之，创设层数据界面应嵌入社会虚假信息治理的链网之中，与公共信息设施建立链式联系，建强创设层的数据监测效能。当装置监测到含有虚假意义的数据时，即可在数据界面予以清除，避免其流入通用大模型中进行生成；当装置发现通用大模型中所生成的信息违背信息真实伦理或出现认知偏误后能及时预警，由后台技术人员进行审查清退。

数据准入制度应采取分级管理的方式，将生成式人工智能数据界面的数据类型进行分类，由此判断数据的最终应用方式。首先，对涉及用户或其他行动者隐私的数据给予严格限制，不允许生成式人工智能大模型任意侵夺。隐私数据同样具有虚假性，部分用户及其他行动者向网络上传隐私数据时，有意上传虚假数据以规避重要隐私数据泄露的风险，当这类数据被生成式人工智能攫取后，不仅具备使大模型生成虚假信息的可能性，也违反了数据利用与信息生产的基本伦理。其次，对不涉及隐私安全的数据可实施进一步区分。经监测初步认定具有真实性的数据，可将其从数据界面传递至大模型中用以生产；经监测认定具有虚假性的数据，则留置于数据界面，由后台管理人员进行定期清除。最后，对获得政府授权运营许可的公共数据和面向社会主动公开的数据进行积极汲取，以公共价值的真实性稀释大模型生成虚假信息的可能性。

（二）撒播层研判：进行“显隐并彰”的标签水印式信息困囚

在撒播层，生成式人工智能下的虚假信息已经成形并置入对话界面，接入对话主体用户的认知视野，出现虚假信息的流通风险。因此，撒播层的虚假信息治理重在研判，旨在将虚假信息困囚于人机对话的界面之中，降低虚假信息恶性传播的风险。撒播层的研判行为分为显性层面与隐性层面，在显性层面将信息进行标签处理以供用户进行研判，在隐性层面嵌入数字水印以供监管人员实施研判。

由于生成式人工智能背景下虚假信息的监管困难性，学界普遍将虚假信息的辨别与处理寄希望于用户自身媒介素养的提高和传播伦理的自律恪守。但作为具有感性认知的社会行动者，用户自身容易在“信息茧房”中受困，在生成式人工智能所提供的虚假信息拟态环境的裹挟下自我极化。加之生成式人工智能下虚假信息意义纷繁复杂，用户媒介教育体系建设任重道远，短期内以提高用户媒介素养的方式来对抗虚假信息或是一种幻想。相比之下，借助以标签的技术理性方式将虚假信息困囚于对话界面更为可行。

针对从数据界面与通用大模型中所浮现的信息，可通过在对话界面建立生成式人工智能语言标签系统，实施靶向精确治理，帮助用户识别虚假信息。标签在于从显性层面成为用户媒介素养的“义肢”，用户能够从对话界面看到创设层所生成信息的标签，借此对信息真实性更为迅速准确地作出研判。标签将额外的信息附加于生成式人工智能所产制的信息内容之上，包括信息核查结果、信息意义警告两种标签。对虚假信息进行标记能够影响用户的分享意图，纠正用户自身对真相的错误判断，促进长效性的观念改变。[1]政府与相关企业应将符合社会公序的价值观置入语言标签系统，并将虚假信息的判断标准和识别技术纳入其中，使其能够为对话界面中的虚假信息进行标签添加。对于违反信息真实原则的虚假信息，系统可添加信息标签以告知用户该信息为经核查后确认的虚假信息；对于违背社会公共价值观的信息，系统亦能以标签形式提醒用户对该信息背后的意义导向提高判断力。由此，用户便可依据标签的提示，判断对话界面中信息的真伪和价值导向。

除了在显性层面设置标签提示用户，还需在隐性层面嵌入数字水印。数字水印是一种将特殊信息嵌入数据集的技术[2]，能够将标识性内容作为隐藏信息进行嵌入，并与原始数字产品相融合[3]。数字水印具有很强的“印刻力”，即使某信息在流通过程中被多次加入不同的水印，每个水印也可被独立检测出来以反映信息流通情况。[4]数字水印具备不可见性与可证明性的特点，在确定数字作品的归属方面应用广泛，多用于保护信息内容的知识产权。[5]在生成式人工智能勃兴之时，数字水印技术能够发挥独特的信息治理作用。

在创设层，进入大模型的数据均需嵌入数字水印，用以标识该数据的来源。当用户在对话界面置入话语后，大模型即可调动技术逻辑生成信息并放置于对话界面中。此时，通过拼接而成的信息内容会具有多重数字水印以显

[1] Ecker U. K. H., O’ Reilly Z., Reid J. S., et al. The Effectiveness of Short-format Refutational Fact-checks [J]. *British Journal of Psychology*, 2020, 111 (1).

[2] 尹浩，林闯，邱锋等．数字水印技术综述[J]．计算机研究与发展，2005(7).

[3] 牛夏牧，赵亮，黄文军，等．利用数字水印技术实现数据库的版权保护[J]．电子学报，2003(S1).

[4] 尹浩，林闯，邱锋，等．数字水印技术综述[J]．计算机研究与发展，2005(7).

[5] 张怡梦，陈美欣，胡业飞．区块链、数字水印与全过程阳光：技术赋能下的政府数据开放风险管控体系设计[J/OL]．情报杂志：1-8[2024-02-04].http://kns.cnki.net/kcms/detail/61.1167.G3.20230221.1013.012.html.

示该信息生成的数据供应来源。用户并不会看见数字水印，授权外的主体也难以修改水印信息，生成式人工智能信息中的数字水印能够安全隐藏其中。当某条生成式人工智能虚假信息流入网络空间并造成不良影响时，治理主体即可通过该条信息的数字水印实现责任追踪与判定，对生成虚假数据来源的主体进行精准规制与处罚。数据水印技术不仅用于标识创设层的数据，还可对用户在对话界面“投喂”的文本语料进行标识。当发现对话界面频繁密集出现特定虚假信息“投喂”情况时，即可通过该信息的数字水印对生成式人工智能所辖的所有对话界面进行查找，及时发现对话界面的虚假信息污染现象，将含有该数字水印的虚假信息进行批量清除，并追责相关主体。

（三）流通层处置：建强算法分发与公共力量的信息遮蔽效能

生成式人工智能视域下的虚假信息若未能被困囚于撒播层，其对信息秩序的扰动便已发生，需在流通层中施以信息遮蔽的治理措施，即降低虚假信息在公共空间的可见性，以强化智能虚假信息治理效能。流通层中包括人类行动者与非人类行动者多元主体，应将其充分纳入治理体系，发挥不同行动者的积极效应，服务于流通层的虚假信息遮蔽。

“被看见”是舆论展开之基础，特定议题、事件或人物必须首先“被看见”，即具有在公共空间中的可见性。[1]同理，可见性亦是虚假信息得以施加恶性影响的基础。“可见”预示着何以被看见、何以被感知，“不可见”则意味着何以被隐匿、何以被隔绝。对虚假信息治理而言，消弭其可见性的治理成本要远小于打击其危害性的成本，在流通层隐匿虚假信息的可见性应成为优先考虑的治理对策。

算法等非人类社会行动者应在控制虚假信息可见性的过程中得到充分运用，当撒播层的虚假信息进入流通层时，流通层的监测技术就应发挥“瞭望

[1] 周葆华 . 算法、可见性与注意力分配：智能时代舆论基础逻辑的历史转换［J］. 西南民族大学学报（人文社会科学版），2022，43（1）.

者”功能，对虚假信息进行识别，并交由算法对虚假信息的分发进行操纵，使虚假信息在社交网络与互联网平台中“被看见”的可能性降低，传播力度与传播范围得到削弱。算法对虚假信息的遮蔽是一个自动化决策的过程，包括排序、分类、关联和过滤四个步骤[1]：首先，将所识别出的虚假信息的优先级降低，使之难以出现在算法分发的前端；其次，将具有相同虚假性特征的虚假信息划为同一组别；再次，将这些虚假信息间的意义进行关联；最后，根据判断标准过滤扰动信息秩序的虚假信息。通过降低信息的排名或降权来减少虚假信息进入算法推荐系统的可能性，生成式人工智能背景下虚假信息在网络空间的可见度就会大幅降低，对信息秩序的扰动也随之消弭。若虚假信息在公共空间的可见性持续放大，流通层内公共力量对虚假信息的直接识别与打击则势在必行。

政府要想在网络治理中发挥主要的行动者作用，需扮演好公共服务者的角色，对虚假信息在公共空间的有效治理离不开政府的担纲。政府应根据社会主流价值导向与公共安全需求，对虚假信息进行具体化界定，以理性的判断标准促动其他社会行动者参与到虚假信息的空间治理中，以侧面遮蔽虚假信息的可见性。此外，政府亦应积极推进信息公开，因为信息公开的“核心价值在于主体在获得足够信息的基础上进行互动与对话”[2]。当虚假信息在公共场域流通扩散时，政府的信息公开能够对虚假信息内容作出正确的文本解释，使虚假信息不攻自破，以透明真实的信息挤占虚假信息的生存空间。

戴扬认为，媒体的核心不是信息而是展示，关键在于显示或隐藏。[3]在显

[1] 方师师．算法机制背后的新闻价值观——围绕“Facebook 偏见门”事件的研究[J]．新闻记者，2016(9)．

[2] 张文祥，杨林．多元对话：突发公共卫生事件的信息传播治理[J]．山东大学学报(哲学社会科学版)，2020(5)．

[3] Dayan D. Comm Research—Views from Europe | Conquering Visibility, Conferring Visibility: Visibility Seekers and Media Performance[J]. *International Journal of Communication*, 2013(7).

示层面，公共媒体及时披露关于事件的真实权威的信息是虚假信息治理的首要任务。[1]对于已经在社会面呈现的严重威胁社会秩序的虚假信息，媒体要向接触到相关虚假信息的个体与群体推送澄清式信息，消除虚假信息对人们认知结构和社会真实图景的损害，并积极进行舆论引导，从事实与道理层面进行共情传播，增强真实信息的显示面。在隐藏层面，以媒体为代表的组织化的社会行动者在接收到虚假信息时，不应为谋求注意力资源而将虚假信息的可见性扩大，而是在符合公共价值的基础上进行判断，对虚假新闻报道进行隐藏，对公共新闻中的信源进行核查，及时隐匿虚假信息，构建理性客观的公共话语空间。

四、结语

生成式人工智能将虚假信息的生成与传播带入新的传播格局，对信息秩序产生巨大冲击。在层级化的视角下，生成式人工智能视域下虚假信息的运作机理可分为创设层、撒播层与流通层，虚假信息在其中层层嵌套，对信息秩序的影响逐层显现，阻滞着社会真实性的勃发，隐匿着公众对社会图景的真实认知。有鉴于此，对生成式人工智能视域下虚假信息的治理需要实施层级化治理。在创设层重于把关，建立链式监测、分级管理的数据准入制度；在撒播层重于研判，对创设层中浮现的虚假信息进行信息标签的显性呈现与数字水印的隐性嵌入，将虚假信息困囚于对话界面；在流通层重于处置，发挥政府、媒体等公共力量，释放真实透明的媒介信息，强化信息治理效能。

当前，虚假信息的创生传播已全面AGI化，Sora的介入又使虚假信息趋于场景化，为虚假信息的治理带来新挑战。伦理道德和法律法规如何维系智慧社会的新秩序，已经成为社会科学又一重大难题。有鉴于此，当下生成式人工智能虚假信息治理更须契合时代与科技的发展，在看到技术对信息秩序负

[1] 丁晓蔚，李明. 基于大数据 AI 的重大突发事件媒介化治理——一项系统性的应用研究[J]. 编辑之友，2022(12).

面影响的同时，关切技术向善的可能性，并谨慎地将其纳入信息治理的格局中，探索技术促动治理效率提升的可能性。在保持技术理性的同时，更不能舍弃人本主义的追求，应继续发挥人的主观能动作用，以正确的技术伦理和规范的法律规约参与到生成式人工智能视域下虚假信息的治理中。